# despierta

Una visión indie de la economía:
sobre el sistema, su disciplina y nuestra libertad.

# DESPIERTA

Una visión indie de la economía: sobre el sistema, su disciplina y nuestra libertad.

Jorge Ladis Segura Romano

2013: Jorge Ladis Segura Romano

1ª Edición: marzo 2013

ISBN-13: 978-1483977713

ISBN-10: 1483977714

e-mail: jorgeseguraromano@gmail.com

Fotos de portada: Jorge Ladis Segura Romano

Editora del texto: Ana Fernández Abad

# ÍNDICE

# PRÓLOGO

Para el común de los mortales la economía resulta curiosa por una cuestión muy simple, no ofrece una respuesta uniforme y clara que permita analizar los diversos problemas que se plantean en la realidad. Como la realidad abarca mucho, la ciencia económica se ha subdividido en toda una serie de escuelas de diversa tendencia que explican de forma muy parcial y aislada hechos y realidades heterogéneas que se dan al mismo tiempo en una suerte de complejidad interconectada. Por esta razón es difícil encontrar una respuesta científica a por qué una persona decide comprar el pan en el establecimiento de ultramarinos de la esquina y, al mismo tiempo, saber cuál será al mes siguiente el precio de los derivados de cobertura sobre acciones emitidas por un banco chino en Filipinas, que trabaja con una imposición fiscal internacional especial sobre productos exóticos vinculados a movimientos de naturaleza especulativa.

El sistema económico no es un sistema natural, es un artificio humano en continua construcción que nos ha permitido superar la condición animal y satisfacer deseos y aspiraciones que rebasan lo biológico. Se trata de un sistema artificial que requiere un marco conceptual al que nos hemos amoldado a lo largo de los últimos siglos y que influye en nuestra percepción de la realidad, en nuestra visión del mundo.

Los ciudadanos de los países desarrollados realizamos rituales muy particulares con cierta regularidad, el consumo en masa es el máximo exponente de ello. Se trata de actividades de naturaleza económica, social o cultural que se configuran como una manera de adquirir los recursos necesarios para la permanencia existencial y el modo de relacionarnos con el mundo; satisfacemos necesidades biológicas, deseos sociales y aspiraciones simbólicas.

De todo esto surge la pregunta trascendental: ¿somos libres o estamos guiados por este sistema? La creación de necesidades y el deseo de satisfacerlas, la tecnología que vigila cada una de nuestras elecciones y decisiones, la obsolescencia programada de los bienes que adquirimos, los mercados *irracionales* que gobiernan nuestras instituciones, la dependencia de un sistema de creencias y hábitos creados externamente a nosotros, nuestra presencia en una sociedad masificada de preferencias globales, los poderes fácticos que operan en la sombra, los sistemas de organización social y política, las relaciones de poder o la estandarización cultural son algunos de los acontecimientos que experimentamos a diario y que guían de una forma semiconsciente nuestras vidas. Es lo que unos llaman *alienación*, otros denominan *dependencia del mercado* y los más elegantes describen como *la condición mecánica*.

La enseñanza oficial nos explica que nuestras decisiones, como agentes de un sistema económico abierto, democrático y libre, están gobernadas por la voluntad y la libertad individual. Pero, como explicaré a lo largo del libro, la realidad es que nuestro comportamiento y sus materializaciones a través de las decisiones, elecciones y acciones que tomamos se encuentran condicionados desde fuera y nacen en una esfera previa. La ortodoxia económica, que es la que se enseña en las instituciones académicas, la que se divulga en los medios de comunicación de mayor alcance y la que se ejecuta en la política económica de los gobiernos regionales, nacionales y supranacionales, hace tiempo que dejó de ser una ciencia real y se ha convertido en un sistema de creencias de carácter dogmático que lo empaña todo. Además, el conformismo del mundo académico materializado en el pensamiento único erigido en dogma, la estrecha concepción de la conducta humana, la ocultación de la cultura y la historia, la incapacidad para reconocer los procesos sociales, la omisión sistemática de las relaciones de poder, la carencia de diálogo con otras disciplinas, la negativa a ampliar los métodos de investigación o la obsesión por los modelos matemáticos retratan a un *establishment* que vive en un mundo imaginario separado de la realidad.

Guiado por una desobediencia intelectual thoreauniana, este libro aspira a que el lector despierte de ese relato cerrado, interprete la realidad con mayor autonomía, cultive el pensamiento crítico y sea consciente de los procesos reales que lo guían en la economía ordinaria. La libertad personal no se consigue ignorando las normas sino conociéndolas; siempre hay normas, y este libro trata de explicar algunas.

# INCERTIDUMBRE

## La transformación

La historia moderna nos ha enseñado que cada cierto tiempo se produce un cambio brusco en las civilizaciones que da lugar a un nuevo orden. Aparecen nuevas reglas, nuevos valores, una nueva visión de la realidad... y la base social, cultural y político-organizativa se transforma. Se da la circunstancia de que ahora nos encontramos en medio de uno de estos cambios bruscos.

Así, en el siglo XIII surgió en Europa la realidad de las ciudades como centro de la vida económica y social, nacieron nuevos gremios, nuevos grupos sociales, nuevas clases dominantes, nuevo comercio entre distancias más grandes, nueva arquitectura, el Renacimiento como nueva cultura, la aparición de las universidades urbanas en detrimento de los monasterios rurales y nuevas órdenes religiosas en sustitución de la espiritualidad natural e incluso animista. Todos ellos fenómenos antes inexistentes que dieron lugar a un nuevo paradigma, una nueva realidad, una gran transformación.

A mediados del siglo XV apareció la imprenta de tipo móvil de Gutenberg y medio siglo más tarde, en la primera mitad del XVI, surgió la reforma protestante de Lutero y con ella el libro impreso, aparecieron los primeros instrumentos financieros para dinamizar la actividad económica en las ciudades italianas, se ampliaron las fronteras a un mundo desconocido con el descubrimiento de América, el reinado español instauró la primera organización militar permanente desde los romanos, se descubrió la anatomía humana con su primera investigación científica y se adoptó la numeración arábiga en Occidente. Otra vez se dio una gran transformación que conllevó nuevos valores, normas, grupos sociales y una visión del mundo anteriormente inexistente; nadie en 1520 era capaz de imaginar cómo había sido el mundo en el que vivían sus abuelos y en el que nacieron sus padres[1].

El siguiente salto vino en el paso del siglo XVIII al XIX de la mano de la Revolución Americana, la máquina de vapor con sus aplicaciones en los procesos productivos, el nacimiento del capitalismo y el comunismo como modelos de organización socio-económica y la Revolución Industrial, la aparición de la universidad moderna, la educación universal y la burguesía financiera como nueva clase económica dominante que ensombrecía a reyes y príncipes, dando lugar a una nueva civilización. Nuevamente, nadie en 1820 era capaz de imaginar cómo había sido el mundo en el que vivían sus abuelos y en el que nacieron sus padres.

El inmediato futuro que nos espera, y el cambio que ya estamos experimentando, surge del reordenamiento de valores, creencias, estructuras sociales y económicas, sistemas e ideas políticas, y visiones de un mundo que será totalmente distinto a cualquier cosa que hayamos visto o imaginado hasta ahora. Tampoco los niños que estén ahora naciendo serán capaces de imaginar cómo eran nuestro mundo y el de nuestros padres antes del cambio de siglo.

## La idea de progreso

Los siglos XVII y XVIII dieron lugar al nacimiento de la Ilustración. Surgieron los primeros procesos de racionalización sobre los hechos de

---

[1] Drucker, Peter.F., *La sociedad Postcapitalista*. Editorial Apóstrofe. Barcelona 1993.

la realidad, que dejaron a un lado la explicación ambigua de lo misterioso para dar lugar a reflexiones, estudios científicos y el nacimiento de la relación causa-efecto. Este cambio estuvo constituido por el nacimiento de una nueva figura, al mismo tiempo social, política y psicológica: el individuo moderno. Desde entonces hasta hace pocas décadas, la noción de progreso ha constituido el motor ideológico de Occidente, apoyándose en la razón, la ciencia, el desarrollo técnico, la política, la prosperidad económica y el Estado-nación .

La modernidad fue el espacio temporal en el que se dio la idea de progreso. En este espacio temporal aparecieron la urbanización, la movilidad social, el nacimiento de la burguesía, la racionalización y la diferenciación de las instituciones, el desarrollo de las ciencias y de las técnicas, las reivindicaciones de la autonomía del sujeto, del pluralismo religioso y de la democracia igualitaria.

El apogeo del modelo liberal capitalista y del individualismo utilitario, consecuencia de la realización del ideal democrático y laico por medio de la Revolución Industrial primero y de la revolución de la información después, han contribuido a acentuar la ruptura con el universo tradicional. Pero al margen de los hechos históricos y materiales que comporta, el sentido de la palabra modernidad remite a una concepción subjetiva e ideológica que supone una ruptura radical con el universo tradicional organizado alrededor de la religión y percibido como un mundo alienante.

La modernidad comenzó a fraguarse en las sociedades comerciales de la Baja Edad Media, con una fuerte voluntad de conocimiento sobre la realidad del mundo y de desarrollar el conocimiento científico como medio para alcanzarlo, algo iniciado por el giro copernicano con *De revolutionibus orbium coelestium* a principios del siglo XVI y su teoría heliocéntrica, donde dejábamos de ser el centro del universo. Este periodo de gestación comenzó con el *Discurso sobre la dignidad del hombre* de Pico della Mirandola en 1486 y se encumbró en 1637 con el *Discurso del método* de René Descartes. Entre estas dos fechas surgirían las obras de personajes como Lutero, Copérnico, Galileo, Kepler, Bacon, Montaigne, Shakespeare o Cervantes, que suponen la expresión más alta de la mente moderna, de la concepción moderna del mundo.

En definitiva, las sociedades europeas desarrollaron, sin darse cuenta, otro mito al intentar erradicar el mito religioso judeocristiano. La noción de progreso constituyó un mito eficaz que acompañó al nacimiento y, sobre todo, a la expansión de la modernidad, y ofreció en cierto modo una esperanza a los modernos: la venida de un paraíso terrenal por la acción del hombre. Los instrumentos de desmitificación y desencanto del mundo, la razón crítica, política, económica y la ciencia, se mitificaron a su vez, y durante el siglo XIX y buena parte del XX se convirtieron en verdaderas religiones seculares[2].

La cultura moderna, basada en la idea de progreso como un desarrollo lineal en el tiempo y desarrollada por la técnica, ha desprovisto del carácter afectivo, emotivo y natural los procesos básicos del individuo. De aquí la nostalgia de un mundo pasado. El "cogito ergo sum" de Descartes se convirtió en el mantra moderno, y la razón científica pasó a ser el tótem de la persona instruida y el conocimiento de lo real. Esta fue la época en que murió el Dios de Nietzsche, sustituido por la razón del hombre moderno como explicación del significado de las cosas.

El heterogéneo movimiento posmoderno, nacido a mitad del siglo XX, surgió como protesta ante el mundo hiperracionalizado y desencantado del proyecto iniciado en la Ilustración, que vaciaba de significado las expresiones humanas como el arte, la cultura, el proceso social y la manera de pensar. Se reclama que se ha construido un mundo desencantado, porque se han roto los vínculos con la naturaleza y su tempo, y se han destruido los significados vitales más allá del "cogito ergo sum". Es la época del desencanto y el proceso económico se difumina en procesos difícilmente identitarios, como veremos más adelante en este capítulo. Los individuos practicamos la búsqueda de lo inmediato, recibimos millones de bytes de información, nuestra personalidad se escinde en los diferentes procesos de producción de valor, la incertidumbre frente a las instituciones públicas y la desaparición de idealismos en el sentido modernista desaparecen... es

---

[2] Lenoir, F., *La metamorfosis de Dios*. Alianza Editorial. Madrid 2005.

decir, los moldes estables donde hemos vivido y que nos han guiado durante tanto tiempo se deshacen.

Los miembros de la *Generación Y*[3] hemos nacido en este espacio temporal denominando posmodernidad. Lo mismo que ocurrió en la modernidad con respecto a la tradición religiosa está pasando en la posmodernidad con respecto a la modernidad; vivimos en un espacio temporal de aceleración o radicalización de los elementos fundamentales de la modernidad, de racionalidad instrumental, razón crítica e individualización, que están produciendo la desmitologización de esta.

La posmodernidad plantea que los principios de la Ilustración racional que apoyó con esmero la modernidad ya no son aplicables al contexto multicultural actual. Esta multiculturalidad la podemos experimentar en nuestros días en la Red, donde segundo a segundo convergen millones de voces a través de medios sociales, profesionales o propios como el fenómeno de la blogosfera, una explosión de diversidad e identidades. Un ejemplo paradigmático de ello son las contextopedias como Wikipedia en detrimento de las enciclopedias tradicionales, y las consultas de blogs particulares en detrimento de las revistas científicas de referencia. Los viejos moldes se han roto.

Por tanto, hemos pasado del mito del progreso moderno al mito de la caída posmoderno; del relato en el que mediante la técnica y la voluntad de aprender hemos superado la oscura ignorancia del mundo primitivo, al relato en el que nos hemos separado y caído del estado original de unidad con la naturaleza y hemos perdido la dimensión integradora espiritual del ser. Estemos o no de acuerdo en estos planteamientos, todos nosotros percibimos una desfragmentación de los procesos vitales del individuo, el tiempo cósmico, el medio natural, la significación artística y cultural, los ritos integradores, la concepción de lo individual y la acción social con otros agentes e instituciones. Existe una incertidumbre sobre lo que somos y dónde nos debemos situar. Nos falta una referencia estable que nos guíe.

---

[3] Los nacidos en la década de los 80.

# El nuevo paradigma

Nuestro tiempo es una época de transformación, como lo fueron los siglos anteriores, tal y como he señalado antes. La nuestra viene producida por la *mundialización* o *globalización* de las sociedades, abriendo el paradigma de Occidente al resto de planeta y tomando como punto de inflexión el final de las dos guerras mundiales y la subsiguiente Declaración Universal de Derechos Humanos.

A partir de las nociones de complejidad e incertidumbre se reconoce el contexto económico presente como un entorno globalizado, esto es, un tiempo-espacio en el que gracias a las tecnologías de la información y de la comunicación las distancias se acortan y el tiempo se acelera a un ritmo exponencial, convirtiendo el mundo en una gran *aldea global*, bajo un mismo paradigma, el occidental, y bajo un mismo sistema económico, el neoliberal.

El proceso de globalización se puede considerar en su conjunto como un fenómeno positivo para el crecimiento y la convergencia económica mundial, aunque sus costes y beneficios no se estén repartiendo de manera equitativa. La globalización ha mejorado en su conjunto la eficiencia de la economía en general y, por lo tanto, el crecimiento y productividad mundiales. Pero también está fragmentando los procesos de producción, los mercados laborales, las instituciones políticas y las sociedades.

Este desarrollo ha sido y sigue siendo posible gracias a dos factores: el desarrollo tecnológico de transporte e información (telecomunicaciones) y la liberalización de los intercambios de bienes, servicios y capitales.

El emblema de esta globalización son los mercados financieros, que han experimentado una integración asombrosa, avanzando por encima de los mercados comerciales gracias al desarrollo tecnológico. Mientras que el PIB mundial ha crecido a un ritmo del 3,5% anual en los últimos veinte años, el intercambio de productos financieros (acciones y divisas fundamentalmente) ha crecido muy por encima en términos reales.

En su libro *The structure of Scientific Revolution*[4] el filósofo estadounidense Thomas Khun señalaba que se necesitan entre treinta y cincuenta años para que un cambio de paradigma sea integrado y aceptado por los distintos agentes de una sociedad, es preciso esperar a la generación siguiente para que los especialistas de esa generación vean, acepten y comprendan la nueva realidad. Como he mencionado antes, estamos ante un cambio de paradigma.

## El trabajo

No cabe duda de que el ciudadano medio en los países occidentales se encuentra mucho mejor materialmente que medio siglo atrás, solo hay que fijarse en la tríada Europa-Norteamérica-Japón. Los beneficios del crecimiento no solamente abarcan el aumento de la riqueza o la productividad del individuo, también le ha permitido cubrir toda una serie de demandas de carácter intangible una vez atendidas las necesidades básicas. El aumento de la eficacia económica, en sentido productivo, ha supuesto para el individuo una vida laboral más corta, los niños de 5 años que antes limpiaban los restos de las fábricas ahora permanecen en el sistema educativo al menos hasta la adolescencia. Esto lleva a una vida laboral menos extensa, con jornadas más cortas y vacaciones más largas.

Sin embargo, uno de los mayores problemas de la globalización es que mientras la integración de los mercados de bienes, servicios, tecnología y capitales progresa a un ritmo fuerte, la de los mercados laborales no lo hace. Casi todos los factores de producción se pueden trasladar de unos países a otros, quedando como nacional únicamente la mano de obra, que por el momento no tiene mucha movilidad[5]. Hasta hace pocas décadas el trabajo era un bien tangible, estable, continuo y permanente. A partir de la labor que realizaban en sus trabajos, los

---

[4] Kuhn, Thomas, *La estructura de las revoluciones científicas*. Fondo de Cultura Económica. México DF 1977.
[5] De la Dehesa, Guillermo. *Comprender la globalización*. Alianza Editorial. Madrid 2004.

trabajadores construían su identidad y se identificaban con la tarea que desempeñaban. Esto era sencillo, pues las distintas actividades estaban bien definidas y directamente asociadas a un perfil humano y profesional. En nuestros días, en la era del conocimiento y la información, ser consciente de las propias habilidades puede no tener ninguna relación con lo que uno hace o siente que es. El rol social impreso por el sello del trabajo, en cierta medida, ha desaparecido[6].

El sociólogo francés Émile Durkheim señaló que damos un gran valor al hecho de ser capaces de incluirnos en una categoría profesional. Nosotros estamos asistiendo a una pérdida de identidad social y cultural del individuo; hemos perdido el equilibrio personal que nos proporcionaba el trabajo, de la misma forma que hemos perdido el rol que teníamos establecido en la sociedad y en la cultura de nuestro lugar de pertenencia.

El sociólogo estadounidense Richard Sennett afirma que solo un determinado tipo de individuo es capaz de prosperar en condiciones sociales de inestabilidad y fragmentariedad, un hombre o mujer ideal capaz de hacer frente a tres desafíos: el tiempo, el talento y la renuncia.

- El tiempo, porque mientras pasamos de una tarea a otra, de un empleo a otro, debemos ser capaces de manejar relaciones a corto plazo.

- El talento, porque en la economía moderna muchas habilidades

---

[6] La sociología apunta lo siguiente.

1. Dinero y Seguridad Física

2. Oportunidades de Control del Entorno; el entorno social crece exponencialmente. La cantidad y magnitud de tales relaciones reducen la posibilidad de control drásticamente.

3. Ocasiones para el desarrollo de las habilidades; más que ocasiones son exigencias.

4. Finalidades generadas por el medio externo; surgen pequeñas empresas (pymes) donde los trabajadores son al mismo tiempo propietarios, ejecutivos, administrativos y auxiliares de las mismas.

5. Variedad de alternativas; se multiplican. Esto es positivo, pero el número de decisiones que hay que tomar es mucho mayor. Esto crea incertidumbre y estrés.

6. Contextos para las relaciones interpersonales; limitados. Las relaciones son más superfluas.

son de corta vida: en la tecnología y en las ciencias, al igual que en las formas avanzadas de producción, como trabajadores necesitamos reciclarnos constantemente, siendo a menudo este compromiso económicamente destructivo; hemos pasado de una producción artesanal y de manufactura en la que se requería hacer una sola cosa bien a otra en la que se requieren hacer muchas cosas bien, las cuales hay que renovar constantemente.

- La renuncia, porque hay que desprenderse del pasado y pensar en el futuro a corto plazo[7].

Todo esto ha provocado que demandemos un nueva guía y protección al Estado.

## El papel del Estado. La demanda de un Estado paternalista responsable

A la vez que reclamamos una economía descentralizada que no nos controle demasiado, demandamos también el auxilio del Estado para restituir cierto equilibrio. Vivimos en un sistema económico con características hegemónicas en cuanto a la distribución económica y de bienestar social, y la concentración de poder es evidente. Por ello consideramos necesaria una institución que permita regular la tendencia a la concentración de poder y que permita liberar activos para que otros sectores sociales y económicos puedan autogestionarse, consiguiendo la citada descentralización del poder.

Karl Marx decía sobre el capitalismo la siguiente frase: "Todo lo sólido se esfuma en el aire". Uno de los rasgos que ha mantenido el capitalismo desde que lo conociera Marx en sus albores es la inestabilidad. El auge, derrumbe y movimiento de empresas, la conmoción en los mercados de capitales o la migración en masa de los trabajadores son algunas de las materializaciones del capitalismo

---

[7] Sennett, R. *La cultura del nuevo capitalismo*. Anagrama. Barcelona 2006.

moderno. En la actualidad la economía continúa con dicha inestabilidad debido a la expansión mundial de la producción, los mercados, las finanzas y las nuevas tecnologías.

Asistimos a un cambio total de las organizaciones y estructuras sociales y políticas de las instituciones que conforman la sociedad del siglo XXI, con el aditivo de que esta transformación es global y regional a la vez. El orden mundial conocido anterior está desapareciendo pero todavía no se ha asentado el nuevo orden, dejando en el aire un *desorden mundial*, puesto que estamos en el momento de cambio.

Los libros de historia nos cuentan que los últimos cuatro siglos han sido los siglos del Estado-nación occidental, lo que no nos enseñan de manera explícita es que este tiempo ha sido un continuo intento de superar dicho Estado-nación, porque la naturaleza depredadora del ser humano ha intentado siempre superarlo intentando invadir y anexionar, primero las colonias de lugares lejanos y, más tarde, otros Estados-nación para construir imperios.

En la vieja Europa, estos cuatro siglos han estado marcados por los constantes intentos de establecer un Estado transnacional. Primero fue España en el siglo XVI, durante los cien años que duró su viabilidad económica hasta que se arruinó por la financiación de las guerras; luego vino Francia en dos periodos, con Richelieu y Luis XIV primero, y posteriormente con Napoleón, durante otros tres cuartos de siglo, también hasta que encontró la ruina financiera por las mismas razones en el siglo XIX; entrado el siglo XX, Alemania lo intentó dos veces en sendas guerras mundiales, y la Rusia de Stalin lo consiguió por periodo de otros tres cuartos de siglo con la creación de la Unión Soviética como superestado transnacional. Pero todos estos imperios desaparecieron, no solo por la ruina económica, sino también por la falta de integración sociocultural debida a la carencia de unas instituciones apropiadas, al estilo del antiguo imperio romano, que por cierto duró también cuatrocientos años. Carecían de poder integrador porque no existía una organización política, con sus correlativas instituciones, que creara ciudadanía. Por lo tanto la única realidad política que ha funcionado en los últimos cuatro siglos ha sido el

Estado-nación.

El Estado-nación fue diseñado para ser el guardián de la sociedad civil; el megaestado actual se ha convertido en su dueño. En su forma extrema, totalitaria, sustituyó a la sociedad civil por completo; en el totalitarismo toda la sociedad se convirtió en sociedad política[8].

El Estado moderno fue concebido con la idea de proteger al ciudadano. Esto se traducía en la protección de su vida y la defensa de su libertad individual frente a los actos caprichosos del soberano absolutista, el rey. El problema de la actualidad es que, como escribía Joseph Schumpeter en 1918[9], los Estados transnacionales (pensemos en Europa, Estados Unidos, la antigua Unión Soviética, la liga de los petrodólares, las ligas árabes, etc.) los ciudadanos tienen solo lo que el Estado les permite conservar, ya sea de una manera explícita o tácita.

En el lapso de cien años, entre la década de 1860 y la de 1970, las empresas han aprendido el arte de la estabilidad que asegura la longevidad de las compañías e incrementa la cantidad de empleos. Pero no ha sido de forma exclusiva el libre mercado el que ha posibilitado este hecho, también la adopción por parte de la dirección de las empresas de modelos de organización militares.

Estos modelos de organización militares son los que aplicó Otto Von Bismarck en la Alemania de finales del siglo XIX para las políticas del Estado Alemán y que dieron lugar a lo que hoy conocemos como Estado de Bienestar. Se trataba de establecer estrategias de actuación que permitieran tener una cierta previsión de los acontecimientos y que en consecuencia dieran resultados, resultados de estabilidad y control, pues lo que se trataba de evitar era la revolución social. Este modelo ha llevado a implantar en los individuos el denominado tiempo racionalizado; un tiempo a largo plazo, creciente y ante todo predecible. El tiempo racionalizado nos ha permitido pensar nuestra vida como un relato, no como un relato de lo que pueda ocurrir, sino como el orden de la experiencia. Por ejemplo, algunos trabajadores podían planificar comprar una casa, algo que ahora parece

---

[8] Drucker, Peter.F., *La sociedad Postcapitalista*, editorial Apóstrofe, 1993, Barcelona.
[9] Schumpeter, Joseph Alois, *The Crisis of the Tax State*, 1918.

tan normal entonces era impensable y era el resultado del modelo de organización estatal[10]. El problema es que la realidad es más dinámica que este modelo de organización estático; las oportunidades en el mundo global empresarial han modificado este pensamiento estratégico, lo que ha dado lugar a que en estos días reclamemos la vuelta al estadio anterior de previsión y estabilidad.

Pero no debemos olvidar que el sistema de bienestar creado por Bismarck hacia 1880, tenía también como objetivo frenar la marea social que crecía con fuerza, y se instauró como una medida para responder a la amenaza de la guerra de clases. Tanto Bismarck como sus homólogos anglosajones, que tampoco eran socialistas, veían en el actuar gubernamental una manera de apaciguar una nueva guerra de clases entre los capitalistas y la clase obrera.

Las medidas fueron modestas si las comparamos con los sistemas que tenemos ahora, se trataba de un seguro de enfermedad, un seguro contra accidentes laborales y ayudas a las personas mayores, pero el cambio de chip fue radical. Posteriormente Gran Bretaña siguió una senda parecida y Estados Unidos estableció la Seguridad Social con el New Deal y la GI Bill of Rights, ayudas para los soldados que regresaban de la Segunda Guerra Mundial para poder recibir educación superior que los reinsertara en el mercado laboral estadounidense. Pensemos que las fábricas de comienzos del siglo XIX combinaban la rutina que adormecía la mente con el empleo inestable, no solo los trabajadores carecían de toda influencia protectora, sino que las propias empresas solían estar débilmente estructuradas y, por tanto, sometidas al peligro de hundimiento repentino. En Londres, según una estimación, en 1850 el 40% de los trabajadores físicamente aptos estaban desocupados, mientras que la tasa de fracasos de nuevas empresas llegaba al 70%[11].

Llevamos cuatro siglos con el modelo de Estado-nación soberano, y los hechos y la historia parecen indicar que giraremos hacia un pluralismo político, en el sentido de que el modelo de Estado-nación

---

[10] Sennett, R., *La cultura del nuevo capitalismo*, Anagrama, Barcelona, 2006.
[11] Sennett, R., *La cultura del nuevo capitalismo*, Anagrama, Barcelona, 2006.

será un pilar fundamental pero se tratará solo de una de las muchas formas de organización política o uno de los componentes. Vamos hacia una estructura en la que competirán y coexistirán estructuras transnacionales, regionales, de Estado-nación, locales y tribales.[12]

Hasta la Gran Depresión de los años 30 se creía que los mercados se autorregulaban solos, y casi nadie creía que los gobiernos nacionales pudiesen gestionar la economía, mucho menos ayudar a evitar recesiones o depresiones. Esto también lo creían los socialistas, no nos engañemos. Pese a que en la actualidad la economía principal difiere en muchos puntos con Keynes, todos aceptan un principio fundamental que estableció él: que las economías nacionales están totalmente determinadas por las políticas del gobierno.

Todo ello hace que los Estados con su control político sean en parte dueños de nuestro tiempo racionalizado. Por ese motivo experimentamos incertidumbre internamente respecto a esta institución. El estado-nación tal como lo conocemos no va a desaparecer y seguramente seguirá siendo el órgano político más poderoso al menos durante bastante tiempo, pero ya no será indispensable, en el sentido de que cada vez más irá compartiendo el poder con otros órganos de poder, con otras instituciones. No sabemos qué parte será reasignada a instituciones autónomas internas, si va a ser un Estado-nación transnacional, local o de otro tipo, pero estamos experimentando su transformación.

Parte de esta transformación procede del hecho de que el sistema económico de nuestros días está liderado por los mercados y las empresas más que por los gobiernos. Este proceso actual nos lleva a fuertes contradicciones, ya que mientras la democracia se desarrolla a través de decisiones colectivas los mercados lo hacen a través de un proceso complejo de toma de decisiones individuales. Hasta hace no demasiadas décadas la corporación multinacional solía estar entretejida con la política del Estado–nación, hoy la empresa global tiene inversores y accionistas por todo el mundo y una estructura de

---

[12] Drucker, Peter.F., *La sociedad Postcapitalista*, editorial Apóstrofe, 1993, Barcelona.

propiedad demasiado complicada como para servir a los intereses nacionales. Por su parte, los mercados parece que se desarrollan mejor y de una manera más eficiente cuando la interferencia de los gobiernos no es desbordante y parcial, aunque funcionan horriblemente mal en su total ausencia; por eso la sociedad aspira cada vez más a una mayor seguridad económica y estabilidad social, basadas en unas reglas que eviten la desintegración de su cohesión social y sus ciudadanos deseamos que nuestros gobiernos nos las garanticen.

## La percepción de la justicia

El ideal igualitario de las economías desarrolladas lo configura un mercado democrático y descentralizado en el que todos los factores de producción tengan un peso específico y en el que ninguno de ellos sea dominante y totalizador. Sin embargo, es la desigualdad de importancia de esos factores productivos la que posibilita que las empresas funcionen y sean eficientes, y a su vez, lo que hace que ciertos sectores o círculos económicos sean poderosos; es esta una condición inherente al mecanismo de funcionamiento del individuo, la empresa, las instituciones y el mercado, la de que los desequilibrios entre ellos hacen que surjan fuerzas que tiendan a desnivelarlos, y consecuentemente surja la actividad de las empresas. De ese desnivel surge la energía empresarial; como el salto de agua que produce energía eléctrica, la desigualdad de condiciones produce la acumulación de capital a través de la actividad empresarial.

El desarrollo del sistema capitalista moderno ha concentrado el poder económico en un número más reducido de instituciones e individuos y ha incrementado la desigualdad de la riqueza entre los ciudadanos de las economías desarrolladas, no obstante hay que matizar esta afirmación para no caer en la equivocación y el autoengaño. El sistema económico contemporáneo no ha provocado *per se* el incremento de la desigualdad de la riqueza entre los individuos del mundo, en realidad el sistema de coordenadas en el que nos encontramos ahora es cualitativamente distinto del sistema de coordenadas de épocas anteriores a su desarrollo. Albert Einstein afirmaba que "si dejamos caer un objeto al suelo su trayectoria dibujará una línea recta, pero si nos encontramos en un vagón de un tren con movimiento uniformemente acelerado y nos colocamos fuera del vagón, la trayectoria del objeto dibujada será una parábola". En analogía a la famosa explicación del físico alemán, nosotros seguimos viendo exclusivamente la trayectoria lineal; sin embargo, el sistema económico y sus interpretaciones son un tren en movimiento.

Si comparamos el momento actual con periodos anteriores apreciamos que, como en el pasado, sigue existiendo una gran desigualdad de la distribución de la riqueza entre los ciudadanos y en muchos casos esta es más grande en términos absolutos (no así en las pequeñas y medianas empresas donde el director-gerente, el consejo de administración y los accionistas tienen diferencias salariales bajas respecto a sus trabajadores, estas empresas aportan entre el 60 % y el 80 % del PIB de las economías desarrolladas), pero con una gran diferencia, muchos de los individuos que se encuentran en el lugar desfavorecido de comparación tienen las necesidades básicas cubiertas, cosa que antes no ocurría. Es muy probable que la diferencia de salario que existe entre los trabajadores de una gran empresa y su director o dueño sea mayor que la que había entre campesino y su patrón, el trabajador está cuantitativamente más distanciado en términos de renta que el campesino, pero el primero trabaja ocho horas, tiene un mes de vacaciones con posibilidad de desplazarse para ello en coche, tren o avión, Seguridad Social junto con una larga lista de derechos, en caso de no tener trabajo recibe una ayuda social durante un tiempo, cuando termine el periodo de trabajo debido a su edad recibirá una jubilación hasta que muera y mientras tanto tiene acceso a un servicio sanitario que le garantiza una vejez digna, y mientras sus hijos habrán tenido la oportunidad de estudiar en la universidad y hacerse respetables profesionales o simplemente la de acceder a la educación más necesaria, pagada en mayor proporción por individuos como su jefe. Al menos ha sido así durante las últimas décadas, el futuro es otra historia.

El sistema económico global reduce la pobreza, es cierto que no porque sea su objetivo, sino como un efecto secundario de este. Ya lo decía Adam Smith hace más de dos siglos: no es la bondad del panadero o el carnicero la que nos hace comer pan y carne, sino sus propios intereses. Lo mismo pasa con el sistema económico global. Cuando una gran empresa o grupo multinacional decide trasladar sus plantas de producción y sus flujos de inversión a países emergentes, lo hace porque quiere reducir costes con el objetivo de seguir siendo competitivo, obteniendo más márgenes, manteniéndolos o simplemente no entrando en pérdidas, de manera que suele beneficiarse de recursos más baratos, y de nuevos favores locales y regionales, para seguir creciendo. Este movimiento ha provocado como efecto secundario que miles de familias asiáticas o suramericanas que antes solo tenían acceso a algo más que unos puñado de cereal puedan incrementar sus ingresos y cubrir muchas de sus necesidades antes insatisfechas y tal vez planificar sus gastos por primera vez. Por otra parte, los trabajadores occidentales de esas plantas perdemos nuestro trabajo temporalmente, pero tenemos acceso por un tiempo al desempleo y recibimos una indemnización junto con diversos subsidios. Debemos analizar la realidad desde fuera del vagón.

Los occidentales creemos, con nuestro miedo a la inestabilidad, que la desigualdad aumenta de forma unidireccional y solo es un proceso perjudicial en todos sus sentidos para nosotros. Comparar en términos absolutos aspectos de una unidad tan heterogénea como es el conjunto de la sociedad mundial resulta complejo, porque lo que para unos es una oportunidad para otros se transformará en una incertidumbre.

¿Qué es lo que determina que una país experimente crecimiento y otro no?, ¿que una economía avance y otra se estanque?, ¿que una sociedad prospere y otra retroceda?

Un reciente estudio realizado por dos economistas en *Handbook of the Economics of Education*[13] revela de forma numérica con datos reales un principio que se ha venido explicando en economía desde hace varias décadas: el nivel de crecimiento de una economía depende de dos variables, el nivel inicial de ingresos y el nivel intelectual de sus

---

[13] Hanushek, Eric A (ed.). *Handbook of the Economics of Education*, vol.3. North Holland, Ámsterdam 2010.

ciudadanos. En concreto este estudio, basado en los informes PISA de la OCDE, llega a la conclusión *consistente* de que el 73 % de las diferencias en las tasas de crecimiento entre los países de la OCDE se explican exclusivamente por esas dos variables. Sobre el nivel inicial de ingresos poco hay que añadir, hay el que hay en cada sitio y ya está, depende de la historia particular de cada región. Sobre el nivel intelectual de los ciudadanos podemos destacar que depende de tres factores fundamentales que se han mostrado consistentes con esta afirmación durante la historia reciente medible. Primero, los elementos socioeconómicos como la familia y el entorno son claves en el nivel educativo de una persona, tanto es así que hay un estudio muy curioso que refleja la variación del rendimiento escolar de un niño en función del número de estanterías con libros que hay en la casa de los progenitores. Segundo, la calidad de los profesores; al contrario de lo que se suele pensar, el nivel de recursos no incide sobre el rendimiento académico, lo hace la calidad de sus profesores, solo en el caso de profesores malos el nivel de recursos importa. Tercero, las instituciones académicas, su gobierno y revisión son cruciales. Estos tres factores pueden hacer que un niño multiplique por 1,5 el rendimiento de un año académico o lo divida. Posteriormente todo esto se revierte en la economía, en los años posteriores, cuando comienza a trabajar.

¿Qué mecanismos utilizan los gobiernos para impartir justicia y equidad entre sus ciudadanos?, ¿qué es lo que produce la desigualdad entre los individuos de una economía?, ¿se puede hacer algo para evitarlo?

La historia económica a partir de la Segunda Guerra Mundial nos ha demostrado una cosa: ningún Estado ha conseguido una redistribución significativa de la renta con políticas gubernamentales. Llevamos varias décadas aumentando la desigualdad de la renta en la mayoría de los países que conforman la OCDE, en particular en las economías más desarrolladas. A pesar de la convergencia conseguida con la globalización, este efecto no ha compensado el efecto negativo de la desigualdad de la renta, medido por el famoso *índice de Gini*, y estos son estudios oficiales realizados durante muchos años que se han refutado una y otra vez. De acuerdo con lo que he afirmado anteriormente, las diferencias han tendido a corregirse en aquellas economías menos desarrolladas, es decir, aquellas que tienen una situación inicial de ingresos más baja, como los países latinoamericanos y algunos africanos. La Unión Europea, Estados Unidos y los países desarrollados de Asia han empeorado.

El economista suizo-italiano Vilfredo Pareto desarrolló a principios del siglo XX lo que posteriormente se ha denominado Ley de Pareto, que se ha confirmado una vez tras otra. Sostiene que la distribución de la renta entre las clases sociales está determinada por dos factores esenciales, el nivel de la cultura de la sociedad y el nivel de productividad de la economía.

Los sucesivos gobiernos de los países occidentales, incluido Japón, han defendido desde la Segunda Guerra Mundial que la fiscalidad y la imposición de cargas sobre las rentas distribuye de forma más equitativa la riqueza. Pareto y otros economistas de diversa inclinación afirmaban que los impuestos no pueden cambiar esto. La realidad empírica lo ha confirmado; cuanto más productiva es una economía más igualdad de renta existe, y a la inversa.

El caso más paradigmático lo constituyen los Estados de planificación central. Se supone que son y han sido sistemas dirigidos a conseguir la igualdad de sus ciudadanos, al menos de forma oficial. Pues bien, estos regímenes (recordemos a la antigua Unión Soviética, Cuba, China y otros antiguos Estados comunistas) establecieron toda una pléyade de funcionarios privilegiados que gozaban de niveles de renta jamás soñados e incluso superiores a los más altos percibidos bajo el zar. Cuanto más estancada estaba la economía, mayor se volvía la desigualdad de la renta de sus ciudadanos. Es el caso de la familia de Wen Jiabao, primer ministro chino, que ha amasado una fortuna milmillonaria con negocios tan rocambolescos como el comercio diamantes.

También son un buen ejemplo de esto los países de la llamada economía neoliberal. Estados Unidos estuvo igualando la renta de sus ciudadanos desde la Segunda Guerra Mundial (el auténtico factor de su impulso económico que llevó a superar la Gran Depresión) hasta la guerra de Vietnam, cuando sus índices de productividad comenzaron a descender. En todo ese tiempo la clase privilegiada continuó enriqueciéndose, pero los más pobres y sobre todo la clase media se enriquecieron mucho más. En cuanto comenzaron a descender los índices de productividad de la nación, la desigualdad comenzó a aumentar, y nada pudieron hacer las fuertes imposiciones fiscales a la clase más rica de Nixon y Carter, o la carencia de ellas en la era Bush. Por su parte, Reino Unido experimentó algo parecido, con sus diferentes gobiernos de diverso planteamiento fiscal. El factor fundamental es la productividad y con ella el nivel cultural y educativo. El caso más claro de esta realidad en la actualidad es Japón, posiblemente el país más igualitario en la distribución de sus rentas.

*1984* de George Orwell y *Un mundo feliz* de Aldous Huxley expresan mejor que cualquier manifestación los temores que el individuo tiene sobre el Estado, el primero para el caso de los países comunistas y el segundo para las democracias de economía capitalista. Todas las generaciones las hemos leído, en un momento de búsqueda y crecimiento personal, todas las generaciones hemos sentido sus hojas como escritos proféticos; el Estado moderno, ya sea democrático o totalitario, capitalista o comunista, tiene demasiado poder, condiciona nuestras vidas y mina nuestra libertad. Tal es el control que cuando tenemos la oportunidad de ejercer la libertad robada, no la sabemos ejercer. Por eso la educación es tan importante; condiciona el crecimiento de nuestra economía, condiciona el nivel de desigualdad entre nosotros y nos condiciona a nosotros mismos.

## La incertidumbre política. La indignación

La organización más importante y poderosa en cualquier sociedad es el Estado. Todas las sociedades necesitan resolver el problema de proveer de cierto orden social a sus ciudadanos. Las sociedades primitivas se organizaban en pequeños grupos de caza y recolección que permitían la supervivencia biológica del grupo frente a la inanición y el combate animal. En los siguientes diez mil años, hasta el despliegue de la Revolución Industrial, las regiones, reinos e imperios fueron implementando el orden social necesario mediante el control de la violencia, por medio de la dictadura y la manipulación política, y la generación de unas rentas limitadas de las distintas actividades gremiales, elementos que permitieron la especialización y división del trabajo, dando lugar a los gremios y profesiones que posibilitaron el surgimiento de organizaciones económicas más sofisticadas. Esto a su vez favoreció el establecimiento permanente de las primeras jerarquías políticas, económicas, militares y religiosas complejas a mayor escala. A lo largo de los tres últimos siglos, un puñado de países en Europa y América evolucionaron un paso más este sistema de organización social, desarrollaron diferentes instituciones de carácter abierto que permitieron cierta justicia, progreso económico, crecimiento y bienestar para la mayoría de los ciudadanos, dentro de un orden social en todos sus niveles. El desarrollo económico de estas sociedades estaba y está directamente relacionado con el nivel de desarrollo de sus instituciones políticas, por ello los Estados más abiertos, con instituciones *inclusivas*, transparentes y robustas diseñadas para que en lo económico garantizaran las reglas del juego[14] y en lo político la participación plural, han permitido mejores resultados que aquellos que no lo son. De esta forma solemos dividir las sociedades y economías del mundo en tres grupos, países desarrollados, países en vías de desarrollo también llamados economías emergentes y países subdesarrollados, precisamente en referencia al grado de apertura y desarrollo de sus gobiernos e instituciones y su relación directa con sus desarrollos económicos y apertura política. El puñado de países que dio el último paso evolutivo son los países que se engloban en el primer grupo de los tres, los del segundo grupo están en ello, tratando de superar bien una barrera económica bien una barrera política o las dos.

Existe una relación incestuosa entre la política y la economía, el establecimiento de las reglas y el desarrollo en todas sus vertientes. El Estado moderno es la institución por excelencia que garantiza el orden social para conseguir el desarrollo económico mediante la justicia. Constituye la evolución más refinada que va desde la anarquía

---

[14] Ver el paper seminal de Douglass North *A Conceptual Framework for Interpreting Record Human History*. WP 12795. Cambridge 2006.

primitiva por la supervivencia biológica de nuestros ancestros a la certidumbre de bienestar, seguridad y estabilidad que hemos conocido en las últimas décadas.

El Estado moderno provee, coordina y garantiza los derechos de propiedad, la presencia de competencia entre iguales, la autonomía de las distintas organizaciones, el orden socioeconómico, la apertura de los mercados, el intercambio, el desarrollo de las industrias, el cumplimiento eficaz de los contratos, la educación, la innovación y el dinamismo necesarios para que la sociedad que coordina viva bajo los parámetros de igualdad y oportunidad-libertad más cercanos a la justicia moral.

Sin embargo las jóvenes democracias maduran y sus Estados envejecen en contraste con la empresa moderna, que necesita que las instituciones cuyos marcos normativos marcan sus pautas de comportamiento evolucionen. Esto es lo que *no* está ocurriendo de un tiempo a esta parte, y es lo que ha marcado una creciente indignación entre los ciudadanos, sobre todo entre los que pertenecemos a las generaciones nacidas en las democracias occidentales[15] posbélicas del siglo XX: la confirmación de que el Estado moderno se ha convertido en un *Estado calculista,* una *institución extractiva* de nuestras rentas cuyo interés particular de sus clases dirigentes está por encima del interés general.

La responsabilidad fiscal nació para impedir que los cortesanos saquearan la hacienda pública en beneficio de los allegados del rey. El desarrollo de los presupuestos fue la forma que permitió proteger el interés general de la ciudadanía, el derecho frente al capricho. En el Estado moderno este saqueo lo hacen los políticos para asegurar su elección y alargar la propia profesión; en las etapas iniciales de las democracias jóvenes los políticos no tienen conciencia de colectivo, de pertenecer a la *profesión* política, esto es así porque suelen proceder de otros ámbitos y son independientes, pero al madurar se convierten en un estamento profesional hipertrofiado que se aleja de la realidad.

---

[15] Generación del Baby Boom (años 50 y 60), Generación X (años 70) y, sobre todo, la Generación Y (años 80) y la Generación Z (años 90).

Como escribía en un valiente y acertadísimo artículo César Molinas[16] en el diario *El País* ("Una teoría de la clase política española", 10 de septiembre de 2012) respecto a la clase política española: "La política y sus aledaños se han convertido en un *modus vivendi* que alterna cargos oficiales con enchufes en empresas, fundaciones y organismos públicos y, también, con canonjías en empresas privadas reguladas que dependen del Boletín Oficial del Estado para prosperar". Parece que la maduración de las sociedades libres están desembocando en una involución y nos recuerda al antiguo rey y su corte clientelar, alejados ambos de la realidad social del reino que gobernaban.

El funcionamiento del sistema democrático se basa en la confianza que los ciudadanos depositan en sus instituciones para defender a los electores contra la rapiña del gobierno elegido. La experiencia contemporánea nos dice que este principio fundamental se ha roto, al menos parcialmente, desdibujando la realidad de la sociedad libre. Los representantes elegidos ejecutan un latrocinio popular a su electorado para favorecer a grupos de presión particulares y obtener mediante la usura sus votos. Pero ojo, cuando digo grupos de presión me refiero a *todos los grupos de presión*, no solo a los empresariales que son los más conocidos. Se han de incluir la corruptela de los sindicatos untados desde la instauración de las democracias en Occidente por los sucesivos gobiernos mediante el proceso que hemos descrito, los *think tanks*, un amplio espectro de corporaciones profesionales, el circo mediático, el esperpento financiero, algunos de los movimientos progres, las instituciones semipúblicas de elección caprichosa, el funcionariado servil de dudosa eficacia o el catecismo infantil de los partidos *igualitarios* de izquierda y los *liberales* de derecha que chupan de nuestro bote mientras nos transportan a la arcadia feliz con su lenguaje decimonónico que no resulta gratuito. *Todos*.

Asistimos a la negación del concepto de ciudadano. Desconfiemos por tanto de aquellos que nos prometen el paraíso terrenal, la venida del salvador y la igualdad de todos los seres sobre la faz de la Tierra. En el mejor de los casos serán charlatanes de orejera instruidos en el

---

[16] Exintegrante del Ministerio de Economía de España y de Merrill Lynch

dogma de la fe y practicantes más o menos hábiles de su religión laica, en el peor de ellos estaremos ante dictadores.

Debemos recordar un hecho significativo: hasta la Primera Guerra Mundial ningún país en el mundo podía extraer de sus ciudadanos más de un 4 % o 5 % de sus ingresos. El fin de la Segunda Guerra Mundial vio el nacimiento de los Estados como recaudadores fiscales (o Estados fiscales) tal y como los conocemos hoy día. Con la llegada estas guerras los países que entraban en guerra descubrieron que no existía límite a lo que un gobierno podía extraer de sus ciudadanos. Y esto se ha mantenido hasta nuestros días. Una vez que se toma un rumbo es difícil romperlo. El problema fundamental es que la elaboración de este presupuesto comienza con el gasto, y en ese momento desaparece la disciplina fiscal. Además no existe un control externo independiente que asegure su correcto uso, para ello se encargan de fagocitar a todos y cada uno de los organismos independientes que garantizan el correcto funcionamiento de las reglas del juego; entre otros los tribunales superiores de justicia, bancos centrales, comisiones nacionales de valores, comisiones de supervisión energética, comisiones de competencia o revisiones de transparencia informativa de las instituciones a través de empresas externas[17].

Teóricamente el proceso presupuestario comienza con el análisis de la disponibilidad de ingresos y después se estudia su aplicación como gasto. Antes de las dos guerras mundiales se suponía que los ingresos eran limitados y por lo tanto todos los Estados funcionaban bajo restricciones muy fuertes, por esta razón no eran organismos sociales o económicos, eran organismos puramente políticos. Hasta ese momento los Estados, como instituciones y organizaciones políticas, solo podían disponer de los recursos que les concediera la sociedad civil, que eran limitados y escasos, suponiendo un estrecho porcentaje de la renta nacional. Solo esa cantidad podía convertirse vía impuestos en ingresos

---

[17] En el caso de España, un estudio elaborado por el Colegio General de Economistas de España, en su división de auditoría, revelaba que tan solo el 8 % de los presupuestos y el dinero que movían las instituciones de carácter público y semipúblico, ya fueran ayuntamientos, empresas adjuntas, gobiernos estatales o federales y análogos, era auditado. El 92 % restante no había sido revisado.

y préstamos públicos. Pero la nueva administración que se desarrolló en los diferentes gobiernos a lo largo de las últimas siete décadas, asumió que los límites de los recursos económicos se habían ampliado hasta no se sabe dónde y pasó a convertirse en la dueña de los ciudadanos, hasta tal punto que las actuales ejecutivas parecen carecer del sentido de la responsabilidad, instalando mecanismos de escapismo sin entender que una decisión conlleva consecuencias y haciendo del riesgo moral (*hazard risk*) una panacea irreductible. Esto es lo que Daron Acemoglu y James Robinson han denominado "elites extractivas" en su polémico libro *Por qué fracasan los países*[18] . Las elites extractivas viven de "un sistema de rentas que permite, sin crear riqueza, extraer rentas de la mayoría de la población en beneficio propio" y poseen los mecanismos mediante los cuales pueden impedir el correcto funcionamiento del sistema democrático abierto, que es aquel que permite que el poder se distribuya entre las diferentes instituciones y formas políticas, económicas y sociales, respeta el Estado de derecho y las reglas del auténtico mercado libre. Por esta y otras razones las elites extractivas no quieren ni oír hablar de innovación, renovación de las instituciones educativas, investigación real o destrucción creativa, procesos fundamentales de la dinámica del capitalismo moderno y el progreso socioeconómico, por el hecho de que estos procesos, de suyo, diseminan la concentración de poder político en beneficio de nuevos centros de poder.

La actual crisis mundial parece que está poniendo contra las cuerdas este modelo, pero las elites políticas se resisten asumiendo conscientemente el coste del empobrecimiento y la pérdida de libertad de toda una sociedad a la que se supone representan y de la que viven, y esto es terrible porque el bienestar, el desarrollo y el crecimiento económico de un sociedad dependen fuertemente de la dinámica política de sus instituciones. Esta es otra fuente de incertidumbre en el individuo posmoderno; nuestra vida depende de una institución en la que parece más que difícil confiar.

---

[18] Acemoglu, Daron y Robinson, James A., *Por qué fracasan los países*. Deusto. Barcelona 2012.

# Hacia un nuevo modelo productivo

Existe cierto consenso en considerar el nacimiento del sistema capitalista en la segunda década del siglo XIX, aproximadamente en 1820. Desde siempre y hasta entonces la mayor preocupación del individuo había sido la alimentación y la ropa; una sequía o una guerra podían matar de hambre a toda una generación. En un contexto rural, de manufactura y autoconsumo, con comunicaciones precarias y una administración circunscrita a un rey desconocedor de la realidad del día a día, la supervivencia cotidiana consumía toda la energía de una persona.

A mediados del siglo XIX el salario de un obrero no cubría las necesidades básicas de alimentación y ropa de una familia, por lo que era imprescindible que todos los miembros de la misma trabajasen desde la infancia. La estructura del gasto familiar no había variado durante siglos y, lejos de lo que ocurre ahora, podía mantenerse inalterable a lo largo de la vida del individuo.

La aparición de la máquina de vapor y su aplicación al sistema productivo permitieron por primera vez en la historia aumentar la productividad, sin que este aumento fuese aparejado a un mayor esfuerzo físico del individuo. Desde entonces muchos son los factores que han posibilitado modificar la estructura del gasto personal, entre los que hay que destacar el sector servicios y el acceso al crédito.

Las diferentes sociedades que fueron adoptando estos cambios tomaron conciencia de que las necesidades básicas comenzaban a estar cubiertas, y la nueva energía disponible de los individuos hizo posible la aparición de nichos de negocio hasta entonces imposibles y la aparición del sector servicios, que comenzó a despuntar un siglo después, tras el estallido de las dos guerras mundiales en el siglo XX.

De forma progresiva, el aumento de la productividad personal por medio de los avances tecnológicos y la posibilidad de interconexión con otros agentes en los mercados, primero locales, luego nacionales y finalmente transnacionales, gracias al abaratamiento del transporte y las comunicaciones, permitieron al individuo ir aumentando su renta media, siendo esta la manera en que comenzaron a nacer los servicios, el sector servicios[19]. Una vez que se comenzaron a superar las urgencias de las necesidades básicas de alimentación y ropa, el individuo comenzó a demandar estos recién aparecidos servicios, y con independencia de su estatus social, continuaron ocupando una proporción de la renta personal cada vez mayor.

Nos podemos aventurar a decir que hemos pasado de una economía cuyo poder residía en los medios de producción a otra donde el poder reside en la gestión de la información y el conocimiento. El capital, que en un primer momento era la tierra y después fueron los medios de producción, ha pasado a convertirse en la información y el conocimiento. El poder sobre el sistema productivo del sistema económico moderno lo conforma el acceso a la información, configurado en forma de conocimiento. El capital de nuestra economía es la información. Y con este cambio económico se ha producido un proceso de cambio social; se ha pasado de una sociedad industrial a una sociedad informatizada. En esta nueva sociedad se ha transformado el conocimiento en un recurso crucial y fuerte de innovación y acción política y aparecen la tecnocracia como elite dominante, el reemplazo de la ética protestante del trabajo por un énfasis en el ocio y la cultura, que pasa de la austeridad rural al hedonismo pop, el cambio hacia valores sociales cercanos a la individualidad y la autonomía personal o el cambio de base económica de la sociedad apoyada en los servicios y no en los bienes producidos[20].

Podemos percibir seis cambios significativos en la sociedad de la información respecto a su predecesora industrial. En primer lugar, se ha modificado significativamente la distribución de la fuerza de trabajo en los sectores productivos; 10 % sector primario, 25 %-30 % sector secundario y 60 %-65 % sector terciario. En segundo lugar, cambia la forma de trabajo, en el sentido de que en contra de lo que podemos pensar ocupamos mayor parte de nuestro tiempo en el trabajo en la economía de la información que en la economía industrial; si tomamos

---

[19] El mecanismo que vincula la producción de bienes y servicios con el consumo es el subsector financiero.
[20] Lucas, A., García, P., *Sociología de las organizaciones*. McGrawHill. México 2002.

como unidad de trabajo uno de los cónyuges de la unidad familiar la jornada laboral se ha reducido de 50-60 horas a 35-40 horas, pero esta visión es errónea; si tomamos como unidad de trabajo el núcleo familiar, esto es, los dos cónyuges o miembros de la pareja, habremos pasado de una *jornada* de 50-60 horas a otra de 70-80 horas, porque el trabajo de casa no ha sido sustituido, se tiene que seguir haciendo, además el actual panorama de crisis global y cambio definitivo indica que cada vez trabajaremos más horas individualmente y durante más años a lo largo de nuestra vida. En tercer lugar, con la inclusión de la mujer al mundo laboral se ha roto la tradicional división entre trabajo privado y trabajo público, ahora todo el trabajo está en la esfera pública, por lo que la información de cada individuo es más fácil de conocer. En cuarto lugar, antes se manipulaban materias primas y se transformaban en bienes y servicios, ahora se manipulan símbolos, que son el lenguaje de lo irracional, y se transforman en deseos a través de la información. En quinto lugar, la llamada nueva economía ha supuesto una auténtica revolución social por los radicales cambios que ha introducido en nuestra forma de relacionarnos y expresarnos así como en la cultura y la educación, pero no ha supuesto una revolución económica puesto que las nuevas empresas de la información crean pocos puestos de trabajo y han destruido muchos; curiosamente las que realmente generan valor y empleo son las que comercializan con bienes físicos y tienen detrás una logística y procesos fabricación y/o distribución materiales, pero estas aportan pocos ingresos a los Estados-nación porque están difuminadas por todo el mapa global. En sexto y último lugar, el poder en la sociedad industrial iba unido a los medios de producción y ahora va unido a la información, que es el medio para conocer el mercado, y lo que es más importante, para *crearlo*.

Por lo tanto el sistema productivo ha sido el mecanismo que ha permitido al ser humano satisfacer sus necesidades abandonando su condición animal, y el individuo que posee el conocimiento y los medios para activar dicho sistema posee cierto poder sobre los individuos que están a su alrededor.

Es de una importancia capital comprender y tener en el centro de nuestro análisis el conocimiento del sistema productivo de la economía, debido a que se trata de un sistema artificial creado por el individuo, que le ha permitido liberarse de su condición animal y cubrir sus necesidades, porque *al igual que la naturaleza ejercía una gran fuerza psíquica sobre el hombre primitivo, el sistema económico lo hace sobre en el hombre moderno.*

# CIENCIA ECONÓMICA

Las realidades y sus teorías interpretativas tienen sentido exclusivamente en el contexto en el que se producen. Si no se entiende el contexto en el que se generan no se pueden comprender. En este sentido el filósofo alemán Martin Heidegger afirmaba en 1926[21] que "el verdadero movimiento de las ciencias se produce por la revisión más o menos radical de los conceptos fundamentales." Esto nos plantea dos cuestiones esenciales para comprender la evolución de cualquier ciencia, por un lado la ciencia o saber humano se encuentra en constante movimiento, y por otro lado que la evolución procede de la revisión de conceptos que hasta el momento de revisión se consideraban fundamentales en la concepción de la ciencia en cuestión. En este sentido la economía, como ciencia, sigue las pautas de esta afirmación.

Las ideas económicas, como el resto de ideas, son producto de su época y por lo tanto no se las puede ver al margen del mundo que interpretan. El mundo evoluciona y con él las ideas, las cuales tienen que evolucionar para poder interpretar, de la mejor manera posible, la constante transformación de la realidad.

Algunos estudios recientes apuntan[22] que los sistemas económico-sociales tienen una duración de 250 años, salvo pequeñas variaciones.

---

[21] Heidegger, Martin, *Ser y tiempo*. Editorial Fondo de Cultura Económica. México 1951.
[22] Niño Becerra. S., *El crash del 2010*. Los libros del lince. Barcelona 2009.

Todos los sistemas económicos se caracterizan por sus modos de producción específicos y son evolución del sistema anterior, que muere en una crisis sistémica irreversible y de ella emerge el siguiente sistema económico tras aproximadamente dos décadas de incertidumbre y caos. Esto es lo que Peter Drucker llama "línea divisoria", que quiere decir que en el espacio de unas cuantas décadas la sociedad se reestructura a sí misma, cambia su visión del mundo, sus valores básicos, su estructura política y social, sus artes y sus instituciones clave[23].

Según los datos disponibles, hasta el año 1500 aproximadamente, la economía mundial habría crecido a un ritmo del 0,1 %, momento a partir del cual comenzó a acelerarse a un ritmo del 0,5 %, y a partir del siglo XVIII las economías avanzadas como Gran Bretaña con la Revolución Industrial, comenzaron a crecer de manera espectacular, y con ello, el mercado de recursos, capital y mano de obra, y productos. Es este proceso de crecimiento exponencial el que motivó la aparición de los primeros trabajos sobre economía como ciencia, dando lugar a las primeras teorías explicativas, que posteriormente se han englobado bajo lo que se denomina "la teoría clásica", desarrolladas en los cien años que transcurrieron entre finales del siglo XVIII y finales del XIX, a través de las obras de diversos economistas, cuyas figuras más destacadas y conocidas fueron Adam Smith, Thomas Malthus, David Ricardo, Karl Marx y John Stuart Mill, todas desarrolladas en Reino Unido[24].

John Maynard Keynes señalaba que desde las primeras épocas de la humanidad hasta principios del siglo XVIII no aparecieron grandes cambios en el nivel de la vida del hombre, debido a la carencia de innovaciones tecnológicas relevantes y al fracaso en la acumulación de capital.

El crecimiento es el acontecimiento que más ha sorprendido a las sucesivas generaciones que han habitado Occidente desde hace tres

---

[23] Drucker, Peter, *La sociedad Postcapitalista*. Ediciones Apóstrofe. Barcelona 1993.

[24] Aunque nació en el antiguo reino de Prusia, Karl Marx desarrolló el grueso de su obra en Londres, donde era corresponsal, entre otros, del *New York Tribune*.

siglos; el desarrollo económico ha transformado nuestro mundo completamente. Tanto es así, que al final del siglo XX nos acostumbramos a tasas de crecimiento (y decrecimiento) que transforman de modo espectacular los órdenes de una nación durante la vida de un individuo[25].

## La teoría neoclásica constituye la explicación de la economía, ¿cómo hemos llegado hasta aquí?

El conocimiento de la realidad económica ha ido formándose a lo largo de los últimos tres siglos, gradualmente, de manera paralela al desarrollo de las relaciones cada vez más complejas entre individuos, grupos sociales, sociedades y Estados. De forma correlativa el individuo ha ido desarrollando un criterio más agudo y complejo de las distintas realidades a través de la creciente magnitud de información y conciencia de sí mismo. Existe un consenso en admitir que Adam Smith en su obra *La riqueza de las naciones*[26] de finales del siglo XVIII estableció por primera vez, con carácter sistemático, las bases sobre el conocimiento económico como ciencia moderna, por eso se le llama el *padre de la economía moderna*. ¿Por qué la disciplina económica nació en ese momento y no antes o después? Comenzó a desarrollarse entonces y no antes porque las *economías* de intercambio, locales o regionales, eran independientes y no existía un mercado de capitales, de tecnología y de trabajo que necesitara de una explicación, de una interpretación.

En su obra capital, Smith nos explica que, de los diferentes sistemas de organización económica, la economía de mercado es la que más ha contribuido a la riqueza de las naciones. *The Wealth of Nations* contiene gran parte de las reflexiones sobre el acontecer económico que

---

[25] Tal es la influencia de dicho crecimiento y decrecimiento que los ciudadanos de las economías desarrolladas comenzamos a plantearnos hasta qué punto es bueno para la organización de nuestras vidas.
[26] Smith, Adam. *Investigación sobre la naturaleza y causas de la riqueza de las naciones*. Escocia 1776.

griegos, romanos, escolásticos, mercantilistas y fisiócratas habían realizado antes que él y suponían el conocimiento acumulado de esta naciente ciencia social. Por lo tanto es la primera persona que propone en un escrito las reflexiones sobre materia económica de forma sistemática, las primeras reflexiones que se enmarcan dentro de lo que conocemos como ciencia económica en nuestros días. Pero no fue el inventor de la economía, cosa bien distinta, porque la economía no es de autoría de nadie sino que es connatural al hacer humano, puesto que la tendencia al intercambio y la división del trabajo para mejorar el bienestar personal es un proceso de cuya conveniencia ya se daban cuenta nuestros ancestros del neolítico. La división del trabajo, gracias a la especialización, ofrece mayor productividad y eficiencia de los actos humanos, por esta razón surgen los gremios (división del trabajo y espacio de producción) y el trueque (intercambio), y con ello la aparición de los precios relativos (en la comparación) como indicadores del valor de las cosas. Lo que acabo de describir es el nacimiento de la economía mercado, con sus tres elementos integrantes: propiedad privada, libre iniciativa y asignación de recursos mediante el mecanismo de los precios[27].

Sin embargo, esta economía de mercado no fue siempre libre y feliz, el sistema de mercado evolucionado y mejorado desde el Neolítico mediante el intercambio y la especialización comenzó a constreñirse a lo largo del siglo XVI hasta casi desaparecer debido a un sistema político-económico que estaba al servicio de un Estado que se convirtió en absoluto y que estaba personificado en la figura de un rey que no tenía ninguna conexión con su reinado, de forma que las instituciones económicas por antonomasia, los gremios, se vieron desplazadas hacia otro sistema económico que se conoce como "mercantilismo". El mercantilismo era un sistema de organización económica centralizada al servicio del rey, cuyos reinos necesitaban cantidades ingentes de dinero para poder financiar el crecimiento territorial a través de guerras y virreinatos. Se basaba en una imposición tributaria devastadora, prohibición de importaciones,

---

[27] Termes, Rafael, *Antropología del capitalismo*. Ediciones Rialp, 3ª edición. Madrid 2004.

concesión de monopolios y fabricación de moneda en caso necesario, que provocaban déficits fiscales, quiebras financieras, inflación y empobrecimiento de generaciones enteras. Esta complicada situación de ventajismo, corrupción y asfixia era el caldo de cultivo propicio para una reacción económica, política y social. Se estaba gestando el movimiento liberal económico en Francia e Inglaterra como reacción de la sociedad a la carga mercantilista del Estado absolutista. Fue también el momento en que apareció la figura del burgués, que no pertenecía ni al estamento aristocrático ni al eclesiástico ni al campesinado. La actividad del burgués era negociar a través del comercio para obtener grandes réditos monetarios, en base a los cuales compraba estatus social al Estado, el cual necesitaba ese dinero para financiar sus terribles déficits provocados por las costosas guerras.

De esta manera surgieron los levantamientos de los campesinos en la primera mitad del siglo XVII en Francia por la subida de impuestos para financiar la guerra contra España, después se levantaron los nobles y más tarde los mercaderes. De forma paralela, en Inglaterra tuvieron lugar levantamientos que exigían la propiedad privada y la libertad religiosa con la mínima interferencia del Estado en los temas económicos. Fue en los albores de la Revolución Industrial cuando ciudadanos franceses e ingleses comenzaron a demandar una limitación del papel del Estado, mayor libertad económica y el derecho a emprender negocios de forma libre e independiente.

En este contexto surgió en Francia una serie de economistas que se preocupó por el cálculo numérico, dando origen a los primeros econónometras, y otros economistas preocupados por el orden natural, que dieron origen a los fisiócratas, herederos de los filósofos del derecho natural italianos, quienes defendían que el derecho natural era la regla de comportamiento económico y natural, y por tanto la norma que debía legislar la economía era el *laissez faire et laissez passer, le monde va de lui meme*, que traducido al castellano significa "dejad hacer y dejad pasar, el mundo va solo". El *laissez faire* defendía que a través del mecanismo de mercado el beneficio individual ayudaba al beneficio general; el comercio libre promovía el interés de todos a través de la prosecución que cada uno hacía de su propio provecho.

Estos economistas trataron de reformar el viejo sistema protegiendo la ley natural contra el capitalismo industrial naciente, escaldados por el mercantilismo monopolístico de privilegios y presión fiscal insostenibles.

La defensa del *laissez faire* hay que verla a la luz de la hostilidad a todo tipo de abusos y privilegios, entre los que se encontraba el monopolio a dedo, amén de las imposiciones del rey y un Estado corrompido por las necesidades financieras, donde las personas que trabajaban no tenían derecho a la propiedad privada y estaban explotadas. Estaban naciendo la Revolución Industrial en Inglaterra, la Revolución Norteamericana y la publicación de Adam Smith antes mencionada, *La riqueza de las naciones*. Las ideas del libre mercado se estaban convirtiendo en un tótem ideológico y todo lo relativo al mercantilismo se consolidaba en el colectivo ciudadano como erróneo y no deseable, una idea que dura hasta nuestros días.

Y todo aquello terminó explotando; saltó la Revolución Francesa, que desterró todo lo relacionado con los privilegios, la intervención centralizada y los sistemas impositivos corrosivos, y perduraron los principios fundamentales de *laissez faire*, el derecho natural como orden que regula la vida económica, la importancia de los recursos naturales y la interconexión e interdependencia del sistema económico, todo ello bajo el influjo gestáltico del libre mercado y ausencia de planificación central. Estos conceptos todavía sobreviven.

Casi al mismo tiempo comenzó la Revolución Industrial en Inglaterra y al sur de Escocia. Existe un intenso debate en torno a las causas que impulsaron de forma definitiva esta transformación, pero nada en concreto parece los suficientemente claro para explicar por si solo semejantes fuerzas de cambio. Lo que sí está claro es que esta revolución, en el último tercio del siglo XVIII, desplazó hacia las ciudades y las fábricas a las familias que antes trabajaban en la granja o en el campo, y en este desplazamiento el producto casi inexistente de un aldeano pasó a convertirse en producción creciente en los talleres y minas del hormigón humeante de las fábricas del primer capitalismo.

En paralelo a esto la ciencia económica experimentó el mayor de sus progresos con Smith, ya que por primera vez se explicaban la naturaleza del sistema económico, la manera en que se fijaban los precios, la distribución de las rentas en beneficios y salarios y las políticas que aplica el Estado para fomentar la prosperidad económica.

En este decorado aparecieron, posteriores a la obra de Smith, *Ensayo sobre los principios de la población* (1798) de Thomas Malthus, *Ensayo de economía política y tributación* (1817) de David Ricardo y *El capital* de Karl Marx. El escrito de Malthus es conocido por sus tres famosas conclusiones, estos es, que los medios de subsistencia limitan la población, que la población aumenta si estos medios lo permiten siendo el aumento de estos aritmético y el de aquella geométrico, y que tal asimetría perdurará en el tiempo y el incremento demográfico será limitado. Pero lo que es relevante de este autor clásico es que fue el primero que admitió la posibilidad de unas crisis originadas por causas inherentes al sistema económico, ya que afirmaba que podía darse el caso de que la demanda de mercancías fuera insuficiente y existiera una sobreproducción general junto con un estancamiento de la actividad económica y el posterior descalabro, ¿nos suena?, pues esto se publicó en 1798.

Los escritos de Ricardo suponían una explicación más madura y compleja de la economía clásica. Como consideraba que la dificultad de la economía radicaba en determinar cómo se deben distribuir los recursos y sus productos, desarrolló una elaborada teoría del valor donde explicaba cómo se formaban y cómo se debían configurar los precios de las cosas, y un teoría de la distribución. Consideraba que el valor de las mercancías, que él definía como valor de cambio, era determinado por la cantidad de trabajo necesaria para su producción. Adam Smith había considerado este valor exacto en las sociedades precapitalistas, pero no en aquellas en las que la producción de los bienes requería a su vez capital y trabajo. Sus teorías sobre la determinación del valor y la forma de distribuirse influyeron de forma determinante en Marx, que afirmaba que un obrero nunca disfrutaría de los beneficios del capitalismo.

Durante el siglo XIX la potencia económica dominante fue Gran Bretaña y en consecuencia la disciplina económica fue totalmente británica. En sus aspectos fundamentales, los principios establecidos por Smith, Malthus y Ricardo no fueron tocados. Según Keynes fue Marx el que acuñó el término "economía clásica", al calificar la obra de estos autores como la "tradición clásica de la economía", y el término es el que se ha tomado hasta nuestros días para describirlo como "teoría clásica".

Marx, que nunca dudó de los beneficios de las realizaciones productivas del sistema capitalista, desarrolló cuatro grandes críticas a la teoría económica clásica, que posteriormente tendrían gran repercusión en la concepción económica (olvidando el tema político). Primero, que la distribución del poder no era contemplada por los economistas clásicos; segundo, que la distribución de la renta era muy desigual; tercero, la facilidad con la que el sistema iba hacia el desempleo y la crisis, y por último, que el monopolio era un fenómeno común y no algo aislado como percibía la teoría vigente.

La teoría clásica, incluido Marx, se veía refinada y pulida. A mediados del siglo XIX, siguiendo las estela de los grandes clásicos, aparecieron unos economistas que, sensibles a los nuevos procesos que llevaban a cabo los ciudadanos a través de las nuevas instituciones, pretendieron presentar una explicación al subjetivo proceso de valoración psicológico de las acciones humanas; proponían explicar el valor de los bienes desde la óptica psicológica del individuo. Pretendían complementar el valor objetivo desarrollado por los clásicos de acuerdo con los costes de producción de la mano de obra y materia prima, incluyendo conceptos como "gustos" y "preferencias" del consumidor.

Estas figuras fueron el inglés Stanley Jevons, el austriaco Carl Menger y el francés León Walras. Pero para llegar aquí necesitamos retroceder nuevamente, nada más y nada menos que a Aristóteles. El desarrollo de los conceptos de utilidad, valor y escasez es una historia de rescates y avances paralelos que se vieron reunidos por primera vez en los tres economistas nombrados. Fue el filósofo griego el primero que creó el concepto de valor de uso: el valor de las cosas dependen del uso que les des. Pone la primera piedra de una línea de pensamiento que conecta con la Edad Media, el Renacimiento y la Ilustración francesa hasta llegar a Jevons, Walras y Menger en el siglo XIX, los autores que se conocen en los libros de historia económica y a los que se les atribuye su desarrollo.

Aristóteles dijo que el valor de un bien se deriva de su utilidad, de su escasez y de su coste; más unidades menos valor, más uso más valor, más esfuerzo en hacerlo más valor, y viceversa. No obstante hay que saltar hasta la Edad Media para volver a ver este descubrimiento; los filósofos de los siglos XIII y XIV de los que cabe destacar a Tomás de Aquino, algunos grandes teólogos de la Contrarreforma en los siglos XVI y XVII entre los que destaca el jesuita español Luis de Molina, pensadores protestantes del derecho natural y escolásticos italianos - estos últimos fueron los primeros desde el propio Aristóteles que desarrollaron y profundizaron en el concepto de valor- curtidos en las peleas de una nación que había vivido el apogeo y decadencia del comercio en sus ciudades y puertos. Explicitan claramente que el valor está definido por una proporción entre su utilidad y escasez, influyendo en nuestros deseos.

Son los escolásticos italianos los primeros que desarrollan una teoría subjetiva del valor (utilidad, escasez, deseo) que será completada en ya en el siglo XVII por el estadista francés Turgot, adelantando el concepto de preferencias al distinguir entre tiempo presente y futuro y el concepto de precio. En las mismas épocas diferentes filósofos, juristas, estadistas y teólogos italiano y franceses llegaron a soluciones parecidas de forma aislada, añadiendo eslabones en la lenta aparición del concepto de valor y en definitiva de la utilidad y la demanda de bienes y servicios del consumidor.

El triunvirato sagrado Jevons-Walras-Menger recogió todo este capital intelectual[28] para desarrollar, de forma individual pero llegando

---

[28] El capital intelectual recogido se resume en:
• El valor depende de la utilidad y la escasez
• Para poder valorar algo de forma económica se necesita una utilidad concreta no vale una utilidad abstracta. La utilidad concreta viene determinada por la ley de utilidad decreciente (rendimientos decrecientes)
• El valor de la última unidad es la utilidad marginal
• La utilidad y la escasez determinan el valor de los factores de producción, que a su vez producen los bienes. La elección del consumidor es el factor final de la acción económica
• Los precios son el resultado de la comparación individual entre bienes

a las mismas conclusiones, una serie de conceptos que pretendía identificar una ley psicológica, que subyaciese a la diversidad de gustos y preferencias, establecieron una ley económica que trataba de explicarlos.

De esta forma se reunificó y apareció oficialmente en el escenario la *Ley de la utilidad marginal decreciente*, según la cual la satisfacción obtenida por parte del individuo se realizaba mediante el consumo de un bien; esta aumentaba con el incremento del consumo, y tal aumento de satisfacción se producía a un ritmo cada vez más débil, de tal manera que se presentaba una saturación progresiva, aunque nunca llegaba a agotarse de forma total. La coletilla "marginal" describe el hecho de que la utilidad de la última unidad consumida disminuye en tanto el consumo aumenta.

Estas leyes, un tanto ambiguas, son las que dieron cuerpo a lo que hoy conocemos como economía neoclásica o economía ortodoxa. Desarrollaron diversos conceptos para tratar de explicar el carácter cualitativo de las acciones humanas, llegando a definir por vez primera la función y forma de la demanda del consumidor. Estas ideas y teorías explicativas fueron divulgadas con éxito en Francia por el propio Léon Walras, por Alfred Marshall en Inglaterra y sobre todo por Paul Samuelson en Estados Unidos un par de décadas más tarde. Hasta esta época, los primeros decenios del siglo XX, la economía había sido una ciencia social más, pero aquí la disciplina influenciaría y llevaría la batuta de las políticas que afectarían desde ese momento a los asuntos públicos de las naciones. Fueron los años en que se comenzaron a utilizar las matemáticas de forma sistemática como base confiable de los análisis, pero no por una necesidad real sino por actitudes políticamente correctas que harían salir victorioso a Paul Samuelson con su famoso manual.

Los textos de Marshall y sobre todo los de Samuelson, portadores por excelencia de la economía neoclásica, son los textos que hemos estudiado en sus fundamentos todos los economistas los últimos ochenta años en todas las facultades de Economía del mundo. Hay que reconocer el logro de estos economistas al tratar de describir la naturaleza cualitativa e inmaterial de las causas y hechos humanos.

Ciertamente dieron un paso importante desarrollando los diversos conceptos de utilidad marginal, curva de preferencias, efectos sobre la riqueza individual y sobre todo la curva de la demanda del consumidor. El problema es que estos avances de hace más de un siglo se han dejado como un corpus monolítico de la sabiduría económica y no han evolucionado, como lo hicieron los propios utilitaristas en su momento respecto a los clásicos y ante sus corrientes filosóficas predecesoras. Estos son los conceptos que aprendí en la universidad, y cuyas matemáticas y representaciones recuerdo con cierta confusión. Este conjunto de conceptos y teorías conforma lo que se ha denominado teoría neoclásica o sistema neoclásico y que supone, con ligeros añadidos posteriores, lo que hoy es la teoría económica ortodoxa, dominante o *mainstream*.

Los economistas Frank Knight y J. M. Keynes, grandes matemáticos y estadistas, no confiaban demasiado en las matemáticas como base de la disciplina económica, sentían cierto recelo fundado. Además la depresión de los años 30 echó por tierra, con su famoso crack bursátil y la depresión de la economía real, toda economía del equilibrio y utilitarista, defendida por figuras de la disciplina de la talla de Irving Fisher. Sin embargo, la economía basada en las matemáticas, el equilibrio de mercado y los supuestos ideales acabó triunfando, y aquí volvemos a una figura clave, Paul Samuelson. Hasta finales de los años 40 el único texto popular sobre la disciplina y de plena vigencia era un ensayo que un alumno de Keynes en Harvard, Robert Bryce, había escrito junto con otros compañeros sobre sus conferencias en los años 30, bien escrito y comprometido. La obra magna de Keynes se publicó en 1936 pero los economistas acudían al ensayo del grupo de estudiantes de Harvard porque la obra de Keynes era bastante compleja y resultaba confusa en algunas de sus argumentaciones, por lo que se recurría al grupo de trabajo informal iniciado por Bryce. El problema surgió cuando en 1947 otro alumno de Keynes, el canadiense Lorie Tarshis, publicó un libro de texto de economía con las ideas de Keynes pero en el que incluía sus propias interpretaciones, la más importante de ellas, que para que se mantuviese el pleno empleo era necesaria la intervención del Estado a través de diversos mecanismos. Esto provocó que los grupos conservadores, que llevaban desde la gran depresión a la espera en la sombra, orquestaran una campaña de desprestigio académico y público tildándolo de comunista y sugiriendo que Keynes tenía una empresa gubernamental. Samuelson, que se encontraba terminando su tesis doctoral en Harvard sobre la Teoría General de Keynes, tomó buena nota de la reacción conservadora y el consiguiente agravio académico y social en las altas esferas, y muy sagazmente redactó su disertación en un lenguaje jurista y matemático que lo alejara de cualquier tipo de manifestación cualitativa, subjetiva y personal para pasar el filtro. Así en el mismo 1947 publicó *Foundations of Economic Analysis*[29], con un lenguaje matemático que respondía a las expectativas neoclásicas de los conservadores, que suponía un *Walras 2.0*[30] y no entraba a las interpretaciones personales de la obra de Keynes, sino que lo explicitaba en tono jurídico. Este manual consiguió un gran impacto y cambió los estándares de la disciplina tal y como los conocemos hoy. Esto le valió el primer Nobel de Economía para un estadounidense, millones de dólares y tener el manual de economía más utilizado de la historia en el ámbito académico y político. Desde entonces la disciplina económica ortodoxa, la que se enseña, se publica en revistas reputadas de investigación y se aplica en política no ha cambiado prácticamente nada, podríamos incluir como novedad los desarrollos teóricos de los mercados financieros iniciados por los postulados positivistas de Milton Friedman, pero estos se fundamentan en la base conceptual de Samuelson, que a su vez se basa en el triunvirato utilitarista y correligionarios, con la sola novedad material que no conceptual de las computadoras, las cuales han permitido cálculos más complejos y mayor número de transacciones, pero no constituyen un aporte a la ciencia como disciplina.

A lo largo del siglo XX, y hasta nuestros días, la vida económica se

---

[29] Samuelson, P., *Foundations of Economic Analysis*. Harvard University Press. Boston 1947.
[30] Smith, Yves, *Econned: How Unenlightened Self Interest Undermined Democracy and Corrupted Capitalism*. Palgrave Macmillan Nueva York 2011.

ha visto radicalmente alterada y revolucionada por todo un gran conjunto de elementos de nuevo orden, entre muchos, el surgimiento de las grandes compañías comerciales que trascienden a los Estados, el sindicalismo democrático, la depresión, el incremento de la prosperidad, la naturaleza cambiante del dinero, la reordenación de los sectores productivos, el crecimiento de las urbes como modelo organizativo de las personas, la aparición del Estado de bienestar, el derrumbamiento de las economías de planificación central y más recientemente lo que parece el final del sistema económico capitalista occidental tal como lo hemos conocido las cinco últimas décadas.

A lo largo de las ocho últimas décadas ha surgido toda una serie de corrientes económicas, entre las que destacan la corriente keynesiana con todas sus ramificaciones *neo* y *post* (Hicks, Samuelson, Sollow, Tobin…), la economía institucionalista iniciada por Veblen, la economía evolucionista de Shumpeter, la economía monetarista encumbrada por Friedman, la economía neomarxista de Kalecki, Sraffa, Kaldor y compañía, los desarrollos interdisciplinares de conocimiento como la bioeconomía de Georgescu-Roegen, la economía de la complejidad con aplicaciones de las teorías generales de sistemas, el caos y la cibernética, desarrolladas por diversos autores entre los que destaca Simon, las aplicaciones de la teoría de juegos matemática iniciada por Von Newman y Morgenstern, la economía conductual o behaviourista iniciada por Kahneman con desarrollos de psicología y aplicaciones al marketing y los mercados financieros, o las últimas investigaciones con desarrollos de la neurología para comprender los procesos cognitivos del individuo y sus interacciones con otros individuos y el medio, en lo que podemos denominar neuroeconomía, impulsada recientemente por el interés en comprender los fallos en la "teoría de los mercados eficientes", basados en modelos econométricos prácticamente perfectos desde el punto de vista matemático y que regían las finanzas internacionales. Sin embargo y a pesar de esta multitud de importantes desarrollos y los que están en proceso, la economía que se enseña, divulga y aplica en política económica sigue siendo la economía neoclásica, por esta razón se denomina economía ortodoxa o corriente principal (*mainstream*), una suerte de síntesis neoclásica[31] y keynesiana mezclada de forma sesgada y filtrada a la palestra del poder político, económico y de las altas esferas académicas gracias a la sagacidad de Samuelson.

## ¿Qué es la economía?

No es fácil dar una definición estándar de lo que es la Economía y cuál es su objetivo, ya que no existe un criterio unánime al respecto entre los principales economistas que han desarrollado la materia desde su aparición como ciencia a finales del siglo XVIII, con la publicación de la citada *The Wealth of Nations* en 1776.

Un cura y un escritor famosos que publicaron sus obras unos años después en Inglaterra nos van a dar la clave. Estamos a mediados del siglo XIX, la primera potencia mundial se encuentra asolada por hambre, enfermedad y desolación de las clases trabajadoras, todo ello bajo el régimen victoriano. La década de 1840 fue conocida en Inglaterra como la década del hambre, incluida la gran hambruna de 1845 en Irlanda. Cada cierto tiempo una hambruna o una guerra mataban a decenas o a cientos de habitantes, o incluso a miles de ellos, como en el siglo XIV con la peste negra. Se iba subsistiendo, las familias procreaban, aumentaba la población y... hambruna, guerra, enfermedad se llevaban por delante ese crecimiento. En este contexto, Thomas Malthus, pastor anglicano, publicó *Ensayo sobre el principio de la población*, donde explicaba que el aumento de la población es geométrico mientras que la disposición alimenticia solo puede crecer de forma aritmética, llega un momento de colapso en forma de autorregulación natural de la población, muere gran parte de la esta y se restablece el equilibrio. El afable reverendo fue el primer catedrático de economía política de Inglaterra y fue fuente de inspiración para Darwin y todo el carro de evolucionistas. Según su teoría, eludir la *Ley de la población* era un fracaso, y lo cierto es que la experiencia vivida y los registros históricos lo corroboraban. Pero era demasiado doloroso

---

[31] De hecho se le llama "la síntesis neoclásica".

aceptarlo, además dio sustento intelectual a la *Ley de pobres* que el parlamento inglés aprobó poco tiempo después, norma que limitaba la asistencia pública en los hospicios parroquiales y privados.

Charles Dickens había viajado, era un escritor de éxito que había subido desde el suelo inglés por méritos propios, se negaba a aceptar que la ayuda a los pobres diera lugar a un mal mayor y que la alfabetización y la sanidad provocaran revueltas, miedos de las clases dirigentes. Las personalidades intelectuales que conocía se negaban o les costaba reconocer que la ascensión y el crecimiento y progreso personal de los que habían sido más pobres e ignorantes se habían dado gracias al esfuerzo constante, el sacrificio y la instrucción intelectual, que dejaban atrás la ignorancia y preferían seguir la *Ley de la población* en su sentido más literal y equivocado. Dickens, que había descrito en *Oliver Twist* las penalidades de la vida en las urbes de la primera Revolución Industrial, constituyéndose como una de las primeras novelas sociales, siendo ya un personaje de cierta influencia escribió *Canción de navidad*, obra que llegó a parte del público y ayudó a comprender el nuevo cambio socioeconómico que se abría. La creencia en el destino inmutable estaba cediendo paso a la confianza en la autonomía reflexiva y la voluntad personal como motores de cambio hacia una prosperidad material para el conjunto de la población en todos sus niveles. La obra de Dickens ayudó a popularizar esta confianza, esta apertura posible por primera vez en la historia de la humanidad.

Un año después, ante la presión social y para evitar una nueva lucha de clases, el gobierno cambió la antigua *Ley de fábricas* de 1844 y comenzó a regular los horarios, el trabajo infantil y el de las mujeres. Este fue el primero de los muchos cambios sociales y económicos que se iniciarían sin vuelta atrás. La pobreza como fenómeno natural podía comenzar a verse como un mal evitable y no como algo invariable producto del destino divino; *la economía nacía de forma definitiva como un instrumento de análisis humano que podía permitir controlar el destino personal y modificar las circunstancias materiales*. No se trataba de un proyecto utópico propugnado por élites radicales o conservadoras, *se trataba de un aparato conceptual que permitía mediante la autonomía reflexiva mejorar las condiciones materiales de la humanidad.*

Desde entonces existen varias definiciones o concepciones desarrolladas por las principales figuras de su pensamiento. Adam Smith con su énfasis en la obtención de riqueza; David Ricardo, foco de atención en la distribución de esa riqueza a principios del siglo XIX; Nassau William Senior con su explicación sobre la naturaleza de la producción; John Stuart Mill en una versión más refinada que integra las visiones de Adam Smith y Nassau William Senior relativas a la producción de la riqueza y David Ricardo, centrado en su distribución a mediados del mismo siglo; William Stanley Jevons incidiendo en el aspecto micro en detrimento del macro a través de los deseos individuales de una forma más explícita y sistemática en principios y el desarrollo de las matemáticas aplicadas en la segunda mitad de siglo; Alfred Marshall haciendo referencia al bienestar a finales de siglo; Arthur Pigou centrado en la relación entre bienestar y dinero en el primer cuarto del siglo XX, hasta la que se ha tomado como estándar, desarrollada por Lionel Robbins en 1932, que hace hincapié no solo en aquellos aspectos que tienen que ver con el bienestar material, sino también en los que se encuadran dentro del bienestar inmaterial y que dice:

> "La Economía es la ciencia que estudia el comportamiento humano como una relación entre fines y medios escasos, susceptibles de empleos alternativos"[32].

El ensayo de Robbins causó un gran revuelo en la época porque incorporó un importante cambio en la manera de concebir la naturaleza y el objeto de la economía. Puesto que la concebía como una ciencia general del comportamiento humano de acuerdo con el principio económico, la disciplina económica podía ser vista como un conjunto que abarca todos los campos de acción del individuo siempre y cuando este tuviese que buscar una optimización de sus recursos en esos

---

[32] Robbins, Lionel, *Essay on the Nature and Significance of Economic Science*. Ed. Macmillan. Londres 1932.

campos de acción, limitados por la escasez, dentro de un entorno condicionado.

Esta es la definición aceptada por la mayoría de economistas, la que aparece en la mayoría de manuales de la materia y la que se divulga en otros medios de corte generalista. En ella se recogen tres conceptos fundamentales; escasez, elección y coste de oportunidad.

Paul Samuelson y William Nordhaus la ampliaron y a mediados del siglo pasado nos dejaron la definición más completa de economía, que dice:

> "La economía es el estudio de la manera en que las sociedades utilizan los recursos escasos para producir mercancías valiosas y distribuirlas entre los diferentes individuos".

Por lo tanto *la economía es la ciencia de las elecciones humanas*. El carácter esencial de la economía es que es un análisis de las elecciones y lo que más la distingue de otras disciplinas sociales no es su tema de estudio, sino su enfoque[33].

Las instituciones académicas y los manuales al uso han adoptado, de forma tradicional, el criterio de dividir la economía en dos partes o enfoques, microeconomía y macroeconomía. Según la definición más consensuada, la microeconomía se ocupa de la conducta de entidades individuales como los ciudadanos, las empresas, las economías domésticas y los mercados, y la macroeconomía se ocupa del funcionamiento global de los fenómenos económicos.

La micro nació en el siglo XIX con el refinamiento y la maduración que los economistas utilitaristas y marginalistas hicieron de las explicaciones planteadas por los economistas clásicos, que más tarde tomaron cuerpo definitivo en la obra de Alfred Marshall y Paul Samuelson. La macro apareció de forma definitiva con la obra *The General Theory of Employment, Interest and Money*[34] de John

---

[33] Becker, Gary B., *The economic approach to human behaviour*. University of Chicago Press. Chicago 1976.
[34] Maynard Keynes, John, *Teoría general de la ocupación, el interés y el dinero*, Fondo de Cultura económica de España, México, 2006.

Maynard Keynes en 1936, aunque habían surgido planteamientos teóricos sobre las variables agregadas con anterioridad, el método de análisis como lo conocemos en la actualidad nació a partir de dicha obra.

Por lo tanto podemos sintetizar que la economía es la ciencia que estudia cómo debemos utilizar los recursos de los que disponemos para poder planificar con certidumbre nuestra vida material y prosperar.

## La ortodoxia económica

La economía neoclásica constituye el paradigma dominante de la disciplina desde los años 70, tanto en sus desarrollos teóricos como en sus aplicaciones en las políticas fiscales y monetarias de las economías del mundo occidental. Su base teórica y sus modelos se basan en una serie de suposiciones, estas asumen que los individuos buscamos maximizar nuestra utilidad, tenemos expectativas racionales, actuamos de forma independiente contribuyendo así a un mayor bienestar y usamos toda la información de la realidad que nos ofrece el libre mercado. El problema es que tanto su desarrollo teórico, muy simple, como su aplicación a través de la política económica no funcionan en el mundo real. Explican la economía como un mundo al estilo *Robinson Crusoe*, donde las elecciones se toman entre un plátano y un coco, y donde las decisiones de los agentes económicos responden a un mundo muy simple. El problema es que cuando se añaden más variables los modelos no funcionan, es como si metes un videojuego o un programa informático actual en un ordenador de los años 80. La economía neoclásica corre en *basic* y el mundo funciona en múltiples lenguajes en un entorno *3.0*.

Para los ortodoxos el *agente económico* es la unidad básica de análisis, es el habitante que ocupa sus modelos, con los que trata de predecir su comportamiento y la forma en que interacciona con el resto de agentes. Se requiere de la conceptualización de un agente que toma decisiones, este es tratado como una unidad que actúa en un escenario y se enfrenta al problema de elección, donde debe seleccionar una posibilidad de un conjunto de alternativas siguiendo un proceso que le permita analizar y evaluar todas las alternativas posibles y elegir racionalmente: la teoría denomina esto *elección racional*.

La economía neoclásica resuelve su problema de excesiva sencillez con el *agente representativo*, una persona idealizada que tiene los gustos, las necesidades y tomas las decisiones tipo y que se replica exactamente igual en todos y cada uno de los individuos y empresas que operan en el mercado. Es irónico que este comportamiento nos lleve a la versión más purista de la economía de planificación central de un comunista, donde todos son iguales, todos tienen los mismos recursos, todos deciden lo mismo, no hay ricos o pobres. La esencia de la vida real, la diferenciación, individuación, variedad y singularidad, desaparecen y sucumben a la única ley posible; el mercado produce por sí solo el máximo bienestar común y nos lleva a una situación de equilibrio perfecto que es justa.

La línea argumental y base científica que ha desarrollado para explicar las causas y resultados de nuestras elecciones se recoge en la *Teoría de Elección del Consumidor,* que se engloba dentro de lo que hemos definido como microeconomía. Sus explicaciones sobre el comportamiento del individuo descansan en los conceptos de utilidad[35] y marginalidad, la satisfacción personal se mide por la utilidad que nos reporta el bien/servicio consumido, que se rige por el criterio de rendimientos decrecientes[36].

A los ojos del *establishment*, bajo la aparente complejidad de su funcionamiento subyace una norma fija e inmutable a la cual tiende a volver la economía, le llaman *equilibrio* y constituye uno de los pilares fundamentales en las que se sustenta su visión sobre el funcionamiento de la economía; sea cual sea la perturbación, catástrofe o

---

[35]La utilidad es una métrica de la satisfacción de la persona, que descansa sobre un rango de preferencias personales. Inicialmente concebida como una medida de evitar el dolor, constituye una medición hedonista que no contempla otras acciones que las placenteras.

[36] Es decir, que cada unidad adicional que consume el individuo le reporta menos satisfacción/utilidad que la anterior.

desplazamiento, los agentes económicos y las relaciones e interacciones económicas con el resto de instituciones se mantienen estables.

En la realidad todas las instituciones económicas están en continuo cambio y se desplazan del equilibrio teórico constantemente, este desequilibrio es el que produce el progreso y el avance en las civilizaciones, sin embargo para los divinos sacerdotes de la sagrada teología ortodoxa no existe tal movimiento ni desequilibrio, a esas rarezas las llaman *externalidades*. Además, sus modelos tipo *Robinson Crusoe* solo funcionan para economías cerradas de artesanos y gremios medievales, pero en las economías actuales la mayoría de los bienes y servicios ofrecidos y demandados son fabricados y vendidos por empresas que, mediante complejas formas de organización, pueden ofrecer productos a escala que un solo artesano no podría y a unos precios y una distribución inimaginables en la economía preindustrial, que es la economía que describe disciplina ortodoxa.

Hasta bien entrada la depresión económica de los años 30 la mayoría de los economistas creía que el libre mercado era capaz de resolver cualquier tipo de problema, se autorregulaba, y siempre se volvería a la tan celebrada situación de equilibrio. Partían del supuesto de que toda la producción de bienes y servicios se consumiría y por lo tanto siempre existiría un equilibrio óptimo. El resultado fue una economía desregulada en extremo que se precipitó al abismo.

Esta nueva situación impulsó el desarrollo de las políticas keynesianas en las que los gobiernos debían jugar un papel importante en el mantenimiento de los niveles de inversión, consumo y ahorro. Sin embargo, la estanflación de finales de los años 70, cuyos resultados no se podían explicar mediante la teoría keynesiana, dio pie de nuevo a la aparición de los mercados autorregulados y los detractores de la intervención gubernamental a través de diversas políticas. Siempre existió un grupo de economistas que jamás aceptó las tesis keynesianas, y durante todo este tiempo realizaron importantes esfuerzos para reinterpretar sus postulados y amoldarlos a los principios neoclásicos. Estos desarrollaron en los años 50, 60 y 70 las bases de lo que debía ser la práctica del economista; destreza matemática, paradigma de mercado como ideal de libertad y admiración por la desregulación y los mercados financieros. En estas tres décadas se desarrollaron en segunda fila casi todas las herramientas que se utilizarían a partir de los 70 hasta nuestros días en los departamentos de riesgos, la elaboración de complejos productos financieros, la marginación del estudio de los asuntos reales en la disciplina y la institucionalización de las ideas en política monetaria y fiscal que viviría en los 80 su esplendor con el consenso de Washington y la desregulación de los mercados financieros.

El derrumbamiento que se produjo en la Gran Depresión de los 30 hizo que se tardara más de una década en configurar un nuevo paradigma y aplicarlo, ¿qué nuevo paradigma?, que los mercados por si solos no funcionan como se pensaba y que las decisiones políticas son fundamentales para la prosperidad de las clases medias que son las que sostienen el sistema. Pero la historia contemporánea de las decisiones políticas en el ámbito económico es la historia de la necesidad de grandes catástrofes para aplicar las decisiones adecuadas y el sentido común por parte de sus responsables. La ideología de los mercados libres absolutos es una de estas historias porque su aplicación ha conllevado periodos de mayor inestabilidad y las crisis, en lugar de ser más suaves, siempre han sido mucho más agresivas y profundas.

La implantación en la disciplina del manual de Samuelson y el uso de las matemáticas fueron seguidos por otros economistas desde principios de los 50; no eran tachados de comunistas, parecían serios con sus fórmulas, eran bien vistos por el mundo empresarial y comenzaban a tener mejor reputación en las revistas y centros de investigación. En esa misma época los economistas Kenneth Arrow y Gerard Debreu desarrollaron un modelo matemático muy simple que describía un equilibrio de mercado ideal, que dio lugar al paradigma del equilibrio de mercado bajo el que se respaldaron todos los desarrollos de la industria financiera y daría sustento al edificio teórico de los grandes poderes y autoridades políticas. Esto gustó mucho a la nueva forma de pensar que se estaba instaurando entre los economistas y lo tomaron como su *leitmotiv* metafísico, a pesar de que necesitaba unas hipótesis tan restrictivas que nada tenían que ver con la realidad más elemental. Por fin podrían decir cómo pensaba un economista sin ruborizarse ante las otras ciencias exactas.

La desacreditación de las tesis keynesianas en los años 70 y esta nueva forma de pensar como economistas correctos dieron el impulso definitivo al escenario mediático de una ortodoxia siempre latente, a través de la idea de microfundación o microfundamentos. La microfundación fue el método que permitió a los neoclásicos de alergia intervencionista explicar que la macroeconomía estaba construida sobre la conducta individual que era racional e informada. En esta teoría de expectativas racionales los agentes económicos están perfectamente informados y actúan de tal forma que cualquier política gubernamental no funcionará, porque tienen acceso a toda la información del nuevo escenario; los agentes económicos reajustan automáticamente todos los cambios porque poseen capacidad de análisis total, llegando a un nuevo equilibrio, donde se asignan de la manera más eficiente posible todos los recursos para conseguir un nuevo óptimo en equilibrio. Siguiendo esta inercia y bajo el influjo de la ideología de los mercados desregulados, reimpulsada esta vez por la economía positiva de Milton Friedman y la Escuela de Chicago, durante los años 60 y 70 se desarrollaron los modelos de equilibrio general dinámico estocástico, la versión más compleja, refinada, sofisticada y actual de la microfundación y el equilibrio. Aquí confluyen los desarrollos ortodoxos de los modelos de equilibrio, política monetaria laxa y modelos de crecimiento, para dar sustento material, teórico y científico a todas las instituciones financieras del mundo; todos los productos financieros complejos desarrollados y comercializados desde los años 80 están sustentados en estos modelos. En cualquier caso no existe un solo estudio sociológico que explique esta transformación de la profesión, de cómo los economistas se cargaron las ideas post keynesianas y sus variantes en favor los modelos de equilibrio, las expectativas racionales, la microfundación y su desenlace en los modelos de equilibrio general dinámico estocástico que gobiernan las finanzas mundiales.

El conocido *laissez faire,* cuyos orígenes proceden de la oposición al mercantilismo, postulaba que la manera más eficiente de distribuir los recursos y de que empresas y consumidores maximizaran sus beneficios y satisfacciones respectivamente era dejando que el mercado fluyera solo, sin la intervención del Estado y por lo tanto era el libre comercio mediante el cual los mercados se desarrollaban más eficazmente. La libre competencia y el mercado harían que todos los recursos se distribuyeran de la mejor manera posible, la famosa mano invisible del discurso neoliberal. Se trataba de una alegoría donde la mano invisible era la mano de Dios y ellos los portadores de este relato sagrado. Es lo que el mitógrafo Joseph Campbell denomina monomito, un tema recurrente en las mitologías de todas las religiones narrativas del mundo, como la cristiana, la islamista o la budista. En el caso de la doctrina neoliberal su versión del monomito se concreta en lo que Campbell denomina el "mito del héroe", donde el individuo autónomo y libre es el héroe del relato colectivo. El mundo de la política en asuntos de economía también gira en torno a estas creencias religiosas, los partidos de izquierda piensan en el mito de la inestabilidad y la necesidad de un padre estatal y los de derechas en la estabilidad de los mercados que conllevan la felicidad celestial, y digo creencias porque ninguno de ellos sabe de dónde procede esa estabilidad-inestabilidad y todos piensan en cada grupo exactamente lo mismo. El deductivismo cartesiano, el individualismo político y las leyes naturales de la física fueron tomados como hijos de la revolución democrática del individuo que elije su propio destino con libertad, y nos arrojaron al mundo evangélico de los derechos naturales y la superioridad de la gracia de la naturaleza, que imparte justicia sin intervención.

Keynes y sus sucesores se habían dado cuenta de que era necesario construir una base científica diferente porque el mundo real funcionaba de una forma radicalmente opuesta. Los hijos bastardos comprendían el funcionamiento del mercado de una manera distinta a la de los primogénitos neoclásicos en dos puntos fundamentales; los agentes económicos que intervienen en el mercado y el equilibrio general del sistema. Existe incertidumbre y desequilibrio. Los agentes económicos no son capaces de hacerse con una cantidad suficiente de conocimiento relevante para sus acciones, la incertidumbre y la información sesgada hacen que lleven con sus acciones al mercado a un estado de actividad insuficiente para satisfacer a todos los agentes al mismo tiempo, produciendo como consecuencia un desempleo grande e involuntario y una actividad general de la economía estacionaria y estancada, justo lo contrario de lo que preconizaba la explicación neoclásica.

Los agentes tenemos unas expectativas y apoyados en ellas y en nuestra información sesgada tomamos decisiones. Estas decisiones están sujetas a una incertidumbre que proviene del origen inductivo de las mismas, es decir, realizamos un juicio de confianza basado en nuestro grado de satisfacción inductivamente adquirida. La construcción de estas evidencias se realiza en dos niveles; uno colectivo, formado por convenciones o pautas de comportamiento, y otro personal, formado por *animal spirits* o impulsos irracionales. Todos los sistemas por sí solos, ya sean grandes o pequeños, se mueven hacia el desequilibrio y el desorden, la situación de armonía y equilibrio es una fantasía que ninguna disciplina acepta salvo la teología.

Pero eso ya no importaba. La disciplina que se ha impuesto en la educación, la comunicación y la investigación es la economía neoclásica. Desde la Segunda Guerra Mundial la disciplina ha girado en torno a tres temas, los modelos de equilibrio general basados en microfundamentos, los modelos macroeconómicos a corto plazo y las teorías del crecimiento. Básicamente no se han dado progresos y menos fuera de esos tres temas.

Hasta los años 70 los economistas no ortodoxos publicaban en las revistas top junto con el resto, pero a partir de entonces el rumbo cambió y ya en los 80 era impensable que un economista que quería publicar en una revista de cierto nivel lo hiciera con un argumento que no fuera ortodoxo. Esta era la nueva jerarquía que se impuso en las editoriales, los departamentos universitarios y los departamentos de investigación, mientras por otro lado los economistas que no entraban en este filtro fueron desplazados del circuito *oficial*. Con el paso de los años las tesis neoclásicas se mostraron fallidas, pero los departamentos ya eran muy numerosos, grandes e influyentes y necesitaban seguir en la pomada para seguir cobrando sus dilatadas nóminas, así que los asuntos reales y la crítica eran cuestiones que no interesaban.

La explicación neoclásica se ha convertido en el respaldo científico de la visión neoliberal del mundo, ayudada por el continuo crecimiento económico que en los últimos setenta años hemos experimentado en occidente. El problema es que se ha convertido en dogma, y el dogma nubla la vista. Como dice el premio nobel de economía Joseph Stiglitz, "la enseñanza de la economía es un testimonio del triunfo de la ideología sobre la ciencia".

Los principios básicos de la teología son tomados de la revelación y la ley natural, y por medio de juicios posteriores basados en los principios básicos iniciales se interpreta lo mundano. La forma de proceder de la economía ortodoxa es muy parecida; construye modelos abstractos basados en supuestos axiomáticos que interpretan la realidad de las acciones humanas, posteriormente se desarrollan toda una serie de políticas económicas basadas en estos supuestos axiomáticos, cuyas desavenencias con la realidad son oportunamente tratadas como excepciones a la regla. El problema de ambos es que sus modelos generales de interpretación describan correctamente lo específico real.

Como no existen modelos que midan la realidad intangible, como el capital humano, sus relaciones personales e institucionales, o su nivel de satisfacción personal, el resultado es que se han elaborado modelos que se autocumplen. En otras palabras, si un dato empírico contradice el modelo desarrollado previamente con carácter general, dicho dato se desestima y se van testando nuevas pruebas estadísticas que confirmen los resultados que el modelo ofrece a priori.

Los datos se refinan, retocan, reformulan… hasta que finalmente coinciden con el resultado buscado, ¿cómo se explica este aparente sin sentido?, la razón es simple; los economistas ortodoxos creen en los principios teóricos de la economía neoclásica de la misma forma que los teólogos creen en los principios básicos de su fe.

# El triunfo de la ideología sobre la ciencia

Cuando se le preguntó al juez estadounidense Richard Posner, un influyente teórico de la ley y la economía, por qué las advertencias sobre la inminente crisis fueron ignoradas en vez de investigadas, contestó: "Muchos economistas y líderes políticos están muy comprometidos con la ideología del libre mercado, que enseña que los mercados son fuertes y se regulan solos"[37].

J. K. Galbraith afirmaba hace más de dos décadas que "la persistente supervivencia de la teoría (neo)clásica solo puede entenderse al comprobar que las creencias clásicas protegen la autonomía y los ingresos del sector empresarial, a la vez que sirven para ocultar el poder económico que ejerce como algo natural la empresa moderna al declarar que todo poder pertenece de hecho al mercado"[38].

El concepto de *mano invisible* se ha politizado y se ha tomado como ideología liberal para los intereses partidistas. Sin embargo no debemos caer en el error de pensar que se trata de un planteamiento propio de los neoliberales de corte derechista, estos últimos simplemente la han tomado como propia para defender sus intereses y la han deformado a su gusto. Debemos recordar que el concepto de *mano invisible* nació como una idea de organización económica contraria al feudalismo esclavista y corrupto de los reinos europeos, que propugnaba la libertad personal y de las acciones económicas frente al mercantilismo de la corte y el rey que se consideraba hijo de Dios. Pero como todo movimiento compensatorio, se ha producido un movimiento de péndulo y nos hemos ido de un extremo a otro; la liberalización financiera ha producido el monstruo de la avaricia, la masacre y el engaño, y como casi siempre, los peor colocados han pagado la construcción babélica de los mejor posicionados.

El libre mercado debe existir porque defiende algo esencial en el ser

---

[37] Charles K. Wilbe. Artículo publicado en la revista *America*, www.americamagazine.org 2011.
[38] Galbraith, John K., *Historia de la economía*. Ariel Barcelona 1989.

humano, la libertad, pero se deben establecer unos marcos de acción que permitan cierta *racionalidad*. El problema es saber dónde está esa *racionalidad*, porque *todos* tenemos nuestros propios intereses y *todos* queremos deformar la realidad y sus normas en nuestro beneficio.

Un primer problema fundamental de la teoría económica procede del hecho de que no puede explicarnos estáticamente una realidad cambiante como un dogma de fe[39]. Una dificultad con la que se encuentra la ciencia social es que el especialista, en este caso el economista, juzga la realidad desde su propia experiencia personal e intelectual y en cierto sentido, como veremos más adelante, las teorías elaboradas están subjetivamente influenciadas por estas limitaciones.

El segundo problema es que la propia disciplina descansa en la ideología, y a través de esta diseña sus políticas económicas que moldean las sociedades y sus individuos.

El tercero y más importante de los problemas es que los jóvenes que estudian economía, y que en los años siguientes dirigen las instituciones económicas y ejecutan las políticas económicas, aprenden desde el pregrado universitario que el mundo funciona de esta forma, y el aprendizaje se torna en creencia, y el pensamiento crítico deja paso al dogma. Es un proceso conductual de carácter tautológico, pero que tiene nefastas repercusiones en la economía y el mundo real.

---

[39] El modelo micro que está en el centro de la teoría económica ortodoxa es una elaborada y gótica construcción matemática, basada en los principios axiomáticos de competencia perfecta, perfecta movilidad de los recursos, ausencia de excepciones o externalidades, equilibrio general y estático, distribución de recursos óptima, racionalidad de los agentes absoluta y ausente de interrelaciones y sus consecuencias entre agentes e instituciones. Dado que la naturaleza cualitativa de la microeconomía utilitaria no contempla las comparaciones interpersonales, describe un mundo de personas-átomo idénticas, de comportamiento robótico, que parece más la ensoñación de un autor de novela ciberpunk que una interpretación que se acerca a la realidad.

DESPIERTA

# SOCIEDAD DE MASAS

## ¿Por qué sociedad de masas?

Los modelos culturales tradicionales hasta el estallido de la Revolución Industrial habían sido siempre dos, por un lado el modelo popular, que trascendía de generación a generación a través de costumbres populares y el folclore local o regional bajo el influjo creador colectivo, y por otro lado el modelo racional-educativo, transmitido a través de las instituciones académicas o humanistas y que se organizaba de forma científica o cuascientífica con el fin de comprender e interpretar la realidad.

El desarrollo de la economía mercantilista primero y la economía industrial después comenzó no obstante a distorsionar estos modelos de transmisión cultural, produciendo a su vez un nuevo tipo de integración social y cultural. El proceso de valoración de las cosas por parte de los individuos, es decir, el valor que daban a los elementos que estaban a su alrededor y dando sentido a sus vidas, dio lugar a una proyección de significado distinta. La sociedad que se estaba estructurando con la irrupción de estos nuevos sistemas de organización económicos fue provocando progresivamente una cultura de masas que se situó a medio camino entre el folclore popular y la razón productiva. Los sistemas de valores, normas, reglas y hábitos fueron empañando la percepción de la realidad del individuo, creando una conducta colectiva que evolucionó hacia lo que conocemos como sociedad de masas. Esta nueva estructura socioeconómica generaba inestabilidad a una escala mayor, dos guerras mundiales en un intervalo de tiempo de menos de tres décadas eran demasiado, provocaron una necesidad urgente de evitar nuevos estallidos sociales y revoluciones, puesto que existía una situación de precariedad posbélica que constituía un escenario perfecto para nuevos conflictos. El lado oscuro de la naturaleza humana está ligado al enfrentamiento y a la guerra, solo hay que mirar la cantidad de contiendas en las que nos hemos visto envueltos los seres humanos en cada década de nuestra historia desde que tenemos conciencia. Era fundamental, por tanto, encontrar un método que permitiese cierta estabilidad, cierta certidumbre y evitase estallidos como los acaecidos en el siglo XIX, cuyos resultados fueron los fascismos y nacionalismos belicosos del siglo XX.

Se necesitaba un nuevo modelo de organización por parte de los actores principales en la geopolítica y geoeconomía mundial que abarcasen no solo lo productivo, cuya evolución seguía su rumbo, sino también formas de organización socioculturales e ideológicas diferentes que permitiesen la estabilidad internacional y de los Estados-naciones.

Para evitar las revueltas sociales y el estallido bélico se debían de dar dos condiciones fundamentales, una social y la otra económica. En lo social debían buscarse una adhesión y fidelidad colectivas en un mismo sentido y en lo económico debían asegurarse unos rendimientos crecientes constantes del sistema económico.

Este proceso de *renormalizar* el devenir de las naciones y sus sociedades mediante la reconstrucción de las ciudades y el tejido industrial conllevó el surgimiento progresivo del bienestar tal como lo conocemos hoy, una nueva *certidumbre de bienestar* surgía por primera vez en las sociedades industrializadas y un amplio espectro de la población civil se benefició de ello.

El nuevo bienestar provocó que se comenzaran a crear en el individuo necesidades hasta entonces inexistentes, derivadas de la posibilidad de poder planificar por primera vez el gasto familiar y poder demandar cosas que antes no se podía y no existían. Estas nuevas necesidades aparecían una vez cubiertas las carencias primarias y permitían a su vez retroalimentar lo que iba a ser el sistema económico como lo conocemos en nuestros días. Esto creó simultáneamente nuevos grupos sociales hasta entonces excluidos del circuito económico, básicamente todos aquellos que no eran *los hombres de la casa*, que hasta entonces era el único grupo social visible con disponibilidad de recursos y poder de elección del lado de la demanda de bienes últimos.

Todo este proceso fue creando una nueva forma de concebir la cultura y proyectar valor a las cosas por parte de los individuos. El nuevo estadio de bienestar fue permitiéndoles planificar gastos ante el nuevo panorama de certidumbre y con ello comenzar a consumir cosas a parte de las primarias o básicas. En cierto modo esta nueva forma de consumo pasó a catalizar los conflictos sociales, ideológicos y culturales a través de los objetos consumidos en una forma simbólica, puesto que representaban ciertos valores y suponían la experimentación de la satisfacción personal en el individuo y en las diversas unidades colectivas como la familia o determinadas clases trabajadoras a través de dicho consumo.

Esta nueva sociedad se convirtió por primera vez en una auténtica sociedad de masas; masas que permitieron evitar el conflicto continuado y la revuelta social a través del mercado de consumo, de las nuevas necesidades y de la satisfacción de las mismas, en un proceso reiterativo que adormecía los instintos humanos hacia el caos social, económico, político y cultural, dejándolos aparcados dormitando en el inconsciente colectivo.

## Los medios de comunicación y la estandarización cultural

La culturización de las masas de esta nueva sociedad difuminaba los modos de vida diferenciados y por lo tanto la percepción de pertenencia a un determinado grupo social en el sentido cultural, creando la sensación de igualdad o igualación de las clases sociales. La comunicación a través de medios electrónicos de forma focalizada y la cultura estandarizada han difundido el mensaje de igualdad en el sentido sociocultural de indiferenciación entre grupos sociales de distintos lugares y tradiciones.

Los medios de comunicación como la radio y sobre todo la televisión permitieron culturizar naciones enteras, como por ejemplo la nuestra. El conocimiento y la cultura de las personas de aldea estaban constituidos por la experiencia personal, cuyos límites se situaban en la vecindad, el mundo conocido, su conocimiento y cultura, y topaban con las barreras físicas y económicas. Era una realidad de diez kilómetros cuadrados. Los medios de comunicación fueron un instrumento muy positivo y útil para el progreso de las mentes individuales, el desarrollo de la cultura y la conciencia personal y colectiva, pero esta expansión cultural también conllevó la introducción por la puerta y por la ventana del nuevo sistema económico a través de un pequeño transmisor, elementos definitivos que cambiarían su percepción de la realidad y la de las generaciones siguientes.

Esta estandarización de la cultura fue introduciendo reglas de interpretación y valores de proyección hacia los elementos que rodeaban la vida del individuo, y con ello un desplazamiento del arraigo psíquico a la tradición como modelo interpretativo hacia los valores proyectados en los elementos ofrecidos por los medios de comunicación, modificando progresivamente las pautas de comportamiento de los individuos. Los estándares alinean y alienan al individuo con las normas y reglas de valoración colectiva por medio de una simbología nueva creada desde fuera. Este es el proceso de estandarización cultural que hemos experimentado desde el desarrollo del sistema económico moderno y de forma más intensiva en el último siglo.

Todo esto fue creando una dependencia psíquica del individuo hacia el sistema económico, productivo y social. Como afirman los sociólogos, se dan dos procesos a la vez, por una lado la *integración* en los nuevos grupos sociales a través de las normas comunicadas de forma estándar (en detrimento de los grupos tradicionales), y por el otro lado la *diferenciación* procedente de la división del trabajo, genuina de la nueva organización industrial.

Esto es lo que se conoce como *alienación*, tanto en sociología como en psicología; *el individuo se abre al medio, que le permite ampliar su horizonte cultural, social y económico, pero paga el precio de alienar su estructura psicológica y relacional con el medio natural por otro artificial y estandarizado que se produce externamente y que modifica su conducta natural. De alguna forma el sistema económico (y el social y cultural) se introduce en la estructura psicológica de la persona.*

Nosotros no podemos llegar a imaginar este gran cambio, porque ya hemos nacido con él, pero es un fenómeno reciente si miramos en perspectiva teniendo en cuenta el periodo de tiempo que nos ha llevado desarrollar sistemas económicos que nos han permitido mejorar nuestras condiciones de vida. Un siglo no es nada. Tenemos que tener en cuenta que estos grupos de personas tuvieron que cambiar la naturaleza por el hormigón en un lapso temporal relativamente corto; el tiempo lento y el significado del lenguaje de la naturaleza, adquirido desde los tiempos en que éramos primates, y el acelerado tempo industrial de las ciudades con un lenguaje simbólico totalmente diferente, tuvieron que provocar cambios de naturaleza psíquica muy violentos y desconcertantes. Podemos intuirlo echando un vistazo a la forma en que nos ha cambiado la vida internet y todas sus aplicaciones a los dispositivos móviles, nuestra dependencia es absoluta y la hemos experimentado en menos de una década; nuestros hábitos, reglas, valores y conducta se han visto modificados sin retorno.

## La conducta de las masas

La sociedad de masas se caracteriza por la homogeneidad del conjunto de individuos que la componen y por la debilidad de las relaciones interpersonales y grupales; la principal característica del individuo masa no es el primitivismo, sino el aislamiento y la falta de relaciones sociales normales. La teoría de las masas interpreta que desde el cambio del siglo XIX al XX la rápida urbanización e industrialización de Europa y Estados Unidos produjo una serie de tendencias sin retorno en los individuos; se abandonan la vida familiar y tribal por la nuclear, los lugares de trabajo se vuelven alienantes, se sustituye la comunidad local por áreas urbanas dispersas y apartadas de la comunidad, se debilitan los hábitos religiosos, se desfiguran los lazos étnicos en un escenario urbano heterogéneo.

La nueva formación de masas, con su estandarización, conlleva el fenómeno que los psicólogos denominan *conducta de las masas*, que produjo una serie de estudios interesantes por parte de filósofos, sociólogos y psicólogos con el cambio de siglo y en la primera mitad del siglo XX, iniciado por los Weber, Durkheim, Comte y compañía.

La destrucción de los vínculos tradicionales como la familia y la comunidad local del medio rural, que se relacionaban en grupos pequeños en la forma individuo-comunidad local y naturaleza, dio paso a una integración en grupos mayores y heterogéneos del tipo individuo-globalidad urbana y ciudad. Este tipo de relaciones, las que ligan la estructura económica con la sociedad y la cultura, son la tarea más complicada de explicar y definir para los sociólogos.

En economía existe un término que se denomina *renta discrecional* que hace referencia a la renta superior a la necesaria en un individuo para cubrir sus necesidades básicas, término muy importante en política fiscal por sus implicaciones impositivas; en la disciplina sociológica existe otro término análogo que se denomina "conducta social discrecional", que hace referencia a la conducta social libre una vez cubierta la necesidad básica de relacionar la posición social con la posición cultural, en el sentido de que los individuos ya no se identifican culturalmente con su grupo social y económico sino que lo hacen con los grupos cuyos gustos culturales y estilos de vida encuentran análogos a los suyos, es decir, el grupo cultural ya no se circunscribe al grupo social por la discrecionalidad de su conducta puesto que la necesidad de integración social de su grupo ya la tiene cubierta. Esto es muy importante porque la sociología y los estudios al efecto para los departamentos de marketing suponen que el curso de la conducta del individuo o grupo en la sociedad tienen una relación directa con la clase socio-cultural a la que pertenecen y las características de los atributos que corresponden a cada grupo[40]. El desarrollo del sistema económico moderno desde finales del siglo XIX dio lugar a cambios demográficos y sociales muy importantes en poco tiempo, se pasó de la aldea rural o la pequeña ciudad a los centros urbanos. Con ello fue surgiendo un sociedad de consumo que con su renta y conducta discrecionales comenzaba a gastar en posesiones materiales de segunda o tercera necesidad y rompía con los valores tradicionales de la religión cristiana de ahorro, contención, ascetismo y pecado material. Al mismo tiempo estaba teniendo lugar una revolución tecnológica en el transporte y la comunicación por medio del automóvil, la radio y la tele, que permitió romper la clausura local de las aldeas y estandarizar la cultura en el ámbito nacional. Toda esta transformación socio-económico-cultural fue la estocada final a la religión en el mundo occidental, que unía al individuo con la sociedad tradicional.

El consumo masivo, que comenzó en el decenio de 1920, fue posible por las revoluciones en la tecnología, principalmente la aplicación de la energía eléctrica a las tareas domésticas (lavadoras, frigoríficos, aspiradores, etcétera) y por tres invenciones sociales: la producción masiva de una línea de montaje, que hizo posible el automóvil barato; el desarrollo del marketing, que racionalizó el arte de identificar diferentes tipos de grupos de compradores y de estimular los apetitos del consumidor, y la difusión de la compra a plazos (el crédito), la cual más que cualquier otro mecanismo social quebró el viejo temor protestante a la deuda. Las revoluciones concomitantes en el transporte y las comunicaciones pusieron las bases para una sociedad nacional y el comienzo de una cultura común. En conjunto, el consumo masivo supuso la aceptación, en la esfera decisiva del estilo de vida, de la idea del cambio social y transformación personal, y dio legitimidad a quienes innovaban y abrían caminos, tanto en la cultura como en la

---

[40] Edad, sexo, situación sentimental, religión, profesión, localización geográfica, gustos, tipo de ocio que consume, etc.

producción.[41]

Las nuevas creaciones producto de la revolución tecnológica, radio, televisión y automóvil, fueron muy importantes y un punto de inflexión y despegue en la configuración sociodemográfica de la sociedad de masas contemporánea, pero no debemos olvidar que tan importantes como estas han sido y siguen siendo el crédito accesible, la creación del Estado de bienestar y la obsolescencia programada de los productos.

A lo largo de los siglos la función de la economía fue proporcionar los recursos básicos necesarios para la vida entendida como subsistencia. Pero se dio un cambio histórico social extraordinario: las rentas y conductas discrecionales hicieron que se fundiera por vez primera cultura y economía, pero no en un sentido simbólico sino como estilo de vida, gobernando en cierta medida sobre la función económica en forma masiva. Las nuevas motivaciones y recompensas del sistema económico produjeron cambios socioculturales profundos cambiando la conducta de las masas; la renta personal y el trabajo dejaron de ser un fin en sí mismos pasando a ser un medio para el consumo y la ostentación. Se trata de una nueva conducta, esta vez en forma de masa social y cultural; el éxito personal ya no procede de la divina providencia o el gremio, sino del estatus y sus nuevos símbolos.

Se estaba produciendo la gestación de las clases medias, en la década de los años 20 el aumento de la producción y consumo en masa y la disponibilidad de renta discrecional transformarían la vida de las personas de las clases medias para siempre, dejando a un lado la ética protestante y el estilo de vida frugal y contenido para experimentar el hedonismo personal y social a través de la posesión material y el exceso.

---

[41] Bell, Daniel, *Las contradicciones culturales del capitalismo*. Alianza Editorial. Madrid 2004.

# Opinión pública y los 'mass media'. Influencia de la masa sobre el individuo

La historia de las civilizaciones nos ha enseñado que la mayor parte de las culturas y las estructuras sociales han mostrado unidad. La sociedad y la cultura se sustentan en el consenso y los valores comunes. Este consenso y puesta en común produce la opinión pública, que busca siempre obtener cierto nivel de consenso entre valores y objetivos de la comunidad.

En la década de los 70 una socióloga alemana, Elisabeth Noelle-Neumann desarrolló una interesante teoría explicativa acerca de la interacción entre la opinión pública y el individuo. Se centró en el hecho de que los individuos ajustaban su opinión personal a la de la mayoría, y por medio del silencio de la propia opinión se adaptaban al entorno.

Los individuos necesitamos de nuestro entorno para relacionarnos, aprender o evolucionar. Si la opinión pública es el resultado de la interacción entre el individuo y su entorno social, para no encontrarse aislado el individuo puede renunciar a su propio juicio, si no fuera así sería imposible integrarse en la comunidad.

Si la mayoría es la media de un modelo exitoso tenderemos a una opinión única. Según la socióloga alemana, *"el individuo es testigo de una lucha entre posiciones opuestas y debe tomar partido, puede estar de acuerdo con el punto de vista dominante, lo cual refuerza la confianza en sí mismo y le permite expresarse sin reticencias y sin correr el riesgo de quedar aislado frente a los que sostienen puntos de vista diferentes. Por el contrario, puede advertir que sus convicciones pierden terreno; cuanto más suceda esto, menos seguro estará de sí y menos propenso estará a expresar sus opiniones. (...) en una opinión polarizada uno se afirma cada vez con más frecuencia y con más seguridad; al otro se lo escucha cada vez menos. Los individuos perciben estas tendencias y adaptan sus convicciones en consecuencia. Uno de los dos campos presentes acrecienta su ventaja mientras el otro retrocede. La tendencia a expresarse en un caso, y a guardar silencio en el otro, engendra un proceso en espiral que en forma gradual va instalando una opinión dominante".*

A su teoría la denominó *La espiral del silencio*[42], y se basa en los siguientes postulados:

- La sociedad amenaza al individuo que se desvía de la opinión pública con el aislamiento.
- El individuo experimenta un continuo miedo a estar aislado.
- El miedo al aislamiento provoca en el individuo una constante evaluación del clima y opinión del entorno en el que se mueve.
- El resultado de esta evaluación influye en su comportamiento en público, afectando a su expresión personal y su opinión a través de la ocultación de esta.

El individuo trata de adivinar la existencia y actualidad de opiniones a favor y en contra de sus ideas personales, con la necesidad de conocer la fuerza de estas y las posibilidades de éxito de los puntos de vista o propuestas expresadas en público. En otras palabras, contrasta su opinión personal con la de su entorno para coordinarla y adaptarse.

El problema de este mecanismo personal es que se crea una opinión conformista que no posibilita un avance, no innova ni posibilita el cambio constante necesario para progresar. El discurso dominante castiga con el aislamiento y el refugio es la pasividad del silencio.

Por consiguiente el silencio sería un pilar fundamental en la cohesión social que garantiza la paz colectiva. El individuo sacrifica inconscientemente su proceso de individuación en beneficio del grupo al que pertenece, este mecanismo adaptativo marca una tendencia a la masificación, entendida como el paso de individuo a masa.

Según Noelle-Neumann los análisis de opinión pública mayoría/minoría, previsión de éxito/fracaso, *"pueden aplicarse a la previsión de las opiniones políticas, a la de las tendencias de la moda o a la de la evolución de las costumbres y las convenciones sociales, es decir, a todos los campos respecto de los cuales la actitud y la conducta del individuo están determinados por la relación entre sus*

---

[42] Noelle-Neumann, Elisabeth, *La espiral del silencio. Opinión pública, nuestra piel social*. Paidós Ibérica. Barcelona 2010.

*propias convicciones y el resultado de la observación de su entorno social. A mi modo de ver, esta interacción es el principal aspecto del proceso de formación de la opinión pública".*

Uno de los puntos más interesantes de esta teoría, que sorprendentemente ha sido parcialmente ignorada, se basa en el supuesto de que los medios de comunicación de masas representan la fuente más importante de observación de su entorno con que cuenta el individuo para enterarse de cuáles son las opiniones que encuentran la aprobación de la sociedad y cuáles las que conducen al aislamiento.

Durante largo tiempo, la distinción entre información y opinión ha venido siendo un principio fundamental del periodismo, con el fin de evitar una influencia partidista por parte de los *mass media*. Pero ahora vemos que no son los artículos de opinión los que parecen tener mayor influencia sobre el público, sino la selección de noticias. ¿Qué es lo que se publica como noticia y qué es lo que no se publica? ¿Qué acontecimientos, personas y valoraciones se omiten y son, por tanto, objeto de un bloqueo informativo? Basándonos en los sondeos realizados, podemos demostrar que las ideas sobre el entorno, lo que es importante, lo que es bueno, lo que es peligroso, lo que va para arriba y lo que va para abajo están influidas decisivamente por las opiniones de los periodistas creadores de opinión y por el contenido de los medios, igualmente creadores de opinión. Por lo que respecta a las cuestiones especialmente controvertidas, los sondeos demuestran que la gente que ve mucha televisión tiene una noción de los hechos y de las personas, y de su importancia, distinta a la de la gente que no ve apenas la televisión[43]. Ahora imaginemos esto con internet y los dispositivos móviles actuales, las redes sociales y profesionales, el *streaming* y la nube, los blogs y los medios de comunicación digitales… en todo momento estamos conectados a una comunidad y unos medios de comunicación que hemos elegido, los cuales microsegmentan la información revelada en función de nuestro historial de búsquedas y movimientos en la red.

---

[43] Noelle-Neumann, Elisabeth, *La espiral del silencio. La opinión pública y los efectos de los medios de comunicación,* en *Comunicación y Sociedad,* vol. VI, n. 1 y 2, pp.9-28. 1993.

Los efectos a largo plazo son los de mayor relevancia porque influyen en nuestra forma de ver la imagen de la realidad social. Esto se denomina *agenda-setting* y plantea la posibilidad de que la comprensión de la realidad de la masa de individuos sea modificada por los *mass media*. Existe una relación entre la configuración de los sistemas de valor, los sistemas de poder y la estructura social que parece directa; los *mass media* tienen efectos macrosociales porque crean modelos simbólicos que modifican las estructuras culturales de la sociedad. La revolución tecnológica y comunicativa que estamos viviendo sin duda va a tener consecuencias en nuestra cognición de la realidad, nuestra cultura como sistema de símbolos y valores, el entramado social de las relaciones personales y por supuesto en la conducta de las masas.

El filósofo alemán Herbert Marcuse se preguntaba si podemos distinguir entre los medios masivos como agentes de información y entretenimiento de los que son agentes de manipulación y adoctrinamiento. Los sociólogos que han estudiado el fenómeno de las masas durante todo el siglo XX argumentan acertadamente que en la medida en que las fuerzas que mueven a las masas llegan a una etapa de crisis, las tecnologías de la comunicación e información masiva en desarrollo (primero radio y televisión, luego internet, ahora los dispositivos móviles hiperconectados) se vuelven utilizables para proporcionar una nueva identidad centrada en proveer de identidad grupal-nacional al individuo aislado, sin raíces y en búsqueda de sentido de pertenencia. Debemos tener en cuenta que la ruptura de las normas tradicionales de comportamiento puede en el instante ofrecer una libertad enorme a la previamente experimentada, como nos ha ocurrido los últimos años, pero aquellos individuos anómicos[44] pueden encontrar apoyo en la pseudoautoridad y pseudocomunidad[45] de los medios masivos, cuyas dinámicas culturales llevan a la inestabilidad

---

[44] Término sociológico que hace referencia a la carencia de normas y estructura social de un individuo que no le permite realizarse en el proceso social de su vida.

[45] Russel Newman, W., *El futuro de la audiencia masiva*.Fondo de Cultura Económica, Chile 2002.

política porque tales individuos son fáciles de persuadir, influir y dirigir.

# INTERPRETAR LA REALIDAD

La disciplina económica presenta un doble problema de orden ontológico en su raíz; por un lado existe una distancia entre lo que establece la teoría y lo que en ocurre en la realidad, por otro lado hay que distinguir lo que se cree que es la realidad y lo que verdaderamente es la realidad.

Las teorías económicas siguen un proceso deductivo para explicar la realidad, el investigador sigue lo que se denomina un modelo deductivo nomológico[46], que es una forma estándar de exponer de una explicación científica.

El proceso deductivo nomológico consiste en construir una explicación sobre determinado aspecto de la realidad. Esta explicación se construye mediante un conjunto de condiciones iniciales dadas[47] y de un conjunto de leyes o principios sistemáticos de comportamiento. Estos dos elementos constituyen el modelo de la realidad, de la que posteriormente se extraen los resultados lógicos. Para que la explicación se corresponda con la realidad esos dos elementos tienen que ser ciertos, es decir, las condiciones establecidas iniciales necesarias para extraer los principios de comportamiento y los resultados concretos derivados de esos principios deben darse tal y

---

[46] Nomología: ciencia de las leyes y su interpretación. Tratado sobre el modo de establecer los principios, reglas o preceptos de cualquier arte o ciencia.
[47] Dadas quiere decir previamente definidas, restringidas.

como se establece apriorísticamente. El problema es que esto es solo un *tipo muy concreto* de realidad, el tipo ideal que coincide con el ideal establecido a priori.

Otro gran problema del proceso deductivo nomológico es que exige que las explicaciones dadas sobre la realidad, derivadas de los modelos de explicación preestablecidos, tengan que ser deterministas y no heurísticos. Esto se debe a que los procesos de la realidad cambian de forma constante, y para cuando las nuevas teorías explicativas de la ciencia social se asientan la realidad explicada ha variado creando un efecto iterativo.

¿Son estas interpretaciones de la realidad correctas?, ¿explican el comportamiento de las cosas?, ¿son legítimas a la hora de explicar y predecir el actuar de los individuos y su interacción con el resto de la realidad? El ser humano actúa de manera inconsciente una parte significativa del tiempo que transcurre a lo largo de su vida, generalmente por medio de hábitos, de forma que las condiciones exigidas por el método deductivo nomológico de las ciencias se rompen, porque se supone que se van a cumplir una serie de condiciones restrictivas que, de hecho, generalmente no se cumplen. Por tanto, para comprender la realidad económica debemos adoptar el método del antropólogo, no el del científico newtoniano o el del teórico político.

El economista de investigación, aquel que publica la mayoría de los libros sobre economía que se encuentran en las librerías y sobre todo bibliotecas, es en la gran mayoría de las ocasiones un gran erudito de la materia, pero como el teólogo, queda atrapado en sus ideas y se distancia paulatinamente de la realidad, perdiendo el pensamiento crítico fundamental para reinterpretar una y otra vez la realidad cambiante. Este se acomoda en el refugio de los modelos y las condiciones descifrables de las matemáticas y el lenguaje esotérico.

La disciplina ortodoxa postula un mercado en el que los consumidores soberanos expresan necesidades y demandas que los productores de bienes y servicios intentan satisfacer. Esta descripción se puede considerar correcta, y solo de forma parcial, para los mercados artesanales locales o en los negocios muy pequeños, pero aporta poco a la descripción de los complejos procesos de interacción del mundo global y deslocalizado de nuestros días.

El sistema económico nace cuando dos agentes deciden ponerse de acuerdo para hacer algo que les aporte valor. Observamos, pensamos y decidimos, pero también estamos influidos, actuamos de manera irracional, sentimos y sufrimos, estamos dominados por instintos biológicos o nebulosas psíquicas. Cada uno de nosotros tenemos una visión propia de la realidad que nos rodea, y sobre la economía -como parte de esa realidad multidimensional- también tenemos nuestra visión. Con la información que manejamos desarrollamos esta visión de la realidad socioeconómica y la juzgamos, entonces surge lo más sencillo de todo, la inercia nos lleva a creer profundamente que nuestra visión es la correcta.

Esta visión nos proporciona el marco conceptual en el que nos movemos y dentro del cual tomamos nuestras decisiones. ¿Este marco conceptual es realmente creado por nosotros?, ¿creamos el marco conceptual que rige nuestras decisiones?, ¿o la limitación y subjetividad de nuestra visión no acaba aquí?

Kant desarrolló el concepto de *categorías a priori* del pensamiento. El filósofo alemán sabía que la experiencia es importante en la formación de un pensamiento, de una reflexión, sin embargo se dio cuenta de que no era la responsable de estos, al menos no la única responsable. La dificultad de explicar el entendimiento de algo y ese algo, entre el proceso de reflexión del sujeto y el objeto, le llevó a descubrir que poseemos unas categorías innatas preexistentes a la experiencia, que son los receptáculos de significado que posteriormente se llenan de él a través de la experiencia.

La experiencia es una cosa y el significado atribuido por el sujeto es otra, de forma que sin la tenencia previa de las categorías a priori del pensamiento parece imposible que el individuo pueda crear significados, vive experiencias pero no les puede asignar valor y sentido.

El influyente economista austriaco Ludwig von Mises, siguiendo la idea revolucionaria de las categorías a priori de Kant (siguiendo a su vez al revolucionario Platon) y desentendiéndose de Hume y Locke, que tanta influencia habían tenido en el pensamiento de los grandes economistas clásicos y neoclásicos hasta entonces, concebía la mente humana como una capacidad que se había adquirido gracias a la evolución de la especie y que, desde los tiempos primitivos, se mantenía homogénea, su pensamiento era causado por el material de la experiencia a través del tamiz de las categorías a priori y definidos por el espacio y el tiempo. Para este Nobel de Economía, las categorías a priori "integran los ineludibles presupuestos del *conocimiento,* de la *comprensión* y de la *percepción*"[48]. Por lo tanto, la experiencia es necesaria pero no decisiva, lo que son decisivas son las hipótesis establecidas que suponen un proceso a priori.

El mundo que percibimos como real, la realidad en la que vivimos, es el mundo que *creamos* a través de los conceptos y normas que *aprendemos*, de las experiencias que a través de las categorías innatas *clasificamos* y proveemos de sentido y de la imaginación y de los mitos que *construimos*.

Las personas nos vemos como responsables de nuestras acciones y razonamientos, sujetos únicamente a las limitaciones y circunstancias de nuestra propia naturaleza, somos dueños y jueces de nuestro destino. La realidad sin embargo es bien distinta y en esta confusión surge la limitación paradójica de la visión que tenemos de nosotros mismos y de lo que nos rodea: la visión del mundo y la percepción que dentro de este tenemos de nosotros es la creación de un mundo construido a partir unas normas y conceptos creados externamente a nosotros. La capacidad de influencia del nuevo orden económico sobre nuestras vidas y sobre la percepción que tenemos de las mismas es tan poderosa que sin sospecharlo la llegamos aceptar como natural. Esta concepción natural de la realidad que poseemos y percibimos, está fuertemente arraigada en la naturaleza propia del ser humano y artificialmente instalada en nuestra mente como concepción de libertad individual. De esto tampoco se libran los guerrilleros escépticos de la cruzada contra la vida moderna, la vida de consumo, porque también ellos están influenciados y son guiados, aunque las ideas que los guían sean otras.

---

[48] Mises, Ludwig V. *La acción humana. Tratado de economía.* Unión Editorial. Madrid 1995.

Esta es nuestra gran limitación, que en la percepción de la realidad estamos influenciados por conceptos y normas que no hemos creado y que, a pesar de ello, no podemos ser conscientes de tal mecanismo. Dicho de otra forma, los conceptos, categorías y normas que junto con la imaginación conforman nuestra visión del mundo están influenciados, deliberadamente o no, desde el exterior.

## Interpretación física y proceso cognitivo espacial

No existe ni imagen ni teoría independientes del concepto de realidad, esto es lo que denominan *realismo dependiente del modelo* Stephen Hawking y Leonard Mlodinow en su libro *El gran diseño*[49]. Esta observación es crucial si queremos entender los procesos cognitivos que nos llevan a comprender la realidad, el nivel en el que estamos preparados y limitados para comprenderla y el grado de subjetividad que conllevan nuestras interpretaciones sobre la misma.

Estos dos autores explican que existe un conjunto de reglas que relacionan elementos del modelo de explicación con las observaciones, proporcionando todo ello un marco a través del cual interpretar la realidad. Si existen dos modelos que concuerden con las observaciones (la visión de un ser humano y la de un animal por ejemplo), no se puede decir que uno sea más real que el otro. El ser humano realiza constantemente modelos en la vida corriente, porque si no se enfrentaría en cada instante a lo desconocido y tardaría infinidad de tiempo en procesar toda esa información para comprenderla, por esta razón el ser humano como observador del mundo posee una percepción del mundo imposible de eliminar, que es creada por el procesamiento sensorial y por la manera en que piensa y razona. Como dicen estos físicos, "nuestra percepción, y por lo tanto las observaciones sobre las que se basan nuestras teorías, no es directa, sino más bien está conformada por una especie de lente, es decir, la estructura

---

[49] Hawking , Stephen  y Mlodinow , Leonard, *El gran diseño*. Editorial Crítica. Barcelona 2010.

interpretativa de nuestros cerebros humanos".

¿Cómo percibimos los objetos de la *realidad*? En el proceso de ver, nuestro cerebro recibe ciertas señales a lo largo del nervio óptico, señales estas que sin embargo no forman una imagen que podemos denominar ordinaria. Existe una zona oscura o mancha *ciega* en el punto que conecta el nervio óptico y la retina del globo ocular, una superficie como la de una moneda a cincuenta centímetros de nuestros ojos. Esos datos son enviados al cerebro con la mancha en el centro y posteriormente el cerebro humano procesa dichos datos, combinando la información de cada ojo y construyendo los espacios en los que no se recibe visión directa, como el de la mancha, mediante interpretaciones instantáneas sobre las configuraciones de los elementos del entorno; lee una disposición bidimensional de datos de la retina y crea la impresión de un espacio tridimensional, es decir, el cerebro *construye* una imagen o modelo mental.

Hawking y Mlodinow aseguran que el cerebro es tan bueno que si nos pusieran el mundo al revés durante un rato, el cerebro se adaptaría; "cuando afirmamos veo una silla, queremos decir que hemos utilizado la luz que la silla ha esparcido por el espacio para construir una imagen o modelo de la silla. Si el modelo está cabeza abajo, es de esperar que el cerebro corrija la imagen antes de que intentemos sentarnos en la silla".

Las investigaciones científicas y los resultados empíricos de las últimas décadas demuestran que el cerebro humano, por medio de los ojos a partir de las emisiones lumínicas externas, crea las formas que percibimos. La reflexión posterior nos hace pensar que la realidad externa es una suerte de *mundo subjetivo* que componemos en forma involuntaria por una necesidad adaptativa.

## Sujeto y objeto. Observador y realidad

El Principio de Incertidumbre constituye uno de los principales hitos de la física cuántica, formulado por Werner Heisengber en el año 1926, demuestra que existen límites en nuestras capacidades de medir simultáneamente ciertas magnitudes. El físico compara la posición y la velocidad de una partícula; no se pueden saber con precisión las dos magnitudes a la vez, o una u otra. Este principio demuestra que cuanto más precisa es la medida de una magnitud, por ejemplo la velocidad de la partícula, menos precisa será la medida de la otra magnitud, la posición de la partícula, o a la inversa.

Las unidades de medida de este principio, el de Planck, son casi invisibles comparadas con las unidades corrientes como el metro, el kilogramo o los segundos y las horas o los días, no obstante la verdad que encierra es vital a la vez que sorprendente: todo depende del observador y el observador es limitado. Lo que nos dice esto es que la realidad y la precisión de medición de la propia realidad, dependen subjetivamente de un sujeto impreciso. Sea cual sea nuestra capacidad de obtener información o nuestra capacidad de cálculo, no podemos predecir con certidumbre los resultados de los procesos físicos porque no están determinados con certidumbre.

En las ciencias sociales el problema se torna mayor. Como disciplina, la economía experimenta esta relación: entre objeto y sujeto, el objeto de estudio es el mismo que el sujeto y se produce una imprecisión y subjetividad de carácter circular difícil de romper. Como sistema, experimenta este hecho en su funcionamiento, no ya como paradoja de estudio sino como mecanismo ordinario real. Cuando se da en este segundo caso, se produce lo que se conoce como *profecías autocumplidas* o fenómeno de la *reflexividad*. Se trata de una relación bidireccional entre causa y efecto que se afecta mutuamente, con la particularidad de que se da en la realidad externa. De hecho *la crea*. En los mercados financieros se materializa cuando, ante la subida del precio de los diversos instrumentos financieros como por ejemplo las acciones que cotizan en una bolsa, los agentes de los mercados creen que van a subir más y entonces provocan que esas acciones y diferentes instrumentos financieros sigan subiendo hasta que todo explota. Entonces el mercado comienza a bajar, y esto hace que los agentes piensen que va a seguir bajando y provocan que baje de verdad hasta la catástrofe, y entonces tienen que intervenir los gobiernos. ¿Qué ha ocurrido?, que los agentes, pensando que algo se va a producir, con ese *pensar* lo producen. Es lo que se conoce como el Teorema de Thomas[50]. "Si las personas definen las situaciones como reales, esas se vuelven reales". La situación inicial no existe, solo existen los temores o expectativas que las personas tenemos sobre ella, pero sus consecuencias se vuelven reales, con lo que finalmente la situación irreal inicial se vuelve real.

Lo que pasa aquí es que ante una expectativa o un temor las personas acomodamos y modificamos nuestro comportamiento, lo que produce que la realidad cambie. Es crucial entender esto porque aquí ya no estamos hablando de una dicotomía paradójica de pensamiento, de un tema de estudio sobre cierta disciplina, estamos hablando de *la realidad*, de que una no-realidad se convierte en realidad, de que el sujeto al interpretar un objeto que no existe lo acaba creando. El objeto de estudio y la expectativa o temor se autorrealizan.

El problema de la reflexividad para las ciencias sociales es tremendo porque, tal como apuntó Karl Popper en la década de los 50, emitir una predicción sobre un acontecimiento lo cambia en ese preciso instante y, por lo tanto, es muy difícil valorar las hipótesis iniciales y su incidencia en las predicciones en contraste con la realidad.

Anthony Giddens llevó el estudio de la reflexividad a la sociología moderna, Michel Foucault a la antropología, Karl Popper a la filosofía y posteriormente Herbert Simon, Franco Modigliani y Robert Lucas a la economía. Pero no ha sido hasta la aparición del especulador financiero George Soros cuando este concepto ha llegado a tener mucho impacto en el mundo económico y en todos los sentidos en general. Soros aplica el concepto de reflexividad hasta sus últimas consecuencias para sus actividades como inversor financiero, parte del hecho de que se da una distancia entre las creencias convencionales del equilibrio de mercado y la realidad, los agentes del mercado operan bajo una serie de creencias que no tienen por qué responder a la realidad, y cuando esta distancia se amplía mucho él actúa. Es lo que le

---

[50] Establecido en 1923 por el sociólogo William Thomas y publicado en 1928 en su libro *The child in America: Behavior problems and programs*.

llevó a apostar por la caída de los tigres asiáticos y la archiconocida caída de la libra esterlina, mediante el proceso que he descrito antes, expectativas sobre situaciones iniciales inexistentes que se tornan reales por *feedback* positivo de las subidas y caídas de los mercados financieros. Soros creó una situación que previamente no existía, en horas ganó miles de millones y las economías afectadas quedaron destrozadas. Las consecuencias de las profecías autocumplidas son bestiales. No son ningún juego intelectual.

A nivel antropológico y sociológico sucede algo parecido. Nos adaptamos y modificamos nuestro comportamiento en base a nuestras suposiciones sobre lo que el resto piensa de nosotros, cuál es nuestro lugar o cómo funcionan las convenciones sociales de nuestro entorno; creamos una salida a una situación de partida que no era real y con nuestra respuesta la hacemos realidad. Creamos realidad y verdad.

La particularidad de los mercados financieros los hace proclives a sufrir la reflexividad, los mercados de derivados y coberturas con su alta volatilidad y la introducción del comercio electrónico hace ya más de una década mediante operaciones automatizadas según algoritmos con hipótesis de partida hacen que las profecías autocumplidas se den con mayor frecuencia y virulencia de lo que se podía sospechar hasta los recientes 90. Hoy en día cualquier persona puede invertir en cualquier parte del mundo de forma instantánea, mediante *softwares* baratos y veloces, una noticia puede provocar una reacción en cadena que supera la velocidad de la luz y de esta forma producir una situación de caos e inestabilidad. Por eso la opinión de una agencia de calificación, el FMI o el presidente de un país pueden tener efectos devastadores sobre la economía de un nación. Por ejemplo, cuando uno de estos afirma que la prima de riesgo de España puede subir, antes de que lo haga, lo que están provocando es que suba de verdad (evidentemente a los medios de comunicación se les denomina cuarto poder y están entretejidos en todo el accionariado de las grandes empresas).

Hoy somos más partícipes de la realidad de lo que hemos sido jamás, porque la creamos con más frecuencia y colectividad que nunca, aunque no seamos conscientes de ello.

# El lenguaje como configurador y limitador interpretativo

La historia del pensamiento humano es una historia de esquemas simbólicos singulares, de ambiguos vocabularios interpretativos sin fundamento más allá de lo que ya está impregnado y completado por sus propias categorías metafóricas e interpretativas. Los filósofos posmodernos pueden comparar y contrastar, analizar y discutir los múltiples conjuntos de perspectivas que los seres humanos han expresado, los diversos sistemas de símbolos y las distintas maneras de imprimir unidad a las cosas, pero no pueden aspirar a poseer un punto de apoyo extrahistórico a partir del cual juzgar *la verdad*[51].

Nuestro lenguaje natal, su estructura, gramática y semántica, influyen sobre las asociaciones que hacemos hacia la realidad que describen. Un psicóloga[52] californiana realizó a principios de los años 90 un experimento para comprobar esto. En su experimento presentó una lista de 54 sustantivos con géneros gramaticales cruzados a 40 mexicanos adultos y a otros tantos alemanes y les pidió su opinión sobre ciertas características relacionadas con la potencia que asociaban con tales objetos. Tras la respuesta de estos comprobó, no sin asombro, que los voluntarios del experimento atribuían a un mismo objeto más fortaleza cuando en su lengua materna era del género masculino; el género gramatical afectaba al significado que atribuían a las palabras.

Otros experimentos posteriores han corroborado ese resultado. En uno de ellos, dirigido por Lera Boroditsky y descrito en *Sex, Syntax and Semantics*[53], los investigadores mostraron a un grupo de hispanohablantes y germanófonos 24 objetos con género gramatical distinto en sus respectivos idiomas y, en sucesivas pruebas, les fueron

---

[51] Tarnas, Richard, *La pasión de la mente occidental*. Editorial Atalanta Girona 2008.

[52] Konishi, Toshi, *The semantics of grammatical gender: A cross-cultural study*. Journal of Psycholinguistic Research. University of California. Los Ángeles 1993.

[53] Boroditsky, L., Schmidt, L.A., & Phillips, W.. *Sex, Syntax, and Semantics*. 2003, In Gentner & Goldin-Meadow (Eds.,) Language in Mind: Advances in the study of Language and Thought. Cambridge, MA: MIT Press.

dando nombres propios (así, por ejemplo, a una manzana la llamaron *Patricia* en una prueba y *Patrick* en otra). Observaron que a los sujetos les resultaba más fácil recordar aquellos nombres propios que concordaban en género con el del objeto en su idioma nativo (así, los hispanohablantes recordaban mejor el nombre de la manzana cuando era *Patricia* que *Patrick*, y a los alemanes les pasaba al revés). Como la prueba la realizaron en inglés, dedujeron que los sujetos atribuían un género conceptual a los objetos basándose en su género gramatical[54].

Se defiende que un idioma nunca es una barrera que impida comprender y/o transmitir ideas de otras lenguas, sin embargo y según el lingüista Roman Jakobson, los idiomas no se diferencian esencialmente en lo que pueden transmitir, sino en lo que *obligan* a transmitir, de manera que en inglés se puede decir "I have been with a friend" pero no se obliga a decir el sexo (si es chico o chica), sin embargo en castellano nos obliga a especificarlo.

Puesto que la experiencia humana está lingüísticamente preestructurada, pero las diferentes estructuras de lenguaje no poseen conexión demostrable alguna con una realidad independiente, la mente humana nunca puede acceder a ninguna realidad distinta que la determinada por su forma local[55].

Para el lingüista Guy Deutscher la lengua puede influir no sólo en la atribución de género a los objetos, sino también en el sentido de la orientación o la sensibilidad a los colores, y afirma "cuando un lenguaje fuerza a quienes lo hablan a prestar atención a ciertos aspectos del mundo cada vez que abren la boca o aguzan el oído, tales hábitos del habla pueden transformarse con facilidad en hábitos mentales con consecuencias en la memoria, la percepción, las asociaciones o incluso las habilidades prácticas", de manera que el término *consejero* puede introducir un sesgo a favor de los hombres o un sesgo a favor de determinados atributos de estos.

---

[54] http://www.expansion.com/blogs/conthe/2011/04/06/las-orejeras-del-lenguaje.html, artículo de Manuel Conthe para el diario *Expansión*, 06/04/2011.
[55] Tarnas, Richard, *La pasión de la mente occidental*. Editorial Atalanta. Girona 2008.

Siguiendo los desarrollos intelectuales post-modernos, a través de la semiótica de Pierce, la lingüística de Wittgenstein, la crítica existencial-lingüística iniciada por Heidegger o el deconstruccionismo de Derrida, llegamos a la conclusión de que *en última instancia todo pensamiento humano es generado y está limitado por formas culturales-lingüísticas de cada idiosincrasia particular, el lenguaje influye y da forma a la percepción de la realidad, de la misma forma que la realidad moldea el lenguaje.*

## La distorsión de la memoria en nuestra interpretación de los hechos

El economista austrohúngaro Friedrich August von Hayek, en su libro menos conocido, *The Sensory Order*, desarrolló la idea de que el cerebro es capaz de crear un orden mental consciente e inconsciente, gracias a su constitución fisiológica, partiendo de las sensaciones recibidas del mundo exterior por los correspondientes órganos receptores. La tesis defendida por Hayek implica que todo fenómeno es percibido por los individuos por medio del orden mental particular que posean, La percepción de una sensación consiste en asignarla a una categoría mental previamente constituida en el orden mental, siendo el conocimiento un producto derivado de aquella. Todo lo que contemplamos, percibimos o pensamos, lo ponderamos desde un peculiar punto de vista: el que nos proporciona nuestro propio orden mental.[56]

En este sentido, el Nobel de Economía Daniel Kahneman comprobó que cuando evaluamos retrospectivamente una experiencia desagradable (una quemadura, un examen, una carrera dura) nuestra valoración subjetiva del trance quedará determinada por el punto álgido de dolor y por el momento final, con independencia de cuánto haya durado la prueba. La memoria comprime en tan sólo esos dos

---

[56] Vara Crespo, Oscar, *Raíces intelectuales del pensamiento económico moderno*. Unión Editorial. Madrid 2006.

momentos el recuerdo de lo acontecido. Nuestra tendencia a comprimir la memoria del pasado nos endulza habitualmente el recuerdo de nuestra vida, pues difumina las incertidumbres y angustias con que la vivimos.

El cerebro es el órgano clasificatorio de las experiencias sensoriales e intelectuales, que también establece un orden particular de relaciones de estas experiencias y compone modelos de interpretación sobre estas de acuerdo con lo que la memoria recuerda. Las experiencias vividas quedan depositadas en diferentes categorías en la memoria.

## La realidad como relato colectivo

Un relato es una forma de narración de extensión indeterminada resultado de una inspiración inmediata. La esencia del relato consiste en contar una historia dejando a la imaginación del lector/oyente la tarea de componer los detalles secundarios o menos importantes.

Esta es una técnica que se está aplicando en el mundo empresarial y de las organizaciones, pero tiene su origen en el ámbito jurídico, a la hora de resolver casos con un jurado popular. Es muy interesante para comprender nuestro proceso cognitivo en la interpretación de la realidad.

Un relato a modo de historia puede transmitir ideas dentro de una organización con mayor eficacia que un mero enunciado teórico. Las historias y los mitos explotan nuestra tendencia natural a atribuir sentido global, como eslabones de una narración, a hechos inconexos; así como con los sentidos no percibimos sensaciones aisladas, sino patrones o formas, con nuestra mente percibimos y recordamos no hechos aislados, sino historias. Para construirlas y evocarlas complementamos nuestras fragmentarias impresiones con otras que en puridad imaginamos o nos cuentan, por lo tanto las historias que escuchemos afectarán a la forma en que percibimos la realidad. El modelo del relato, al subrayar el carácter creativo del mismo, significa que en parte *creamos* la realidad que nos rodea, rellenando los datos desconocidos de la *historia real* que desconocemos con nuestra imaginación, recuerdos o afectos[57].

Los relatos interpretativos, narraciones o simplemente historias (*stories*), cuando se propagan socialmente y capturan la imaginación de la gente, juegan también un papel decisivo en otros ámbitos sociales. A modo de ejemplo, en el célebre libro de economía *Animal Spirits*[58] sus autores resaltan la importancia de las historias (*stories*) y mitos populares en la génesis de las fiebres especulativas. Así, la creencia popular de que el precio de la vivienda nunca bajaría (que Shiller denomina *real estate myth*), fue el acicate de la reciente burbuja inmobiliaria. Y el embelesamiento por internet y las nuevas tecnologías fue el prolegómeno de la fiebre de las puntocom y la posterior crisis bursátil del año 2000.

Sucede lo mismo que con el *relleno* espacial creado por el cerebro humano, que a la hora de construir el espacio tridimensional utiliza las fraccionadas imágenes bidimensionales de la retina, dándole un sentido global que permite construir el mundo que percibimos como real.

## Aprendizaje y creación de patrones

Nuestro proceso de decisión está influenciado por limitaciones de carácter cognoscitivo, memoria selectiva y capacidad computacional restringida, afectadas por los deseos, la experiencia y el aprendizaje previo adquirido, pero también influyen limitaciones de carácter no cognoscitivo como la cultura, el sistema de valores y creencias o la educación.

La cultura se interpreta como un sistema de valores y creencias que establece una serie de normas sociales que pueden afectar a nuestro proceso de decisión. Esta influencia puede tener un sesgo negativo

---

[57] Conthe, Manuel, *La fuerza de los relatos*. Artículo del diario económico *Expansión*, 06/05/2011, Madrid.
[58] Shiller, Robert y Akerof, George, *Animal Spirits*. Editorial Gestión 2000. Barcelona 2009.

(limitación) pero también positivo porque simplifica el proceso de elección mediante mecanismos simples y efectivos. De la misma forma la imitación y el aprendizaje social pueden convertirse en mecanismos que permiten un rápida ejecución, desestimando la necesidad de cálculos probabilísticos sobre utilidades esperadas en un sistema de preferencias transitivo matemáticamente perfecto, tal como establece la teoría económica al uso.

El nobel de economía Herbert Simon realizó estudios acerca de los procesos de aprendizaje de los individuos desde el punto de vista de la psicología y extendió sus conceptos y postulados a la teoría económica. El ser adaptativo es fundamentalmente el ser que aprende. Simon centró gran parte de su investigación en los modelos de aprendizaje del ser humano. Según él, la racionalidad que poseemos puede entenderse como una búsqueda selectiva a través de grandes espacios de posibilidades. Esa selectividad se hace aplicando reglas heurísticas para determinar los patrones que pueden seleccionarse y los que pueden ignorarse. La búsqueda termina cuando se ha encontrado una solución satisfactoria, casi siempre antes de que todas las alternativas hayan sido examinadas.

El clásico ejemplo es el de un individuo se encuentra en una situación de la más básica supervivencia, existe comida en un espacio dado para una capacidad de movimiento del individuo y este tiene que sobrevivir en un largo periodo de tiempo. Simon demostró que el individuo (él lo amplia a un organismo no necesariamente humano) requiere solamente de percepciones muy simples y mecanismos de elección para satisfacer sus necesidades y asegurar una alta probabilidad de supervivencia en periodos extensos de tiempo; a medida que busca va recolectando patrones de búsqueda, y cuantos más patrones recoja, más fácil es su búsqueda. Cuanto más relevantes son los patrones a su disposición, mejores serán sus decisiones. En particular, el individuo no necesita una función de utilidad, ni siquiera requiere de elaboradas procedimientos para calcular las tasas marginales de sustitución entre diferentes metas.

Calculó de forma experimental que un experto en cualquier área ha almacenado entre cien mil y dos millones de patrones de memoria. La experiencia, como captadora de patrones, proporciona soluciones adecuadas en situaciones similares. Demostró, por ejemplo, que la clave en el ajedrez es el reconocimiento de patrones: el buen jugador hace uso de una acumulación de patrones característicos

La teoría del aprendizaje nos dice que es posible hacer modelos basados en discernir reglas rápidas y efectivas que pueden ser tan exactas como los modelos estadísticos complejos, los cuales necesitan más información y poder computacional. Las reglas heurísticas simples pueden valerse de estructuras de información del medio ambiente, su racionalidad es una forma de racionalidad ecológica, más que de consistencia y coherencia. Un modelo de reglas heurísticas sencillas es más robusto que un modelo con gran número de parámetros.[59]

El modelo del proceso del pensamiento humano puede ser establecido en la forma de programas, se sabe que los mecanismos fisiológicos almacenan esos programas en el cerebro y los ejecutan, pero aún no se conoce qué parte de esos programas mentales es inherente y cuál adquirida. Se conoce muy poco acerca del sustrato biológico para los programas y cómo esos programas pueden ser modificados y mejorados a través de educación y entrenamiento. En este sentido, los ordenadores pueden simular el pensamiento humano y los programas en lenguajes de procesamiento de información ofrecen un poderoso medio para expresar esas teorías, esto es lo que se ha pasado a denominar inteligencia artificial. La inteligencia artificial se basa en que los ordenadores pueden ser programados para reconocer patrones que simulen el proceso mental de un experto y llevar así a la toma de decisiones (desarrolló la inteligencia artificial a partir de su intento por crear una teoría de la racionalidad limitada para el proceso de toma de decisiones).

En palabras del propio Simon: "Pensar puede considerarse como el

---

[59] Características del modelo adaptativo de Simon:
  1) Bajo restricciones de información, conocimiento y tiempo, las reglas simples funcionan mejor.
  2) Las reglas simples, lejos de ser consistentes, coherentes y generales, son heurísticas y efectivas.
  3) Las reglas al ser heurísticas se adaptan a diferentes ámbitos en tiempo y espacio.

conjunto de procesos que ocurren en el sistema central nervioso. Aún se desconoce mucho de ese fenómeno pero en cuanto a la física y a la química se han hecho algunos buenos logros. Sin embargo, no se sabe, por ejemplo, cómo y dónde la información simbolizada se almacena en el cerebro, cómo los símbolos son comparados, copiados o asociados. Aunque no sabemos cómo los procesos simbólicos elementales capaces de explicar el pensamiento son dotados en el cerebro, sí sabemos cómo son dotados electrónicamente en un computador".

A pesar de que algunos economistas consideran la teoría de la racionalidad limitada como simple filosofía, la lectura importante sobre las aportaciones de Simon es la idea de que deben desarrollarse mecanismos de cálculo que no sólo predigan los resultados reales del comportamiento del decisor sino que también los describimos. Las investigaciones que se vienen haciendo en el neuromarketing parecen darle la razón, este nuevo campo de investigación aplica la metodología de las neurociencias a la investigación de mercados y el marketing comercial, estudiando nuestro comportamiento ante diferentes situaciones, llegando a decisiones y elecciones que nada tienen de racional, sino que más bien vienen motivadas por emociones, complejos afectivos, asociaciones aleatorias o influencias de carácter social o psicológico.

## Interpretación conceptual, el mito

La ciencia tiene dos formas de proceder: reduccionista y estructuralista. El reduccionismo consiste en descubrir la posibilidad de reducir a fenómenos más simples fenómenos que en un determinado nivel son complejos. Cuando nos enfrentamos a fenómenos tan complejos que no permiten su reducción a fenómenos de orden inferior, sólo podremos abordarlos estudiando sus relaciones internas, intentando discernir qué tipo de sistema original forman en su conjunto, sus estructuras.

Fuera de la ciencia existe otra forma de proceder, una forma socio-cultural, que es una manera de proceder conceptual: el mito. El gran antropólogo francés Claude Lévi-Strauss hace una distinción entre el pensamiento científico y lo que él denomina pensamiento de lo concreto, considera que hay una escisión entre estos dos respecto a los datos de los sentidos y su utilización en contraposición a las imágenes y símbolos; el pensamiento concreto sigue la dirección que va desde el fenómeno hasta el concepto y el pensamiento científico va en sentido contrario, del concepto al fenómeno. Es en este contexto donde se sitúa la mitología.

Desde un punto de vista empírico, la mayoría de los mitos parecen erróneos o imposibles, sin embargo es posible comprender por qué razón se utilizan imágenes extraídas de la experiencia: desempeñan un papel conceptual. El término griego mito significa discurso y nos ofrece una explicación de la realidad.

No hay aspecto importante de la vida que sea ajeno al mito. Existen mitos religiosos (como el nacimiento de los dioses), mitos políticos (como la fundación de una ciudad), mitos civiles (como el líder de una banda de música) o mitos sobre temas particulares. Los mitos son narraciones fundamentales porque responden a las preguntas básicas de la existencia humana, pertenecen al orden de las creencias y no son explicaciones racionales, son explicaciones culturales.

Las funciones de los mitos son múltiples, no obstante se pueden segregar en tres esenciales: explicativa, de significado y pragmática. La *función explicativa* se refiere a que los mitos explican, justifican o desarrollan el origen, razón de ser y causa de algún aspecto de la vida social o individual. La *función pragmática* del mito implica que son la base de ciertas estructuras sociales y acciones. La *función de significado* se refiere a que los mitos no son sólo historias que brindan explicaciones o justificaciones políticas, también otorgan un consuelo, objetivo de vida o calma a los individuos: así sucede con mitos que hablan de la muerte, el sufrimiento o la victoria, por lo tanto, los mitos no son historias alejadas de la persona, sino que funcionan como un asidero existencial. Las tres funciones se suelen combinar de manera constante[60].

---

[60] Varios autores, *http://es.wikipedia.org/wiki/Mito*, 2011, Wikipedia.

A la unión de diversos mitos de una cultura que se integran se la denomina mitología. Cuanto mayor número de mitos y de complejidad tenga una mitología, indicará mayor desarrollo de las creencias de una comunidad. La mitología sustenta la cosmovisión de un pueblo.

Bajo la realidad aparentemente caótica, inconexa y en ocasiones absurda de las cosas que vemos y vivimos se esconde cierto orden preestablecido. La narrativa mitológica nos ofrece una *explicación conceptual* de esa realidad y trata de exponer esas relaciones internas de la realidad mediante un discurso que no es lineal en causa-efecto sino que se presenta como una obra total (como ocurre al escuchar una canción, hay que escucharla entera) que hay que escuchar/ver/leer bajo el prisma del conjunto. Es muy importante llegar a comprender esto porque, como veremos más adelante, los servicios y bienes que se ofrecen en la realidad económica enmarcan cierto carácter mágico para el consumidor y se presentan bajo una historia mítica.

## Acercarse al mundo económico

A lo largo de los tres últimos siglos se han planteado diferentes interpretaciones de la realidad económica y cada nueva interpretación suponía una evolución de la anterior.

Las explicaciones de la disciplina económica se configuran como modelos interpretativos de la realidad -pero de una realidad concreta a la vez que compleja-, que condicionan la manera de leer los hechos en los individuos. Además, el sujeto y objeto de estudio son lo mismo, dificultando la objetividad de los supuestos y condiciones necesarios. Tales interpretaciones condicionan subjetivamente nuestra posición y orientación en el mundo y la capacidad para adaptarnos a él, remodelándolo según los conceptos y reglas de dicho modelo.

En la primera mitad del pasado siglo el economista británico Lionel Robins cuestionó la forma de estudiar de la ciencia económica en el sentido de que únicamente se ocupaba de un determinado tipo de acciones humanas, las de producción y distribución de bienes, estableciendo que el enfoque económico adolecía de la gran limitación que suponía el hecho de interpretar y explicar hechos puramente materiales, ya que la vida de las personas y sus acciones están llenas de producciones inmateriales. De esta forma proporcionó la primera definición contemporánea de economía, que posteriormente se convirtió en estándar. Debemos seguir este ejemplo de apertura.

Las teorías científicas sociales implican una simplificación de la realidad que representan, puesto que siempre tienen que seleccionar una serie de factores, apoyados en hipótesis parciales para explicar parcelas de la realidad. El problema es que la realidad se sustenta en gran medida en las relaciones subjetivas y de carácter inmaterial de esas parcelas, que además cambian a lo largo del tiempo. Esta es la diferencia que existe entre la ciencia social y la ciencia natural, que los objetos de estudio son entes sociales y tienen un componente histórico-temporal, no se puede estudiar en aislamiento ni tampoco se puede excluir el factor temporal que modifica la propia realidad.

Existen limitaciones y condicionamientos de tipo biológico, psíquico, psicológico, neuronal, espacio-temporal, social y cultural insalvables por ser inherentes a la condición humana. El reconocimiento de estos condicionamientos y limitaciones nos provoca un desencantamiento personal de difícil aceptación, puesto que nuestro poder de visión, interpretación y predicción es mucho menor del que pensábamos o hemos aprendido a pensar. El mito moderno y la explicación racional impuesta desde la Ilustración han producido este equívoco sobre nuestros *poderes*, nuestra interpretación y visión de las cosas está condicionada y ni no somos tan libres ni las cosas dependen tanto de nosotros.

Lo importante una vez más es poder tener presentes esas limitaciones y condicionamientos intersubjetivos y, a partir de ellos, construir modelos interpretativos que se *acerquen* de forma abierta a la realidad cambiante y multidimensional.

Todas estas limitaciones y distorsiones de percepción e interpretación de la realidad, la manera en que nuestro cerebro y psique crean un mundo de significado subjetivo a través de percepciones imprecisas, son importantes para entender el hecho de que estamos condicionados y afectados por lo externo. A menudo la producción crea demandas y posteriormente las satisface, o simplemente las crea con mayor eficacia que las satisface y no al revés, como nos explica la teoría convencional. Por lo tanto, debemos desarrollar modelos económicos interpretativos con capacidad descriptiva y esto quiere decir que hay que considerar nuestra involuntaria naturaleza condicionada y las voluntarias acciones externas de las organizaciones para influenciarlo.

# DECIDIR, ELEGIR, ACTUAR

La economía ortodoxa ignora los procedimientos conscientes e inconscientes que aplicamos las personas cuando tenemos que elegir y tomar una decisión en el mundo real. Parte de esta culpa procede de los planteamientos llevados a cabo por Milton Friedman en los años 50 y 60. Al igual que Samuelson, jugó un papel importante en la metodología que se seguiría como estándar en la disciplina aceptada. Cara visible de la Escuela de Chicago, fue el líder de la economía neoclásica moderna a través de su versión popular de los *mercados libres*, que estableció que los supuestos en los que se basa un modelo explicativo dan igual si son realistas o no mientras den lugar a soluciones certeras, lo único que importa es la solución. Para los economistas neoliberales Friedman es el profeta que envió Dios a la Tierra para explicarnos que la gracia del libre mercado desprovisto de legislación y control salvaría al mundo. Desgraciadamente para nosotros y para la ciencia económica esto no ha sido así. Nos hemos pasado décadas ignorando la manera en que los procesos reales de elección y decisión gobiernan nuestra actuación en el mundo real, hemos estado confiando en una extraña fe hacia las fuerzas esotéricas y divinas del mercado cuya misteriosa selección natural de elecciones óptimas aseguraba una predicción económica exacta de nuestros actos.

Muchos especialistas afirman con cierta sorna que todos los economistas somos neoclásicos, incluso los más radicales, puesto que lo que nos han enseñado en las escuelas y universidades, lo que leemos en los principales medios de comunicación, las políticas económicas, la regulación y todo lo que supone economía principal, es economía neoclásica.

La disciplina económica se basa en tres axiomas[61]:

- Individualismo metodológico: los fenómenos se estudian centrándose en el individuo, entendido este como una unidad económica.
- Instrumentalismo metodológico: el comportamiento del individuo es instrumental porque es guiado por preferencias que son ordenadas de forma racional.
- Equilibrio metodológico: las decisiones de los diferentes agentes económicos, al ser instrumentales, llevan a un equilibrio económico.

Los supuestos de los que parte el *mainstream, las hipótesis*, son los siguientes:

- El individuo tiene preferencias racionales.
- El individuo maximiza utilidad, la empresa maximiza el beneficio.
- El individuo actúa de forma independiente a otro individuo (no interactúan) sobre las bases de información perfecta (completa) y relevante.
- El individuo posee racionalidad perfecta (absoluta) y capacidad de análisis ilimitada.

Las instituciones académicas prestan demasiada atención a los aspectos macroeconómicos de la sociedad, sin embargo los temas microeconómicos como la supervivencia de la unidad familiar, a pesar

---

[61] Tal como ocurre en todas las vertientes del pensamiento económico existen diferencias entre los propios neoclásicos, y han surgido a lo largo de los últimos 100 años varias escuelas, pero todas ellas comparten estos tres axiomas.

de que a largo plazo tienen mucha más importancia, quedan en segundo plano con demasiada frecuencia, porque son más complejos.

Básicamente se nos dice lo siguiente; el individuo como actor económico es un agente con funciones de preferencias fijas mecánicamente programado para maximizar una función objetivo. Este es el *homo economicus*, el individuo que maneja la infinita cantidad de información, con capacidad ilimitada y que busca en todo momento la maximización de la utilidad y el egoísta beneficio personal, obteniendo constantemente el punto óptimo de su campo de elecciones, porque su decisión se corresponde con el punto máximo de una sencilla función en forma de U que conoce. ¡Cómo no!

Sin embargo, los experimentos realizados en los últimos años mediante programación genética por medio de simuladores de computación artificial han demostrado que en ambientes de decisión compleja como el nuestro, incluso agentes con inteligencia artificial superpotente generan y aplican reglas simples para tomar decisiones debido a las insuperables dificultades de información involucradas en el comportamiento optimizador global[62]. Como dice el brillante economista Geoffrey Hodgson, los resultados de estas investigaciones nos están diciendo que los economistas no podemos seguir ignorando el análisis de los procesos de formación de representaciones y reglas de comportamiento de los individuos/agentes económicos y no se pueden evadir con las razones que expuso Friedman en su obra.

## La Elección Racional

La explicación que ofrece la microeconomía a las decisiones, elecciones y acciones que realizamos lo diferentes agentes económicos, se encuadra en la Teoría de la Elección Racional (TER). Se trata de una teoría social aplicada al mundo económico que tiene un carácter analítico, es decir, pretende ofrecer un análisis sistemático sobre el

---

[62] Hodgson, G.M., *Optimisation and evolution: Winter's critique of Friedman revisited*, Cambridge Journal of Economics.

difícil campo del conjunto de decisiones humanas, con el que poder medir y entender los subjetivos datos de la interacción social.

Explica un fenómeno social descomponiendo el proceso en sus partes constitutivas y de las relaciones casuales que existen entre ellas. Las unidades de análisis son las acciones humanas consideradas de forma individual. Las explicaciones que nos ofrece esta teoría se basan en la idea de que los fenómenos sociales pueden ser comprendidos en términos de interacción entre acciones humanas individuales, siendo la unidad de análisis la acción y no el individuo. La acción humana se puede describir como una decisión que comparte dos propiedades, intencionalidad y racionalidad.

Una acción intencional es una acción causada por razones. Las razones están compuestas por *deseos* y *creencias*, mediante la lógica "determinado deseo y una determinada creencia mediante una determinada acción nos lleva a conseguir el deseo inicial". Se trata de un modelo causa-efecto (modelo deductivo-nomológico) que trata de ser determinista, sin embargo no puede ser entendido como un modelo determinista porque los resultados de la acción siempre son indeterminados, ya que solo se sabe la razón que causa la acción pero no si la acción alcanza el deseo que la provoca.

Una acción es racional cuando el individuo la lleva a cabo creyendo que puede lograr lo que desea. En términos de la TER, una acción racional es aquella que el individuo decide llevar a cabo porque cree que maximiza su utilidad esperada. En este sentido la utilidad no es una medida de deseo, sino una descripción general de lo que el deseo significa en el proceso de decisión. El proceso mediante el cual se articulan causalmente razones y acciones es la decisión, decidir es elegir entre un conjunto de acciones posibles.

Llegados a este punto, la TER nos dice que existen un conjunto de oportunidades $A = (a_1, a_2, \ldots a_n)$ y varios estados de elección posibles representados por el conjunto de posibilidades $S = (s_1, s_2, \ldots s_n)$, todo lo cual configura un conjunto de resultados posibles $R = (r_1, r_2, \ldots r_n)$. Desear un resultado más que otro implica compararlos y por lo tanto establecer una preferencia, de forma que el individuo pueda ordenar sus preferencias a las que ha llegado. A lo primero le llama comparabilidad y a lo segundo transitividad. Estos dos conceptos se configuran como condiciones indispensables para el funcionamiento del modelo. Cuando un individuo establece una relación de preferencia entre diversos resultados posibles de acción se obtiene un conjunto ordenado de resultados $R=(r_{11}, r_{22}, ... r_{nn})$. El valor de utilidad de cada uno de estos conjuntos de resultados posibles U expresa su posición relativa frente a todos los demás resultados posibles en el conjunto ordenado. El significado numérico del valor de utilidad es exclusivamente ordinal, es decir, establece un orden de preferencias pero no el valor de las acciones y decisiones, siempre y cuando se cumplan los principios de transitividad y comparabilidad. Además, el modelo exige que el individuo pueda establecer una relación de preferencia o indiferencia entre todas las parejas de elementos del conjunto de resultados posibles de la acción R, de forma que podamos decir por ejemplo que $r_{11}$ es preferible a $r_{12}$ (comparabilidad) y que si $r_{12}$ es preferible a $r_{13}$, entonces $r_{11}$ es preferible a $r_{13}$ (transitividad).

Uniendo los principios de intencionalidad, racionalidad, comparabilidad y transitividad, la TER establece que "una acción cumple con la condición de racionalidad cuando R (conjunto de resultados posibles) es comparable y transitivo. Si R no cumple con esta condición entonces es imposible asumir la racionalidad de la acción y en consecuencia no es posible conocer la intención del individuo, es decir, la relación causal entre deseos, creencias e interpretaciones de la acción".

La teoría nos dice que las creencias del individuo nunca son certezas por lo que sus acciones son apuestas, por esa razón el individuo no maximiza solo su utilidad esperada, de forma que pondera la utilidad de cada resultado posible por la probabilidad subjetiva p de que este se dé, estimando dicha probabilidad de acuerdo con sus propias creencias sobre la estructura causal de la situación. En otras palabras, que calculamos probabilidades ponderadas de utilidad esperada para cada posible elección a la hora de decidir. Kafkiano. Esta es la forma en que la teoría económica neoclásica describe nuestros mecanismos de elección y decisión, como un proceso mediante el cual maximizamos nuestra utilidad esperada, siendo definida como $UE_{(aj)} =$ $p_{(s1)} *U_{(ri1)} + p_{(s2)} *U_{(ri2)} + ... + p_{(sm)} *U_{(rim)}$. Sin comentarios.

## Limitaciones y deficiencias

Esta teoría tan solo nos explica un tipo muy particular de acción de relación causal, no se trata de una teoría general interpretativa como pretende la enseñanza oficial, más bien al contrario, se trata de un caso muy concreto cuando no de una excepción. Diferentes sectores críticos han señalado a lo largo de las últimas décadas cinco limitaciones y/o deficiencias que ofrece este modelo analítico, que es una de las piedras angulares de gran parte de los desarrollos de la disciplina.

*Papel de las interpretaciones.*
El modelo no incorpora con claridad el papel de las interpretaciones del individuo, ya que las utilidades esperadas solo presentan deseos y creencias pero no se representa un proceso de unión entre estas.

Los deseos se convierten en valoraciones de los resultados de las acciones, las creencias en estimaciones de la probabilidad de que una acción conduzca a un resultado y las interpretaciones en valoraciones de las acciones consideradas independientemente de sus resultados.

Como he señalado en el capítulo anterior, la interpretación personal es tan importante que es la que da forma al mundo que conocemos y por lo tanto a las elecciones y decisiones que tomamos. Nuestra forma de actuar depende totalmente de la interpretación que hagamos de la realidad, porque de hecho la crea. Por lo tanto un modelo que no contemple nuestras interpretaciones es un modelo fracasado, porque no contempla uno de los aspectos esenciales de la forma en que funcionan los procesos de la realidad, nuestras motivaciones y materializaciones a través del tamiz personal.

*Interdependencia de las acciones.*

Asume que todas las elecciones posibles del conjunto de posibilidades son independientes, sin reflejar la diversidad e implicaciones de las decisiones personales sobre todas las demás y, lo que es más importante, la dependencia del camino tomado, las decisiones y acciones previas que condicionan aquellas que se llevan a cabo después.

Algunos autores consideran la necesidad de introducir la noción de utilidad condicionalmente esperada o utilidad evidencialmente esperada. Esta función pondera la utilidad de cada posible resultado por la probabilidad condicional de cada estado del mundo dada la acción del individuo. Por lo tanto, establece una función de utilidades esperadas condicionadas interdependientemente. Como una alta probabilidad condicional de un determinado escenario no explica la relación causal entre una acción y ese escenario, algunos teóricos han propuesto complementar la noción de utilidad evidencial con la noción de utilidad casualmente esperada, de forma que en la función de utilidad se pondera la utilidad de cada posible resultado por la probabilidad de que cada escenario/estado sea causa de la acción del individuo. ¿Quién no piensa en las implicaciones de tomar cierta decisión y las tiene en cuenta a la hora de elegir una decisión u otra, hasta en los temas más simples?

*Capacidad mental ilimitada o racionalidad ilimitada.*

Asume que la capacidad racional de cada individuo es ilimitada y puede computar las infinitas utilidades de todos los resultados posibles de cada acción. Esto no lo puede hacer ni el ordenador más potente del mundo. Sencillamente es imposible, una hipótesis inútil porque nunca se va a dar.

La Teoría de la Elección Racional establece que el individuo/consumidor es un ser absolutamente racional. ¿Qué quiere decir esto? Que sus capacidades son ilimitadas en cuanto a acceso a información y computación de toda esa información y que se comporta en todo momento como un estratega y optimiza las utilidades esperadas a la hora de tomar una decisión.

Acto de decisión de una persona según TER:

> - Dispone de información total
> - Computa la totalidad de los datos de forma rápida y eficaz
> - Comportamiento estratégico
> - Calcula las utilidades esperadas de cada alternativa
> - Elige el bien/servicio/elemento óptimo

Los individuos tomamos decisiones realizando únicamente inferencias acerca de bienes/servicios/elementos parcialmente conocidos, bajo restricciones, limitaciones de tiempo, conocimientos limitados y capacidades computacionales restrictivas. Los modelos neoclásicos de la economía ignoran estas restricciones, teniendo como consecuencia un modelo cuya descripción del individuo es poco satisfactoria y no predice correctamente nuestro comportamiento en una situación real.

En la década de los 50, Herbert A. Simon[63] propuso que el individuo tiene una *racionalidad limitada* y no ilimitada, como postula la ciencia económica. Simon definió la racionalidad limitada como el término que describe el proceso de decisión de un individuo considerando limitaciones tanto de conocimiento como de capacidad computacional. Con esto dio el salto cualitativo de introducir en la ciencia económica psicología, ciencia computacional, matemáticas aplicadas, teorías de sistemas y economía experimental a través de aplicaciones a la inteligencia artificial. Fue uno de los precursores de las ciencias de la complejidad, que tanta importancia y aplicaciones tienen en nuestros días en multitud de campos.

---

[63] Economista y politólogo estadounidense, Premio Nobel de Economía en 1978 por ser "uno de los investigadores más importantes en el terreno interdisciplinario" y "porque su trabajo ha contribuido a racionalizar el proceso de toma de decisiones". También recibió el Premio Turing en 1975 por sus aportaciones a la inteligencia artificial y la psicología cognitiva. Miembro distinguido de la Asociación Norteamericana de Economía.

Ante la inexistencia de la perfecta racionalidad propuso que tratamos de encontrar soluciones satisfactorias en lugar de soluciones óptimas. En el proceso de toma de decisiones -incluso en problemas relativamente simples, no se puede obtener un máximo ya que es imposible verificar todas las posibles alternativas- la teoría de la racionalidad limitada no asume que seamos no racionales, sino que tratamos de ser racionales con lo que tenemos y, por lo tanto, que buscamos soluciones satisfactorias.

Somos seres adaptativos, nos adaptamos al entorno; sólo recogemos parte de la información de este, la que es significativa para nosotros, y el resto lo desechamos debido a su cantidad y complejidad. Por esta razón el mundo económico está lleno de indicadores, los del crecimiento de las economías, ratios de las empresas en bolsa o los precios de la cesta de bienes de primera necesidad que manejamos semanalmente cuando vamos a hacer la compra. La memoria es selectiva, y de no serlo no tendría sentido poseerla porque, para recordar algo que sucedió hace dos años, necesitaríamos exactamente dos años de tiempo. La memoria es una herramienta sumamente útil precisamente porque no lo almacena todo, por esto, porque somos selectivos y nuestras herramientas de cognición selectivas, las cadenas de causalidad de los hechos determinantes son breves, sencillas y selectivas, y resulta posible tomar decisiones sin considerar toda la información del entorno y siguiendo reglas sencillas y manejables.

*Información completa.*

La información de la que dispone el individuo es total y absoluta, de forma que puede y es capaz de maximizar una función de utilidad esperada.

El correlato matemático de la TER proviene de la Teoría de la Decisión de Bayes (que a su vez es una adaptación de la metodología de Morgenstern y Von Neumann), donde el individuo elige en contextos de incertidumbre. Según esta, no existe una medida objetiva de las probabilidades acerca de los posibles estados de la naturaleza y por lo tanto es necesaria una medida subjetiva de la probabilidad por parte del individuo.

La teoría neoclásica afirma que podemos realizar estimaciones de probabilidades con facilidad: tenemos a nuestro alcance información sobre todas las alternativas posibles y disponemos de un sistema completo y consistente de preferencias que nos permite hacer un perfecto análisis de todas ellas. Al tener una capacidad computacional casi ilimitada, no encontramos dificultades a la hora de realizar cálculos matemáticos y podemos  calcular el óptimo de forma probabilística.

Incluso en problemas simples no se puede obtener un óptimo (desde un punto de vista matemático), puesto que es imposible verificar todas las alternativas posibles. En este sentido me viene a la mente la función de onda universal de la física para la predicción en el cálculo de la posición de partículas atómicas en la física cuántica. La función de onda es una suma de probabilidades de las posibles posiciones que puede tener una partícula en un determinado momento en cada punto del espacio. La función de onda únicamente puede decir en qué lugares hay más probabilidad de que la partícula se encuentre que en otros lugares, pero no puede predecir el punto donde se va a encontrar. Bajo mi punto de vista, en el mundo económico sucede algo muy parecido.

No tenemos acceso a la información perfecta y por lo tanto a la certidumbre total sobre algo, influyen sobre nosotros factores externos como la cultura, la educación, la religión, las instituciones sociales o las organizaciones, e influyen también factores internos como la experiencia, la memoria, la percepción o la sensibilidad con la limitación de no tener una estructura perfecta de preferencias y poseer una capacidad computacional para hacer cálculos muy limitada. No tenemos garantizada la elección de la alternativa óptima global porque existe un fuerte sesgo de carácter interno y externo que lo impide.

De forma intuitiva sabemos que la realidad que percibimos es parcial y simplificada, de lo contrario el mecanismo de percepción e interpretación no sería útil porque necesitaría todo el tiempo del mundo para buscar la información que nos interesa. Más allá de tratar la realidad en toda su complejidad, buscamos soluciones satisfactorias.

*Creencias irracionales.*

No se incluye ninguna información sobre la racionalidad de las creencias a través de las cuales el individuo estima las probabilidades que asigna a los resultados posibles. Las creencias de un individuo no tienen por qué ser racionales y por lo tanto pueden llevarlo a actuar de forma irracional. La historia de las burbujas financieras y las posteriores crisis económicas es la historia de las creencias irracionales, desde la burbuja especulativa de los bulbos de tulipán en Holanda en el siglo XVII hasta la reciente burbuja financiero-inmobiliaria.

Las personas tenemos una tendencia natural a hacer amigos, compañeros y conocidos que generalmente comparten nuestras afinidades y gustos. Cuando escuchamos la opinión de los afines a nosotros llegamos a la conclusión, con demasiada celeridad, de que casi todo el mundo piensa lo mismo que nosotros; nuestra mente selecciona determinada información. En lugar de hacer una búsqueda exhaustiva, buscamos en nuestra memoria la información fácilmente accesible, entre la que se encuentran nuestras propias opiniones y los datos que las respaldan. Todo esto nos lleva a subestimar la diversidad de opiniones y a sobrestimar las nuestras propias, es decir, la información que haría que nuestra decisión sobre una elección fuese más objetiva.

Además se produce una proyección social o efecto de falso consenso, que es un desajuste de la percepción individual sobre la aceptación general que tienen las propias opiniones, valores, capacidades y comportamientos que, normalmente, nos hacen sobrestimar lo generalizados que están.

Nuestros conocimientos y experiencias personales son vivos e intensos, esta intensidad capta nuestra atención e influye en la información que recogemos de los demás y de su juicio. Las opiniones y opciones alternativas se reducen. Por eso cuando consideramos una determinada línea de actuación es probable que hagamos caso omiso a los datos menos vivos que son relevantes pero opuestos. Además, cuanto más pensamos en nuestras creencias y en nuestra posición, más pronunciada se vuelve nuestra predisposición.

La mayoría de las situaciones sociales son ambiguas y nos inducen a cubrir nuestros vacíos con los conocimientos personales que tenemos. Esta clase de proceso cognoscitivo es el responsable de que un mismo acontecimiento pueda tener múltiples interpretaciones. No somos conscientes de que nos sometemos a este proceso ni de que existen múltiples interpretaciones divergentes y válidas al mismo tiempo.

Además, en nuestra mente existen, fuertemente arraigados, hábitos que son muy difíciles de romper. Estos hábitos han ido creándose y moldeándose desde nuestro nacimiento por la educación y el proceso de integración e interacción social y cultural. Nuestra mente automatiza mecanismos de actuación, los hemos aprendido y por fortuna no los tenemos que aprender constantemente, el problema es que estos hábitos también se crean para otros mecanismos de actuación no tan necesarios.

Nuestra razón sobrestima el grado de consciencia en el que actuamos, la mayor parte del tiempo actuamos de manera semiinconsciente y debido a esto es tan difícil romper los hábitos en nuestro papel como agente económico, social y, sobre todo, cultural.

## La utilización de hábitos y reglas

Las reglas son patrones condicionales o incondicionales de pensamiento o comportamiento que los agentes pueden adoptar consciente o inconscientemente[64]. El seguimiento de una regla puede ser consciente o deliberativo mientras que la acción habitual no se somete a examen, por lo tanto los hábitos poseen una cualidad diferente a la de las reglas[65].

Las reglas y los hábitos suponen que ante una determinada situación realizamos una acción; ante esto haz eso otro. Una regla es un

---

[64] Hodgson, G. *The Ubiquity of Habits and Rules*. Cambridge Journal of Economics, 21(6) pp. 663-84. Noviembre 1997.

[65] Murphy, J. *The kinds of order in society*. Mirowski, P (ed.). *Natural Images in Economic Thought. Markets Read in tooth an Claw*. Cambridge University. Cambridge y Nueva York 1994.

procedimiento consciente mientras que un hábito no tiene por qué serlo. Con la costumbre, la regla puede acabar en hábito. Por esta razón es más fácil romper una regla que un hábito, porque este último tiene un componente inconsciente o subliminal y la consciencia de nuestros propios hábitos no es del todo completa.

El uso de reglas y hábitos es necesario y se utiliza para todo tipo de problemas, incluso los que tienen un óptimo concretamente definido. Hemos desarrollado esta capacidad de enfrentarnos a circunstancias complejas e inestables, y aunque pueden conducir en ocasiones al error, esto no justifica el hecho de que necesitamos hábitos de alguna clase para actuar.

Pensemos un segundo en el cambio de marchas del coche, no podemos estar plenamente conscientes sobre cuándo y cómo tenemos que cambiar en cada momento para llegar al óptimo, puesto que tenemos que atender a otras cosas. No obstante, cuando aprendimos a conducir, en las primeras sesiones teníamos que pensar cuándo reducir la marcha, cuándo embragar y pasar a tercera o quñe hacer ante una rotonda o un semáforo. Posteriormente convertimos aquello en un hábito y hoy es algo automático en lo que por suerte no tenemos que gastar energía y atención.

La utilización de reglas y hábitos es ventajosa por lo general, ya que nos ayudan a decidir y actuar, aunque en ocasiones pueden seguir el rumbo contrario y ser perjudiciales y destructivos. La teoría neoclásica nos dice que buscamos el óptimo en todo momento, pero la experiencia nos enseña que esta situación, lejos de ser el escenario general y único, es una situación muy especial de decisión de una realidad más amplia y compleja. En este sentido, los economistas institucionalistas y behavioristas plantean que no es necesario establecer una teoría general del comportamiento humano alternativa a la que nos ofrece el *mainstream*, y señalan que se deben describir con detalle los hábitos y reglas con los problemas de decisión que llevan asociados y a los que nos enfrentamos, para complementar la teoría neoclásica. Yo no estoy de acuerdo en esto. Si los departamentos de marketing de las grandes corporaciones lo han conseguido, ¿por qué no podemos desarrollarlo del lado de la demanda en forma de ciencia económica y conocimiento para las personas, ya sean estudiantes o lectores?

La propia teoría económica presenta una incoherencia en este tema. La distribución de los recursos es óptima porque los agentes toman la elección óptima apoyados en los indicadores económicos, estos son los precios de los bienes y servicios ofrecidos y los precios contienen toda la información del proceso productivo integrado en ellos; pues bien, la utilización de precios por parte de los agentes económicos es una regla, una regla muy sencilla. Excluyen de sus supuestos todo aquello que no sea la perfecta racionalidad, perfecta información y perfecta computación y sin embargo la teoría de que los precios son los indicadores perfectos nos está diciendo que los agentes utilizan una regla muy sencilla; los precios son el indicador principal porque no podemos saber todas las características de un producto o servicio que compremos, su proceso productivo ni mucho menos verificar todos los existentes en el mercado para poder comparar.

El campo del *homo economicus* o persona racional existe, pero se trata de uno de los varios tipos de situaciones de decisión existentes, no de una situación universal. Hodgson ha desarrollado una interesante identificación y segregación de los tipos de situaciones de decisión a los que nos enfrentamos. En concreto identifica siete, una de ellas la optimización racional del hombre económico.

## Problemas de decisión a los que nos enfrentamos

Geoffrey Hodgson[66] ha desarrollado un interesantísimo estudio sobre las situaciones de decisión a las que nos enfrentamos las personas como agentes económicos. Considera que existen siete situaciones de decisión que requieren el uso de hábitos y reglas: optimización,

---

[66]Profesor investigador de Ciencias Empresariales de la Universidad de Hertfordshire y editor responsable de la revista *Journal of Institutional Economics*. Este economista es reconocido como una de las figuras destacadas del institucionalismo crítico moderno y la economía heterodoxa.

vastedad, complejidad, incertidumbre, conocimiento, aprendizaje y comunicación.

*Optimización.*

La teoría convencional supone que, aun eliminando el supuesto de información perfecta, los problemas de decisión en toda su complejidad y con incertidumbre pueden resolverse por medio de cálculos probabilísticos automáticos y distribuciones de probabilidad sobre variables clave. Evidentemente esto es imposible, está demostrado que los supuestos de optimización solo se pueden dar en un conjunto muy concreto y condicionado de casos en los que las decisiones se toman en sistemas cerrados, estáticos y controlados, al estilo de un laboratorio. Si bien los desarrollos posteriores en teoría económica demuestran que hay que desestimar este principio, este paradigma sigue vigente en la teoría económica que se divulga en los libros de texto y se aplica en política económica.

Como dice Hodgson, "la economía neoclásica se puede definir como un enfoque que supone un comportamiento maximizador y racional de los agentes que tienen funciones de preferencias dadas y estables, se centra en la consecución o el desplazamiento hacia estados de equilibrio, y excluye los problemas crónicos de información".[67]

El problema es que si aplicamos la optimización, con funciones de preferencias dadas, información perfecta y cálculos probabilísticos con distribuciones de probabilidad exactas, eliminamos de un plumazo el libre albedrío. La libertad desaparece por la sencilla razón de que si la optimización permite un resultado determinista es imposible elegir, no elegimos.

Aunque el cumplimiento de hábitos y reglas no es excluyente del comportamiento optimizador, en un mundo determinista la elección desaparece, puesto que la posibilidad de actuar de una forma diferente o de tomar otro camino desaparece al estar todo preprogramado por funciones de preferencias dadas.

---

[67] Hodgson, G. *The Ubiquity of Habits and Rules.* Cambridge Journal of Economics, 21(6). pp. 663-84. Noviembre de 1997.

Por lo tanto la optimización racional de la economía neoclásica no puede explicarnos el comportamiento humano, tan solo puede aplicarse a escenarios de clausura muy concretos, pero su validez en situaciones de decisión en el mundo real no es aplicable y no se explica.

*Vastedad.*

Nos referimos a la vastedad como el problema al que nos enfrentamos cuando tenemos que manejar grandes cantidades de información. Independientemente de su complejidad y comprensión, elegir entre una ingente cantidad de información requiere tiempo y atención, y no sabemos con certeza si es la mejor elección porque es difícil acceder a toda ella.

La imposibilidad de tener la certeza de saber si es la mejor elección (óptimo) va en contra de uno de los principios fundamentales de la ortodoxia económica, el de la búsqueda del óptimo. Simplemente es casi imposible saber si es el óptimo general por el problema de vastedad de información, puesto que no la examinamos en toda su extensión, aun cuando la información a tratar sea muy simple.

Por esta y otras razones empleamos nuevamente reglas y hábitos, para tratar de encontrar una solución satisfactoria -con la limitación de tiempo y cantidad de información- que nos permita elegir satisfactoriamente. Otras veces el capricho o el impulso harán de regla y mecanismo para decidir. Por esta razón preferimos ir al supermercado conocido a comprar lo que necesitamos, porque estamos familiarizados con sus productos, calidades, precios y horarios, en lugar de examinar todo el conjunto de supermercados y tiendas y verificar sus miles de referencias con todas sus características y entonces comenzar a procesar la información para optimizar, todo ello independientemente de su complejidad.

*Complejidad.*

La complejidad se refiere al problema de analizar e interpretar correctamente la información que poseemos, ya que normalmente existe una diferencia entre nuestra capacidad y la dificultad que supone seleccionar correctamente la opción más satisfactoria. Por lo tanto volvemos a la racionalidad limitada de Simon comentada anteriormente, puesto que la capacidad de computación y análisis de los datos puede ser limitada. Además el supuesto de que poseemos capacidad ilimitada de computación de datos rompe con la condición natural implícita en la concepción de economía de recursos escasos, ya que de ser así nuestra capacidad cerebral no sería un recurso escaso y no es así.

De nuevo recurrimos a hábitos y reglas, debido a la imposibilidad de tomar decisiones ante el aplastamiento de los millones de cálculos que deberíamos realizar para tomar la elección correcta ante las relaciones tan complejas que pueden llevar entrelazadas. Es cierto que algunos problemas pueden ser tratados sin grandes dificultades, pero otros sencillamente son imposibles de tratar siguiendo los supuestos de la corriente económica dominante. El mundo académico lo tiene muy fácil porque su realidad está compuesta por escasos factores de producción y situaciones ideales bien definidas, pero la realidad está compuesta por recursos heterogéneos de gran complejidad relacional en sistemas abiertos en constante evolución.

*Incertidumbre.*

Los economistas Frank H. Knight y John M. Keynes definieron en los años 20 la incertidumbre como la ignorancia que hace imposible el cálculo de probabilidades, incluso las probabilidades subjetivas hacia un suceso futuro. Por esta razón recurrimos al juicio de otras personas que quizá estén mejor informadas; la ignorancia y la necesidad de actuar ante situaciones inciertas nos llevan a realizar elecciones y decisiones basándonos en opiniones y no en certezas.

Volvemos a los hábitos y las reglas. Esto no quiere decir que su utilización nos lleve a la mejor solución, pero son los únicos métodos eficaces, lo que hicimos la vez pasada es eficaz ante la incertidumbre de las consecuencias posteriores de una acción actual. Por eso necesitamos establecer ciertas regularidades en nuestro comportamiento. En este sentido, Knight afirmaba que la existencia de las instituciones como la empresa capitalista y los diferentes sistemas de distribución de recursos como el sistema de salarios eran el resultado directo del hecho de la incertidumbre. Esto parece lógico, puesto que solemos organizarnos para que lo incierto siga cierto orden.

Una vez más los supuestos de optimización y los axiomas establecidos por la teoría económica no son ciertos, las distribuciones bayesianas y todo el tostón matemático se caen como un castillo de naipes porque los principios en los que se sustentan sencillamente no existen[68]. Siempre existe una incertidumbre en el sentido de Knight y Keynes.

*Conocimiento.*

Como bien indica Hodgson, hay que distinguir entre los datos sensoriales y la información. "Los datos sensoriales consisten en una multitud de señales auditivas, visuales y de otro tipo que llegan al cerebro. No tenemos otro contacto con el mundo externo distinto de estos datos de los sentidos, sin embargo no vienen empaquetados con conceptos y significados, nuestro conocimiento no aparece súbitamente cuando los datos sensoriales llegan al cerebro (...) Los datos sensoriales, como los hechos proverbiales, no hablan por sí mismos, tiene que haber un proceso cognitivo para dar una forma que sea significativa y tenga contenido informativo para el agente"[69]. En otras palabras, un dato externo no puede entenderse sin un acto de interpretación o proyección de significado, un acto de cognición.

En la interpretación de estos datos sensoriales atribuimos significado, proyectamos significado, y para ello nos valemos de conceptos, símbolos, reglas y hábitos adquiridos a lo largo de nuestra vida por medio de la educación. Con ello creamos un marco conceptual con el que podemos ordenar los datos sensoriales, aplicarles un significado y poder interpretar la realidad externa, conforme a todos

---

[68] Algo parecido ha sucedido con los maravillosos modelos matemáticos financieros de predicción de riesgo y rentabilidad basados en la teoría de los mercados eficientes

[69] Hodgson, G. *The Ubiquity of Habits and Rules*. Cambridge Journal of Economics, 21(6), pp. 663-84. Noviembre de 1997.

estos mecanismos aprendidos a través de la educación y desarrollados en nuestro contexto cultural e histórico.

Nuestros marco conceptual o esquema cognitivo es tan importante para nuestra comprensión de la realidad que cuando los datos sensoriales externos son compatibles con dichos esquemas los absorbemos rápidamente, pero si no son compatibles los modificamos de acuerdo con los patrones que rigen nuestro proceso de cognición y, otras veces, simplemente los ignoramos. Nuestros conceptos adquiridos, nuestros mitos, nuestra imaginación y todo el condicionamiento ambiental que ha configurado nuestro marco interpretativo hacen que la información externa sea filtrada y amoldada a esos patrones personales y que la realidad verdadera resulte en ocasiones relativa o ambigua. Nuestro marco conceptual es necesario para interactuar con el mundo externo y para saber comprenderlo, pero a la vez nos limita y condiciona por nuestra propia naturaleza y nuestro proceder de acuerdo a hábitos y reglas aprendidas.

*Aprendizaje.*

Como he mencionado, para interpretar los datos durante el proceso de cognición amoldamos estos al marco conceptual que hemos adquirido a lo largo de los años y esta adquisición se produce por medio del aprendizaje. Aprender significa reconstruir constantemente los datos que surgen en la experiencia entre nosotros y el medio externo. Este proceso es una transformación y formulación de los hechos y no una acumulación progresiva y lineal de información, como nos dice la economía ortodoxa.

Este aprendizaje muchas veces conlleva la utilización de reglas y hábitos cognitivos previamente desarrollados y aprendidos, pero en otras ocasiones es impulsado por situaciones imprevistas o incómodas que rompen con nuestros hábitos o creencias por el componente novedoso de lo incierto, y ello nos lleva a hacer conjeturas buscando soluciones o interpretaciones alternativas que amplían nuestro conocimiento. Esta búsqueda alternativa puede ser errónea, pero está en constante refutación con la experiencia y es revalidada de forma más o menos constante, formando saltos cualitativos de aprendizaje y mejorando nuestros procesos de cognición e interpretación de la realidad.

*Comunicación.*

Nuestro aparato conceptual es la herramienta que nos permite atribuir significado y sentido a las cosas y ha sido aprendido interaccionando con las diferentes instituciones y agentes por medio de un lenguaje social. La adquisición de estos conceptos no es un acto individual sino social y, por lo tanto, comunicativo.

Como dicen Hodgson, "el lenguaje involucra hábitos y reglas; es una institución social por excelencia. Disciplina nuestro comportamiento y nos suministra una limitada opción de expresiones significativas de todo este vasto conjunto de sonidos que se pueden vocalizar"[70].

La evolución humana durante miles de años ha mejorado el lenguaje a través de la interacción social. Nuestro lenguaje es específico, se trata de un código cerrado que ha ido evolucionando por medio de la repetición y el uso. Por estas razones el economista británico asegura que la comunicación social es posible gracias a la evolución de los hábitos y reglas lingüísticas, se trata de un proceso social y por extensión una comunicación.

## Los otros principios de elección

La teoría de la elección racional no nos suena tanto como otras partes de la ciencia económica. Además, tiene un nombre horrible que solo puede gustar a los matemáticos o los filósofos ortodoxos, no obstante, junto con la teoría del valor supone la piedra angular desde donde se vertebran todos los desarrollos macro. Me explico, podemos hablar de la demanda efectiva de una nación, de la subida de impuestos, de política monetaria, de derivados financieros, de mercados secundarios

---

[70] Hodgson, G. *The Ubiquity of Habits and Rules*, Cambridge Journal of Economics, 21(6), November 1997, pp. 663-84.

de compraventa de acciones, de marketing, de generación de nuevas industrias, de sectores estructurales y muchas más cosas, pero todo esto son conjuntos más o menos complejos de interacciones de decisiones individuales y estas deben tener una teoría explicativa que interprete la realidad de la manera más fidedigna posible. La microeconomía debería ser el sustento de todos los desarrollos posteriores en los diferentes campos de materia económica, pero tenemos un manojo de pequeñas teorías que explican poco, predicen mal, no son aplicables en ningún campo de desarrollo científico de la realidad, y solo tienen protagonismo como aburridas asignaturas de grado solo aptas para estudiantes de economía.

Por esta razón debemos tener muy claro cuál es nuestro proceso de elección, valor y elección deberían tener un lugar destacado en los marcos teóricos fundamentales de la ciencia económica. Un sector que ha comprendido esto muy bien es la industria del marketing. Ellos, desde sus primeros desarrollos hasta sus recientes refinamientos, como el neuromarketing, han estudiado al consumidor como individuo y como masa, creando depurados modelos de descripción psicológica, antropológica y sociológica y descubriendo las razones que nos llevan a decidir ciertas elecciones (elección), por otro lado han sabido detectar la importancia del valor de las cosas, de los bienes y servicios ofrecidos, de la imagen de marca, de esos intangibles emocionales que nos llevan a decidir una posibilidad y no otra (valor). Pero esta industria está dedicada a la oferta, sus trabajos se dirigen a las empresas que ofrecen los bienes y servicios que consumimos, sin embargo no ha habido un desarrollo paralelo del lado de la demanda, es decir, un tratado sobre microeconomía que cualquier persona con algo de curiosidad pueda leer para entender cómo decidimos, por qué y cómo se forman la oferta y la demanda.

Como veremos más adelante existe una nueva vía heterodoxa que nos ofrece alternativas. Los economistas heterodoxos se alimentan de diversas fuentes como la sociología, la psicología, la biología, trabajos sobre marketing, neurología, ciencia computacional, desarrollos en campos tan diversos como la filosofía y la física e incluso adaptaciones de la cibernética o las teorías de sistemas y de la complejidad, y siguiendo a economistas que han ido por libre como Herbert Simon, Nicholas Georgescu-Roegen, Thorstein Vebblen, Frank H. Knight, Joan V. Robinson, Joseph Shumpeter, John K. Galbraith, Peter Drucker, o más recientemente Tony Lawson, Geoffrey Hodgson Joseph Stiglitz y Daniel Kahneman por citar a algunos de los más importantes.

*Principio de racionalidad procedimental.*

Está demostrado y comprobado que la mayoría de nuestras decisiones como consumidores son espontáneas y se basan en rutinas o elecciones que no atienden a más de uno o dos criterios. Esto nos permite tomar decisiones de una forma más rápida. Nuestra mente crea patrones que nos ayudan a desenvolvernos en el complejo mundo, permitiéndonos tomar decisiones de forma instantánea; nos basamos en patrones mentales, hábitos inconscientes y rutinas conscientes.

Simon lo denominó principio de racionalidad procedimental; ante información incompleta y capacidad computacional y conocimientos limitados el proceso de optimización neoclásico podría no ser adecuado, debido a que salvo para ciertos bienes los consumidores no examinamos todas las posibilidades, las reglas, rutinas y hábitos suponen procedimientos sencillos y eficaces de decisión y por lo tanto actuamos de forma racional, pero no con una perfecta racionalidad en el sentido matemático sino con una racionalidad *procedimental*.

*Principio de imprecisión del observador.*

La realidad y la precisión de medición de la propia realidad dependen subjetivamente de un sujeto impreciso, nosotros. Adaptado del principio de incertidumbre de la física cuántica, que demuestra que existen límites en nuestras capacidades de medir simultáneamente ciertas magnitudes, las decisiones que tomamos en un escenario real dependen de la percepción que tenemos de ese escenario como real.

Esto es lo que denomino principio de imprecisión del observador. Existen limitaciones y condicionamientos de diversa naturaleza insalvables por ser inherentes a la condición humana, todas estas limitaciones y distorsiones de percepción e interpretación de la realidad, la manera en que nuestro cerebro y nuestra psique crean un mundo de significado subjetivo a través de percepciones imprecisas, nos afectan a la hora de elegir, tomar una decisión y actuar, porque el escenario donde nos movemos es el escenario que percibimos como real. Este escenario no tiene por qué ser igual para un sujeto que para otro, para un agente que para otro. Muy posiblemente serán diferentes.

Además, las profecías autocumplidas nos indican que nuestra adaptación a nuevas situaciones posibles acaba generándolas, nuestros temores y expectativas pueden generar una nueva realidad previamente inexistente, acabando por hacer realidad en sus consecuencias lo que creemos que es realidad en nuestras mentes.

## *Principio de saciedad.*

El marginalismo se basa en el supuesto de que sucesivas dosis de un bien aportan cada vez menos satisfacción al individuo pero sin llegar a saturarlo, sin embargo todos sabemos que en cierto punto esas dosis nos saturan; nos fijamos unos umbrales y más allá de estos umbrales el bien consumido no aporta ninguna satisfacción.

Nicholas Georgescu-Roegen lo denominó principio de saciedad: para un precio positivo un determinado bien o servicio y una renta personal finita existe un umbral de saturación evidente, puesto que más allá de ese umbral la necesidad a cubrir queda satisfecha y consumir más unidades de ese bien o servicios asociados a la necesidad surgida no aportan satisfacción personal.

## *Principio de irreductibilidad o separación de las necesidades.*

La teoría convencional nos dice que ante cambios en el precio de un determinado bien o servicio podemos compensar esa desviación con otra cantidad de otros bienes o servicios ofrecidos a un precio distinto. Sin embargo, es difícil defender ese punto de vista cuando por ejemplo nos suben el precio de la gasolina y nos dicen que la podemos sustituir gracias a una mayor oferta musical, ya que la necesidad de combustible y el deseo de ocio pertenecen a categorías de necesidades y deseos diferentes.

El economista australiano Kelvin Lancaster dijo que esto era el principio de irreductibilidad de las necesidades: como consumidores subdividimos nuestras necesidades y deseos en diversas categorías que están muy poco interrelacionadas entre sí debido a su diferente naturaleza.

Si fuera obligatorio que asignáramos nuestros ingresos teniendo en cuenta todos los precios y todos los bienes de consumo posibles, nos enfrentaríamos a una tarea colosal. Para paliar esta complejidad tomamos una serie de decisiones que simplifican y fragmentan la tarea. Asignamos diferentes presupuestos a diferentes partidas de gasto, según sean alimentación, ropa, vivienda, transporte, etc., y a continuación dentro de cada partida repetimos la operación. Hacemos algo parecido en el ámbito de nuestras necesidades o deseos, evaluamos sus diferentes subcategorías con independencia de las demás partidas. Las variaciones de precios relativos en el seno de los bienes de una misma partida de gastos no tendrán, por tanto, ninguna influencia sobre las decisiones que van a tomarse en lo que se refiere al gasto en otras partidas. Estas variaciones de precios tendrán solo impacto sobre las subcategorías de la partida de referencia.[71]

Esto implica que los cambios en el precio en un determinado producto no afectan a la cantidad consumida de otro producto. La definición de elasticidad-precio tan celebrada en la ciencia económica y el efecto sustitución tienen un efecto real prácticamente inexistente; el principio de separación nos enseña que las diferentes categorías de necesidades y deseos son independientes.

*Principio de subordinación de las necesidades.*

Cuando surgen en nosotros diversas necesidades las clasificamos, unas veces de forma consciente y otras de forma inconsciente, jerarquizándolas ante limitaciones en la disponibilidad de nuestros recursos, como el dinero o el tiempo, y subordinándolas unas a otras.

Nicholas Georgescu-Roegen lo denominó principio de subordinación de las necesidades; asociado a la pirámide de

---

[71] Lavoie, M., *La economía postkeynesiana*. Icaria. Barcelona 2005.

subordinación desarrollada por Abraham Maslow, ante una disponibilidad limitada de recursos y una serie de necesidades a satisfacer, establecemos una serie de presupuestos, satisfaciendo primero las necesidades de un determinado nivel y una vez satisfechas esas necesidades, intentamos satisfacer las necesidades del siguiente nivel, que estaban subordinadas a las del primer nivel.

Este principio identifica la existencia de un cierto orden de prioridades. Surgen en nosotros una serie de necesidades y deseos, y tratamos de satisfacerlos con los recursos disponibles; para ello establecemos un orden jerarquizado de subordinación en función de un orden de satisfacción, subordinando los deseos a las necesidades y estableciendo otro orden dentro de cada uno de estos dos grupos mediante criterios no numéricos.

*Principio de crecimiento de las necesidades.*

Nuestro tiempo y renta disponibles, cuando crecen, hacen que nuestras preferencias evolucionen de forma escalonada. Así, al acceder a niveles de renta superior, surgen en nosotros necesidades y deseos que previamente no habían sido considerados.

Los economistas Nicholas Georgescu-Roegen y Luigi Pasinetti lo denominaron principio de crecimiento de las necesidades. Es muy sencillo comprender este principio puesto que una parte significativa de la población occidental lo hemos experimentado de forma muy pronunciada en los años del boom financiero-inmobiliario de los años 80, 90 y 2000 hasta la crisis iniciada en 2008, siendo todavía más protagonista en su caída, cuando esas necesidades y deseos ya no se pueden satisfacer por falta de recursos. Todo se tiraba y se volvía a comprar y pagábamos precios astronómicos por bienes de primera necesidad: crecieron las necesidades y surgieron nuevos deseos en la clase media occidental que anteriormente no habían sido considerados.

*Principio de herencia.*

Nuestras elecciones están condicionadas por las elecciones precedentes, las preferencias actuales dependen de nuestro historial en el consumo; lo que decidimos ayer afecta a las decisiones que tenemos que tomar hoy.

Por este motivo la dinámica de consumo a lo largo del tiempo no depende de maximizar una función de utilidad objetiva e inmutable, sino que nuestra historia de elecciones pasadas puede ser lo más determinante en la configuración de nuestros gustos actuales. Esto hace que las preferencias de los agentes económicos sean altamente dependientes de su historia vital[72].

Las elecciones no son independientes de la secuencia en que se han ido haciendo, están regidas por la costumbre y se sitúan en el dominio de la herencia. El principio de herencia es la aplicación de tiempo histórico a la economía del consumidor, ya que las elecciones pasadas van a influir sobre las elecciones futuras.[73]

*Principio de dependencia.*

¿Es el mercado el que armoniza la oferta de bienes y servicios de las empresas con la demanda de los individuos a través de sus preferencias como nos enseña la teoría económica o son las empresas las que moldean los gustos de los individuos para adecuarlos a su oferta?, ¿las necesidades del individuo como consumidor son propias del individuo o son creadas desde fuera? Tenemos una personalidad privada-familiar y otra personalidad externa, que construimos para desenvolvernos en la sociedad, nuestro personaje. Es a esta personalidad, la construcción de nuestro personaje, a la que se dirige la actuación de la oferta económica. Para desenvolvernos en el mundo social del día a día necesitamos que nuestra personalidad externa, nuestro personaje, funcione de la mejor manera posible para relacionarnos con otros individuos-agentes en el mundo social y económico, existen ciertas normas de funcionamiento pero ¿quién las dicta?

El poder de la dependencia del individuo hacia el entorno que lo rodea es tan grande que lo lleva a tomar decisiones de una manera

---

[72] Lavoie, M., *La economía poskeynesiana*. Icaria. Barcelona 2005.
[73] Poniendo en entredicho lo establecido en la teoría tradicional de que perseguimos maximizar una función objetivo e inmutable de consumo, esta se muta y es dinámica en el tiempo.

menos libre de lo que piensa. Esto es lo que John K. Galbraith denominó principio de dependencia: las elecciones y la evolución de las necesidades se ven influidas por la sociedad que nos rodea y por las tendencias que vienen impuestas por los creadores de imágenes y los departamentos de marketing

Este concepto de dependencia que desarrolló Galbraith yo lo amplío al conjunto de la oferta económica, entendida como "todos aquellos proveedores de los elementos materiales e inmateriales necesarios para el funcionamiento de nuestras vidas", incluyendo la empresa moderna, el sindicalismo, los despachos jurídicos que crean la norma y el buen comportamiento, los *think tanks* que moldean el pensamiento empresarial de lo que debe hacer, las fundaciones que elaboran el ideario de lo correcto, los partidos políticos que ejecutan todo lo anterior, los medios de comunicación que lo divulgan o las instituciones financieras que monetarizan todo este flujo de información, y por supuesto a todos los poderes fácticos en la sombra entre los que destacan los despachos profesionales conocidos como *lobbies*. De esta forma podremos englobarlo todo en un grupo mucho más amplio que el del caso particular identificado por el eminente economista norteamericano, que cargaba contra los creadores de marca y las agencias de publicidad, y llegaremos a una descripción de lo que supone el efecto de dependencia sobre nosotros hacia el entorno, una parte de la totalidad de los agentes económicos.

Marginalismo, utilitarismo e ideología imprimen su sello en la disciplina, y tratan de formularla como una ciencia exacta al estilo de la ley de gravitación universal de Newton. Intentaron convertir la ciencia económica, que era humanista, en otra ciencia natural al estilo de la física, buscando una mecánica de la satisfacción y del placer a través de una mecánica de la utilidad y el interés propio. Pero mientras la física de Newton ha sido comprobada y revisada por la experiencia objetiva década tras década, la ciencia económica solo ha gozado de tal contrastación en la subjetividad ambigua de sus supuestos ideológicos, no en hechos reales.

Podemos distinguir tres tipos de necesidades personales: los *apetitos* que nacen de las necesidades corporales (incluyen las necesidades de cobijo, calor, alivio, descanso, sexo nutrición...) y tienen escaso margen de sustitución de unas por otras, los *deseos sociales* que nacen de las necesidades sociales de posición e integración y las *aspiraciones simbólicas*, de naturaleza distinta a las anteriores. El consumo de bienes y servicios es una condición necesaria para la satisfacción de nuestras necesidades, pero no suficiente. El filósofo norteamericano Bertrand Russel decía: "Los animales son felices siempre que tienen salud y comida suficiente. Parece que a los seres humanos les debiera ocurrir lo propio, pero en el mundo moderno no es así, por lo menos en la mayor parte de los casos"[74].

La economía dejó de ser una ciencia humanista y social[75] desde el momento en que se separó de la norma moral y pasó a convertirse en un sucedáneo de principio matemático-psicológico muy débil que nos relata que existe una relación causal entre consumo, satisfacción de necesidades y bienestar, siendo la necesidad el nexo de unión entre consumo y bienestar, todo ello llevado a cabo mediante un procedimiento mecánico.

La apertura al proceder del ser humano, nuestras limitaciones y condicionamientos tanto internos como externos, nos ayudarán a construir una ciencia económica que se acerque a la realidad, siempre y cuando sepamos trascender la ideología que forma la base del cuerpo doctrinal del conocimiento estándar.

---

[74] Russel, B. *La conquista de la felicidad.* Espasa-Calpe. Madrid 1964.
[75] Las personas somos seres éticos. Las condiciones para ser ético son, a) capacidad de prever las consecuencias de las acciones propias, b) la capacidad de formular juicios de valor, es decir, de evaluar las acciones como buenas o malas, deseables o indeseables y c) la capacidad de elegir entre modos alternativos de acción. (F. J. Ayala).

# VALORAR

En la universidad nos enseñaban que tenemos unas preferencias dadas. Según esas preferencias creamos curvas de utilidad y estas curvas se corresponden con la utilidad que le damos a cada unidad consumida de un producto. Además, conforme aumentamos el consumo la utilidad disminuye (rendimientos decrecientes). Luego sumas las curvas de utilidad de cada elemento que se integra en tus posibilidades de compra y *voilà!* obtenemos tu curva de demanda. Bueno, esto es resumir varios cientos de años en un par de frases, pero así nos enseñan el pilar fundamental de la *economía moderna*. Lo pongo entre comillas porque de moderna no tiene nada.

Dudo mucho de que todos los profesores que me enseñaron economía supieran de dónde procedía esta particular deducción. Cuando digo profesores me refiero a todos aquellos que tienen una responsabilidad en uno u otro campo, uno u otro grado, en la política económica. La educación es uno de ellos. Hay que remontarse hasta Aristóteles para saber cuál es el origen de la curva de utilidad, el concepto de valor de uso y la demanda.

Como apuntaba en el capítulo segundo, fue el filósofo griego el primero que creó el concepto de valor de uso; el valor de las cosas depende del uso que se les dé. Puso la primera piedra de una línea de pensamiento que conecta con la Edad Media, el Renacimiento y la Ilustración francesa hasta llegar a Jevons, Wallras y Menger en el siglo

XIX, los autores que se conocen en los libros de historia económica y a los que se les atribuye su desarrollo.

Fueron los escolásticos italianos los primeros que desarrollan una teoría subjetiva del valor (utilidad, escasez, deseo) que será completada ya en el siglo XVIII por el estadista francés Turgot, adelantando el concepto de preferencias al distinguir entre tiempo presente y futuro y el concepto de precio. En las mismas épocas, diferentes filósofos, juristas, estadistas y teólogos italianos y franceses llegaron a soluciones parecidas de forma aislada, añadiendo eslabones en la lenta aparición del concepto de valor y en definitiva de la utilidad y la demanda de bienes y servicios del consumidor. El panteón sagrado Jevons-Wallras-Menger recogería todo este saber ya en el siglo XIX para estructurarlo y difundirlo.

Karl Marx afirmaba que "la mercancía es un objeto externo, una cosa que, en virtud de sus propiedades, satisface necesidades humanas de cualquier clase. La naturaleza de esas necesidades, el hecho de que tengan su origen en el estómago o en la fantasía no cambia para nada la cuestión".[76] Aquí leemos una descripción precisa de Karl Marx, pero antes que él la definieron con brillantez Adam Smith y David Ricardo, y muchísimo antes Aristóteles y toda la secuencia temporal que hemos descrito hasta los neoclásicos del utilitarismo, que fueron la base de la economía ortodoxa contemporánea. Lo sorprendente es que esta concepción no haya variado desde entonces. En la universidad se sigue enseñando que el valor de una mercancía es igual al coste de producción (valor de uso), en un contexto de precios relativos (valor de intercambio) condicionados por la escasez.

Precisamente porque el valor es algo totalmente subjetivo resulta complicado definirlo, concretarlo y establecerlo. Para comprender lo que significa *valor* creé la situación que a continuación describo.

Imaginemos que nos encontramos frente a un espejo, por ejemplo a unos cinco metros. Si nos alejamos tendremos la sensación de que nos hacemos más pequeños. Sin embargo si nos acercamos el efecto será el inverso, nos haremos más y más grandes hasta conseguir percibir

---

[76] Marx, K, *El capital*. Orbis. Madrid 1984.

nuestro tamaño natural. No obstante, seguimos siendo los mismos, nuestro cuerpo no ha variado ni un solo instante. En este escenario observamos dos cosas: que existe un objeto, nosotros, y que existe una imagen de ese objeto, nuestra imagen. Si el objeto se mueve, la imagen hace lo propio, pero nunca a la inversa. Si movemos el objeto en una dirección la imagen adquirirá una forma determinada, si la movemos en otra dirección adquirirá otra forma. Podemos decir que nuestro cuerpo es la realidad más objetiva y que la imagen del espejo es un fenómeno o una representación de aquella.

Por analogía, un bien, al igual que el cuerpo, es un objeto real y su valor es la representación de dicho bien en el espejo; la percepción del individuo se mueve entre el objeto real y su imagen representada en el espejo.

Para que exista la *dimensión valor* hacen falta un objeto (*valor objetivo*), un espejo (*sistema económico*), una imagen (*valor subjetivo*), una percepción (*consumidor-demanda*) y un hacedor del objeto (*empresa-oferta*). El elemento que percibe el individuo es la imagen que recibe del espejo, cuyo valor objetivo raramente conoce. Dependiendo de cómo pulse el objeto, la imagen adquirirá una configuración u otra y, en consecuencia, la percepción que de esta se tenga también, y con ello el valor del bien será uno y otro para el consumidor, puesto que el valor del elemento es tanto el objeto como la imagen (valor = objetivo + subjetivo).

Como he expuesto en capítulos precedentes, nuestra percepción de la realidad viene determinada por las reglas que aprendemos y que creamos, las primeras a través de nuestros conceptos y significados y las segundas a través de la imaginación y los mitos que se construimos. En cierta medida podemos afirmar que el valor de los bienes está determinado por la representación de estos en la realidad percibida, que es la realidad aprendida y creada.

## Valor de uso y valor de intercambio

El valor de uso es un elemento que por sus propiedades satisface necesidades humanas y que, por estas propiedades, es útil para diferentes aspectos de dichas necesidades. Para que un bien contenga valor de uso hacen falta dos cosas: que tenga alguna propiedad y que sea útil.

El concepto de valor de uso está configurado por tres elementos; *propiedad, utilidad y necesidad*. Las propiedades constituyen la parte independiente del valor de uso, pueden existir sin que exista la utilidad. Sin embargo, la utilidad no puede existir sin la propiedad. Por otro lado, si no se tienen propiedades no se pueden satisfacer necesidades humanas; una cosa puede tener propiedades y satisfacer necesidades humanas pero nunca al revés, por eso la ropa puede satisfacer necesidades humanas, porque tiene propiedades protectoras y estéticas.

El valor de uso se realiza en el consumo, en el uso (valga la redundancia). Es en la esfera del consumo en la que se demuestra que un valor de uso es tal porque aporta utilidad al que lo consume; y el valor se configura como cuerpo en el acto de consumir.

Por su parte, el valor de intercambio se puede definir como el valor conseguido en la adquisición de un bien cuyas propiedades no se poseían, a cambio de la entrega de otro bien. El valor de intercambio es la *relación externa entre dos valores de uso*.

El valor de uso además de ser un valor en sí mismo, posee un valor representativo; *representa el proceso productivo que lleva dentro*. Esto es lo que determina la relación de intercambio entre dos bienes: la aportación del proceso productivo a ese bien, en función de este bien será valorado de forma distinta y la relación de intercambio será distinta.

¿Dónde está la dificultad de tan sencilla explicación? El gran problema se encuentra en que en el sistema económico de nuestros días casi nadie conoce el proceso productivo de los bienes que adquiere y por supuesto desconoce totalmente el trabajo socialmente aportado.

La dificultad que encierra la determinación del valor de intercambio procede del hecho de que este depende íntegramente del conocimiento del proceso productivo de los bienes que se intercambian y, sobre todo, del trabajo aportado. El incremento de la complejidad de nuestro sistema económico global, hiperentrelazado y a la vez desfragmentado, ha causado que nos hayamos distanciado por completo de este conocimiento; cada día se crean cientos de bienes y servicios nuevos, cada uno de ellos con una complejidad creciente.

Los procesos productivos de estos bienes ofrecidos son transfronterizos y mucho más complicados de comprender en su mayoría, mientras que nosotros, mediante una capacidad adquisitiva que transformamos a través del dinero, o más cómodamente a través de un movimiento crediticio, no necesitamos saber cuál es el proceso productivo del bien que compramos. No intercambiamos, adquirimos.

Adam Smith estableció que el valor de un bien venía determinado por el trabajo que llevaba ya incorporado y que el mecanismo que se encargaba de cuantificar dicho valor era el mercado a través de la oferta y la demanda. Determinó que la oferta y la demanda actuaban sobre los precios de mercado dirigiéndolos hacia un precio natural, en torno al cual gravitaban los demás precios. La ganancia o excedente se deducía de restar a dicho precio el trabajo incorporado. David Ricardo, por su parte, estableció que lo que determinaba el valor era la dificultad que suponía producir un bien; la mayor dificultad o facilidad haría que un bien aportara más valor o menos, en consecuencia dicho bien era más caro o barato. Como se observa la explicación establecida todavía hoy pertenece a una teoría muy ligada al proceso productivo, desarrollada en los albores de la era industrial.

Estos dos puntos de vista resumen de forma sobresaliente los pilares de la teoría microeconómica; los precios relativos de Adam Smith, que contienen toda la información del mercado y que hacen que los agentes de este optimicen sus alternativas posibles en las mejores elecciones llevándonos a un equilibrio donde demanda y oferta se igualan, y la escasez de David Ricardo, que delimita los costes de producción de la oferta, determinando de esta forma los precios del oferente.

La lógica de estas explicaciones está condicionada al momento histórico-social y económico al que pertenecen. En última instancia son explicaciones productivas pertenecientes a un momento económico cuyo proceso productivo era diferente. Como decía al comienzo del libro, las explicaciones económicas nacen para dar respuestas a acontecimientos concretos. Dichas explicaciones no son universales y atemporales, son válidas para el momento económico que las requiere. El modelo valor = valor de uso + valor de cambio, era correcto en una economía de manufactura, de rentistas y jornaleros, de producto fabril igual a recurso natural más transformación manual, sostenida por una sociedad de clases desinformada.

Pero la ecuación resulta imprecisa para la economía de la información, con mercados globales financieros y de manufactura, con una cultura establecida de consumo de masas, en una sociedad conformada en su mayor parte por una nueva clase media que sostiene el orden económico, tiene acceso a la educación y la libre expresión.

La ecuación no falla porque sea errónea, sino porque la percepción actual del valor de *la mercancía* es distinta en un individuo que a su vez es distinto. El valor de uso sigue vivo entre la multitud de bienes y servicios que se nos ofrece, aunque su peso en la percepción es menor que lo era hace décadas, es más relativo, puesto que su peso es significativo en los bienes de primera necesidad. El valor de uso se percibe a causa de una necesidad de primer orden, como el hambre, el frío, la educación básica... El valor de intercambio como generador de valor se ha esfumado, ¿por qué?

Como hemos comentado antes, el valor de intercambio estaba asociado al proceso productivo de dos bienes, el que se entregaba y el que se adquiría, y de ese conocimiento surgía el valor añadido del intercambio para cada una de las partes. Se obtenía el producto de un proceso fabril que se conocía y en consecuencia se generaba un valor perceptible por el individuo. ¿Qué sucede cuando se dejan de conocer esos procesos productivos?

El valor nace y toma forma en el momento de consumo. El acto de consumir saca un valor que estaba en alguna parte de alguna forma, experimentando una evolución radical. El consumo moderno ha evolucionado tan vertiginosamente debido a que la creciente prosperidad económica y la subida del nivel de vida han ofrecido al individuo nuevas oportunidades de ampliar su horizonte, de enfrentarse a nuevas posibilidades y de buscar nuevas formas de llevarlas a cabo. A esto le han seguido nuevos fomentos al consumo, ya que la producción es dominada por un número cada vez menor de mayores y más remotas empresas corporativas, multinacionales capaces de dirigir la producción hacia el lugar donde los costes de materia prima o mano de obra sean más baratas o donde la estabilidad política esté asegurada.[77]

El individuo contemporáneo fabrica lo que consume sólo de forma excepcional. En la mayoría de las ocasiones este conoce muy poco acerca de los bienes que posee, de cómo se hicieron, quiénes lo diseñaron y dónde se ensamblaron. El único contacto con estos bienes es el ofrecimiento de dinero o un abstracto crédito por estos. El individuo está rodeado de bienes que le satisface manipular o utilizar, sin saber cómo o quién los ha producido.

Es aquí donde se rompe un antiguo valor y se crea otro nuevo: en la medida en que estamos alejados del proceso productivo, perdemos el control sobre el consumo. Este alejamiento está produciendo que la energía personal se dirija cada vez más hacia el consumo como una salida a nuestras aspiraciones. Tradicionalmente hemos liberado energía elaborando ideas y transformándolas en producciones artesanales que completaban nuestra satisfacción. Pero esta pérdida de trazabilidad ideo-fabril ha provocado que nos sintamos impulsados a buscar esa satisfacción en la compra.

## Valor de representación

Las nuevas categorías de valor se crean rompiendo las limitaciones existentes. Las limitaciones procedían del consumo exclusivo de la

---

[77] Qualter, T. H., *Publicidad y democracia en la sociedad de masas*. Paidós. Barcelona 1994.

fabricación de autoabastecimiento y de trueque, desplazando el valor de intercambio debido a la desvinculación del conocimiento del proceso productivo hacia valores de tipo social más que productivo, que comportan el conocimiento de la interacción con otros agentes y el medio.

En una cultura de consumo la pertenencia a un grupo social concreto se determina por medio de posesiones materiales. Las posesiones se convierten en *informadores* sobre qué tipo de personas somos o quisiéramos ser[78], la mayor parte de las cosas informan sobre el mundo social de los consumidores que las compran. Las mercancías dan una información visible y física sobre la jerarquía de valores que suscriben quienes las eligen[79]. Los bienes de consumo son las credenciales aceptadas, los distintivos de autoridad de las elites sociales; el triunfo, el éxito y el avance en la escala social se demuestran por la exhibición de tales objetos[80].

Cada elemento material de muestra tiene, en cierto modo, el aspecto de su uso práctico y una *extensión simbólica.* Compramos bienes y servicios por su utilidad *y porque comunican algo sobre nosotros.* El significado simbólico de algunos bienes o servicios puede sobrepasar cualquier consideración física o técnica al determinar su valor; esto lo que llamo *valor de representación.* Lo denomino así porque representa las cualidades individuales, económicas, políticas, sociales y culturales que en un acto de percepción o imaginación nos adjudicamos como propias y exponemos a los demás.

Cuanto más se parece un producto a otro, más valor simbólico debe aportar el oferente para poder diferenciarlo del producto similar. La oferta económica ha conseguido aumentar el valor de representación de productos de primera necesidad a través del significado simbólico. Esto es lo que popularmente se conoce como imagen de marca, ese activo

---

[78] Vestergaard, Torben y Schroeder, Kim, *The language of advertising.* Ed. Blackwell. Oxford 1985.

[79] Douglas, Mary e Isherwood, Baron, *The world of goods; towards of anthropology and consumption.* Penguin. Harmondsworth 1978.

[80] Qualter, T., H., L., *Publicidad y democracia en la sociedad de masas.* Paidós. Barcelona 1994.

intangible que aporta valor al producto y en última instancia al consumidor.

El valor de esta imagen de marca es el de poder reflejar el estilo de vida del consumidor potencial, la capacidad de representar las cualidades que el individuo hemos establecido previamente como distintivas de nosotros mismos. Cuando compramos un coche no solo adquirimos el bien que nos resulta útil para transportarnos, también adquirimos el signo de poder económico personal incorporado en el valor de representación de tal bien. En el ámbito de la indumentaria el valor simbólico en muchas ocasiones es muy superior al valor de uso o material. Algunos de estos bienes, denotadores de estatus, son adquiridos no por sus características materiales o de uso, sino por sus características simbólicas. ¿Cuántos de vosotros os habéis sentido satisfechos después de comprar la enésima prenda de vestir que ya teníais en otros modelos, pero cuya diferencia útil es inapreciable?

La oferta económica ha conseguido aportar un valor que antes no existía al producto a través del lenguaje simbólico. Lo que ha hecho es sustituir paulatinamente la palabra por la imagen; la palabra supone la materialización de lo racional mientras que la imagen supone la representación de lo irracional materializada a través de sus símbolos. En cierta medida, ha logrado estimular el lado irracional del consumidor; una vez superada la época de dificultades para obtener los recursos suficientes para satisfacer las necesidades más básicas, el individuo occidental ha buscado nuevos estímulos, que inducidos por la oferta económica, han dado lugar al consumo de nuevas categorías en los mismos productos físicos.

# Valor de autorrealización

El objetivo económico de las empresas es el crecimiento, hay que expandirse, hay que vender. Esto produce una consecuencia social: como es más fácil producir que vender hay que buscar otros métodos para que el consumidor adquiera más bienes y servicios, o compre los mismos pero con un *valor añadido*. De alguna forma esto ha llevado a saturar el concepto de valor de uso, y hasta cierto punto está haciendo lo mismo con el valor de representación.

El mercado de los productos vía utilidad (valor de uso) está saturado, es lo que los economistas llamamos *mercado maduro*: mucha competencia y poco margen. Por otro lado, los mercados de bienes de oportunidad (valor de intercambio) son estacionales, siendo complicado identificarlos desde el momento que el papel-moneda se aceptó como elemento de intercambio. Finalmente el desarrollo de los principios democráticos del consumo en masa (valor de representación) y el asentamiento del Estado de bienestar han provocado que la oferta económica haya tenido que buscar y buscar para la supervivencia de las empresas, encontrado un océano de posibilidades en la creación de valor para el lado irracional insatisfecho del consumidor.

Hemos pasado de vivir en una sociedad en la que todos creían en Dios, la patria y el rey a otra en la que la noción única de poder se ha disgregado en diversas referencias institucionales de carácter político, económico y social. Esta disgregación y fragmentación social y existencial ha dado la oportunidad a la oferta económica de ofrecernos una nueva visión del mundo adherida al producto que ofrece.

En el seno de una sociedad racionalista y materialista, la función de la oferta de bienes y servicios, en sustitución de una religión desechada y casi superada, ha sido dotar de significado simbólico a un nuevo objeto material.

*¿Qué es la imagen de marca sino la atribución de una personalidad o un espíritu a un producto?, ¿qué hace el consumidor sino otorgarle valores inmateriales e irracionales? El individuo moderno se comporta con los productos que posee, o quiere poseer, como el hombre primitivo con los objetos que consideraba sagrados[81]: les otorga unos atributos más imaginarios que verdaderos, mas irracionales que racionales.* Esto es lo que yo denomino *valor de autorrealización*: la realización personal del individuo en el mundo que crea a través de su

---

[81] Rey, J., *Publicidad y religión Semejanzas y diferencias entre el discurso publicitario y el discurso católico*. Trípodes. Barcelona 2006.

percepción, su imaginación y sus mitos, que se realiza a través de ese valor generado provocado por la pérdida de parte de las referencias que le permitían crear y percibir el mundo. Los bienes y servicios que se ofrecen hoy encierran una concepción del mundo.

Por eso cada objeto y cada obra obtienen una doble vida, sensible e imaginaria. Todo objeto de consumo se convierte en signo de consumo. El consumidor se nutre de signos: los de la técnica, la riqueza, la felicidad o el amor. Los signos y significaciones suplantan lo sensible.[82]

En última instancia el valor de autorrealización constituye un auténtico arquetipo; vuelve a grabar las huellas y referencias en el individuo que este ha perdido al abandonar las referencias de las instituciones religiosas y las instituciones políticas y culturales.

Vivimos una época de desencanto existencial producido por la pérdida de la conexión con el *cosmos*, con su tempo natural, con la tradición popular, con los ritos de integración, con el lenguaje de los signos y los símbolos, con las interpretaciones de realidades inertes como un árbol, el amanecer o el tiempo para las cosechas, que nos hablaban pero que ahora son materia, esa cosa orgánica. Hemos perdido las guías de nuestro lado irracional, o religioso o ritualista como dirían los historiadores de religiones comparadas, etnólogos y antropólogos, y buscamos el significado del mundo día a día en esos pequeños objetos que compramos y consumimos, que se convierten en objetos no tan pequeños y necesarios para nuestra tranquilidad existencial. Esos bienes o servicios ociosos que consumimos encierran un significado del mundo, o al menos parte de él, y nos sentimos satisfechos pero no sabemos exactamente por qué.

Como comentaba en el primer capítulo, el movimiento posmodernista de la segunda mitad del siglo pasado reclama esa pérdida, ese desencanto, producido por la racionalización y la ruptura con nuestro mundo natural. El valor de las cosas cambia, ese lado *religioso* lo proyectamos en lo que consumimos y nos ayuda a dar

---

[82] Lefebvre, Henri. *Una vuelta por lo imaginario*. En: *La vida cotidiana en el mundo moderno*. 3.ª ed. Alianza. Madrid 1984.

funcionamiento a esa parte desconocida de nuestra difusa psique. Los viejos moldes se han roto y buscamos una reinterpretación de la realidad, de esa compleja realidad que mezcla elementos de tipo externo como nuestras relaciones sociales o económicas con el medio, y elementos de tipo interno como los procesos psíquicos y psicológicos que nos permiten alcanzar grandes metas o nos obligan a cometer grandes crímenes.

En términos matemáticos de variable dependiente que explica variable independiente, mi hipótesis quedaría de la siguiente forma:

$$Valor \approx f(uso,\ cambio,\ representación,\ autorrealización)$$

¿Por qué necesitamos una prenda deportiva que conjunte con los colores y texturas del resto si ya tenemos varias que cumplen esa función, cuando lo único que necesitamos es su utilidad para el ejercicio?, ¿por qué nos volvemos a comprar ese libro que ya nos hemos leído y que podemos tener en formato digital?, ¿por qué de repente nos obsesionamos con nuestros hábitos de nutrición?, ¿por qué estudiamos tanto nuestra foto de perfil en los portales sociales de la red?, ¿por qué nos inclinamos más por una determinada marca de coche cuando no tenemos ni idea de mecánica y nos va costar más?, ¿por qué este periódico y no aquel, si no lo hemos leído todavía?, ¿por qué nos da vergüenza no ir vestidos *adecuadamente* a un determinado lugar?, ¿por qué cambiamos un determinado hábito aparentemente sin sentido, pero lo hacemos?

Si la percepción de estos elementos permite subir o bajar el precio de un producto, entonces hay que incluirlo como parte del valor del bien o servicio y desarrollarlo en su posterior función del consumo.

Los economistas debemos reconsiderar la teoría del valor y establecer nuevas hipótesis, escuchando a la psicología, la antropología o la sociología, entre otras. Yo he planteado dos, la consideración de un valor generado por el poder de representación del individuo en la sociedad, *un elemento externo*, y la generación de un valor de autorrealización producido por la fuerza psicológica del elemento en el individuo, *un elemento interno*.

# EL EJERCICIO DEL PODER

## Poderes fácticos versus poderes institucionales

Se puede definir el poder como la capacidad de afectar o causar efecto en el comportamiento del individuo o, en su extensión, en el de las organizaciones. Tener poder es poseer capacidad de conseguir que determinadas cosas se hagan, de causar efecto sobre las acciones y decisiones que se toman. Un agente tiene el poder sobre otro agente en la medida en que puede conseguir que este haga algo que en otro caso no haría.

El ejercicio del poder ha tomado diversas formas a lo largo de la historia humana, evolucionando desde que nos reunimos en grupos. Primero era el jefe de la tribu, después el líder de los pueblos nómadas, el rey de los pequeños reinos, luego el emperador de las potencias y más tarde vino el dictador, todos ellos conviviendo con el sacerdote, el jefe militar y el cacique. En la época moderna, con el desarrollo y asentamiento del capitalismo, se personificará en el dueño de la empresa moderna, tomando cuerpo en nuestros días en los consejos de administración de los grupos corporativos, la tecnoestructura.

Cada sociedad, cada cultura, cada economía, cada conjunto de instituciones políticas, están compuestos por una mezcla de diferentes grupos de poder con distintos intereses que se mueven en direcciones diversas, unas son fuertes en un determinado momento y se vuelven débiles en otro espacio de tiempo y al revés. Todos presionan, los que son poderosos y los que aparentemente no lo son, cualquiera.

Una cosa son los poderes institucionales y otra bien distinta los poderes fácticos. El poder fáctico es aquel que sin estar públicamente elegido y legitimado se ejerce, de tal forma que se edifica como poder real, es decir, aquel que se utiliza y al que se acude. En los Estados democráticos el poder se divide en tres, el poder legislativo (ejercido por las cortes), el poder ejecutivo (ejercido por el gobierno) y el poder judicial (ejercido por los jueces). Sin embargo, parte del poder real emana de instituciones que en muchas ocasiones no forman parte de ese poder político-social. En los países donde no está totalmente desarrollado el sistema democrático estos poderes son o han sido ejercidos por el ejército, la iglesia o los sindicatos de diversa índole.

Los poderes fácticos, que cambian con el tiempo, son el conjunto de instituciones que tienen fuerza de hecho para influir en la política de un Estado. A los poderes fácticos tradicionales (iglesia, militares y banqueros) hay que añadir otros muchos, como la judicatura, los mercados, los fondos de inversión, los medios de comunicación, los sondeos... en muchos casos más determinantes que los poderes tradicionales.[83]

Las constituciones nacionales de los países democráticos dejan el poder de la ciudadanía en manos del poder ejecutivo, el poder legislativo y el poder judicial. Sin embargo, el poder real se desarrolla en otras instituciones y grupos que en principio tienen atribuidas otras funciones. De aquí surge un conflicto de intereses entre los poderes de derecho y los poderes de hecho, o entre los poderes constitucionales o democráticos y los poderes fácticos.

Los poderes constitucionales se atribuyen a los diferentes órganos regulados del Estado mediante la constitución aprobada por sufragio universal, que desarrollan la legislación y ejecución por medio de los grupos políticos en las Cortes y el Parlamento, elegidos democráticamente por la sociedad civil por votación democrática, mientras que los poderes fácticos se atribuyen al poder económico

---

[83] Estefanía, J., *La mano invisible*. Editorial Aguilar. Madrid 2006.

privado, integrados por los grupos de presión que condicionan la conducta de los responsables de los poderes institucionales, esto es, los legisladores, jueces, representantes políticos y funcionarios de la administración pública.

El capital privado ejerce presiones sobre el legislador por medio del *lobby* para guiar las leyes y requerimientos administrativos en su beneficio. El ejemplo más paradigmático lo tenemos en el proceso electoral de la que se supone la democracia más abierta del mundo, Estados Unidos: las campañas electorales de cada partido se financian con capital privado, dinero que proviene de las empresas más importantes del país, con lo que el aspirante y futuro presidente adquiere un fuerte compromiso con estas empresas que le financian para devolverles el favor.

Los poderes fácticos se pueden dividir en dos grupos, por un lado los *lobbies* económico-financieros[84], formados por empresas, asociaciones y profesionales, y por otro lado los *lobbies* civiles, formados por sindicatos, ONGs y asociaciones de variada naturaleza.

## De la democracia a la plutocracia

Al estar el funcionamiento de la democracia vinculado a los diversos intereses del capital privado, la aclamada competencia perfecta del mercado de los manuales de economía pasa a convertirse en un oligopolio, transformando la economía de un Estado en una oligarquía de poderes fácticos que transforman la democracia en plutocracia.

---

[84] A parte de las industriales, agrícolas, financieras y tecnológicas, hay que hacer una mención especial a las empresas de medios de comunicación de masas (entremezcladas con las tecnológicas de la red) puesto que tienen una gran capacidad de presión sobre los gobiernos, influyendo en la formación y mantenimiento de la opinión pública porque se encargan de transmitir a todos los ciudadanos lo que ocurre a todos los niveles. Por esta razón diferentes poderes institucionales son presionados y a la vez utilizan la fuerza de este poder fáctico.

La idea de sufragio universal se ha visto modificada a lo largo de las décadas desde su instauración en los países democráticos y las constituciones nacionales no recogen esta transformación. Las constituciones exponen con claridad quién ocupa el poder institucional, pero ignoran por completo las presiones que se ejercen sobre este.

La acción del grupo de presión puede ejercerse (a) sobre los propios miembros del grupo para mantener la fuerza interior, (b) sobre la opinión en general y sobre el conjunto de la población, (c) sobre la administración y los funcionarios y (d) sobre los poderes públicos.[85]

Los expertos consultados en diversos medios señalan que los grupos empresariales de España representados por los grandes *lobbies* son los que han experimentado un mayor crecimiento en la última década, como son las energéticas, telecomunicaciones, constructoras o la banca, junto con otras asociaciones que hacen presión como ONG o grupos culturales y civiles. Esto es extensible a todo Occidente.

Las grandes empresas cuentan con profesionales destinados a labores de *lobby* dentro de su estructura, en los departamentos de relaciones institucionales, y trabajan coordinados con agencias de comunicación, haciendo comunicación de producto, corporativa y de crisis. En los últimos años el sector de alimentación ha demandado bastantes servicios de *lobby*, por eso vemos un desplazamiento en la escena pública de todo lo relacionado con la industria de los productos de la salud en detrimento del ecologismo; esto provoca que la sensibilización pública presione, el ejecutivo lo regule y los diferentes grupos interesados se beneficien.

Los *lobbies* que más gastaron Estados Unidos hasta el estallido de la crisis hipotecaria en 2007 fueron la Cámara de Comercio, el Grupo Altria y General Electric, y solo los diez *lobbies* más grandes gastaron entre 1998 y 2004 cerca de mil millones de dólares en actividades de relaciones públicas[86]. La distancia que separa al ciudadano de sus representantes políticos viene dada por realidades como esta. La capacidad de influencia de los grupos de presión no sigue los

---

[85] Sauvy, A., *Los "lobbys" y grupos de presión*. Revista de estudios políticos. Madrid 1956.
[86] Elaborado por *Lobby Watch*.

fundamentos democráticos; la libertad de expresión y la igualdad de oportunidades dan más voz a los que tienen más poder.

Los *lobbies* que ejercen presión sobre instituciones como las Naciones Unidas, la Organización Mundial de la Salud o las que forman parte de la Unión Europea pretenden conseguir beneficios y adquirir ventaja *competitiva* a cambio de dar apoyo económico o influencia política al representante político correspondiente.

En su libro *La audacia de la esperanza*[87], Barack Obama dice lo siguiente:

> "Nunca me he sentido del todo cómodo con el término - intereses especiales-, que junta bajo el mismo apelativo a ExxonMobil y a los albañiles, al *lobby* farmacéutico y a los padres de niños con necesidades especiales. La mayoría de los científicos políticos probablemente no estarían de acuerdo conmigo, pero para mí no es lo mismo un grupo de presión empresarial cuya fuerza se basa exclusivamente en el dinero, que un grupo de individuos que sostienen las mismas ideas -ya sean trabajadores textiles, aficionados a las armas, veteranos o familiares de granjeros- y que se unen para defender sus intereses. Creo que no son lo mismo aquellos que usan su poder económico para magnificar su influencia política mucho más allá de lo que justificaría su número, que aquellos que simplemente tratan de unir la fuerza de sus votos para conseguir convencer a sus representantes. Los primeros atacan la idea misma de la democracia. Los segundos son su esencia. Aun así, el impacto que tienen los grupos de interés en los candidatos no es siempre agradable. Para mantener a sus socios activos, para que las donaciones no dejen de fluir y para hacerse oír por encima del ruido, los grupos que tienen peso en la política no buscan promover el interés general. No buscan apoyar al candidato más sensato, mejor cualificado o de mayor amplitud de miras. Se centran solo en cuestiones muy

---

[87] Obama, B., *La audacia de la esperanza: como restaurar el sueño americano*. Editorial Península. Barcelona 2009.

concretas: sus pensiones, sus subvenciones agrarias, su causa. Dicho simplemente, tienen una misión que cumplir. Y quieren que usted, el funcionario público electo, les ayude a cumplirla".

Los ciudadanos continuamos eligiendo formalmente los órganos representativos de poder a través de las elecciones democráticas que se basan en el sufragio universal, pero el poder de los Estados a través de sus gobiernos electos ha sido parcialmente desplazado hacia otros centros de poder en lo que respecta al establecimiento y puesta en práctica de los marcos normativos que regulan el funcionamiento de lo que se supone el libre mercado de la economía. Se trata de las instancias ejecutivas y los clubes de reflexión.

Las *instancias ejecutivas* más importantes son la OCDE, que concibe las reglas mundiales del comercio; el Fondo Monetario Internacional, que se ocupa de la regulación y supervisión del funcionamiento de las entidades financieras y todo lo relacionado con política monetaria; el Banco Mundial, que básicamente financia proyectos de infraestructuras para países en vías de desarrollo; la Organización Mundial del Comercio, cuya función es la "liberalización mundial del comercio", y la Comisión Europea, que gobierna la Unión Europea y cuyas leyes suponen cerca del 80% de la normas aplicadas en sus Estados integrantes, con la transferencia de poder que esto implica por parte de cada Estado miembro a un único comité. Todas estas transferencias de soberanía han sido realizadas tanto por políticos de izquierda como de derecha. Todos estos organismos han sido utilizados por las principales economías del planeta para modificar las economías nacionales y locales e introducir sus empresas en ellas, cambiando las políticas de los gobiernos nacionales. El caso más paradigmático es Latinoamérica, cuando en la década de los 80 a cambio de acceso al crédito internacional los citados organismos internacionales impusieron sus particulares medidas con las consabidas consecuencias de destrucción económica. Evidentemente los países con más peso en el FMI, Banco Mundial y OMC sacaron buena tajada y beneficios. Esta es otra manifestación del poder y la realidad económica.

Debemos tener en cuenta que todas las instancias ejecutivas actúan influenciadas por los *lobbies*, y legislan en parte guiados por sus propuestas. Esto se traduce en una connivencia entre los grupos de presión representados y los políticos que proponen y aprueban las leyes de funcionamiento del mercado.

Por su parte, los principales *clubes de reflexión* son el Word Economic Forum, que reúne a las personalidades más ricas y poderosas del mundo, cuya principal cita es la conocida reunión de Davos y que mantienen en red a través del sistema Wellcom; la Trilateral Commision, fundada por David Rockfeller, que reúne a las tres zonas más ricas del planeta (América del Norte, Europa y Japon); la Council on Foreign Relations, organización norteamericana que reúne a los líderes económicos y políticos más importantes; el Club de Roma y el Club de Bilderberg.

En los primeros años de la década pasada la asociación estadounidense FAIR (Fairness and Accurady In Reporting) realizó un estudio sobre las interconexiones de los consejos de administración de las grandes empresas norteamericanas de medios de comunicación, bancos, compañías de seguros, sector financiero, sector farmacéutico, compañías de inversión y petrolíferas compartían consejos con las once empresas más importantes de medios del país, siendo las instituciones bancarias las que más consejeros externos más interconectados tenían.

Por último no debemos olvidarnos del sindicalismo, con su capacidad de veto a través de las diferentes presiones y movilizaciones, y por su influencia en la construcción de la agenda pública relativa a temas laborales, en especial el sindicalismo del sector público tan unido al poder político.

## El Estado como necesidad

El Estado desempeña un papel central en la tarea de asignación y redistribución de los recursos, influyendo sobre nuestra vida en nuestros distintos roles económicos: como oferente de recursos (trabajador), oferente de productos (empresario) y demandante (consumidor).

Para lograr su objetivo de asignación y redistribución de los recursos, utiliza instrumentos de planificación y ordenación. Por un lado establece el control de sus actividades, con el fin de someter políticas de gastos e ingresos al poder legislativo que debe aprobar las leyes presupuestarias, y por otro lado, persigue la efectividad y la eficiencia para racionalizar la gestión pública.[88]

Una de las funciones básicas del Estado es la de definir y proveer los derechos mediante una estructura legal básica. Para garantizar las condiciones competitivas básicas (de mercado) establece normas sobre contratos, quiebras, prácticas monopolísticas, garantías de calidad, uso de información confidencial, condiciones de concurrencias...[89] Para ello, fundamentalmente tiene tres maneras de intervenir:

1. Legislación: el Estado da un marco normativo para la ejecución de las transacciones de mercado.

2. Regulación: la provisión de bienes y servicios y su correspondiente financiación, así como la producción pública directa, implican interferencias explícitas en el mecanismo competitivo.

3. Transferencias al sector privado, empresas y empresarios.

Para que las distintas fuerzas se expresen en un mercado democrático y descentralizado son necesarias dos cosas: la existencia de un ordenamiento jurídico adecuado y unos agentes (individuos o grupos sociales) con recursos y medios para ejercer su derecho de participación.

El estudio económico de las decisiones y acciones del Estado por medio del ejecutivo, como agente económico, choca con los mismos problemas de base que el análisis de las decisiones del consumidor en

---

[88] La eficiencia se define como el proceso de mejorar la posición de un individuo sin empeorar la de otro, y la eficacia como el proceso de redistribuir el bienestar individual sin que el bienestar colectivo disminuya.

[89] Albi et al, *Economía Pública I*. Editorial Ariel. Barcelona 2000.

la teoría neoclásica por el lado de la demanda, pues postula que la condición fundamental es la eficiencia, entendiéndose a esta como el elemento determinante que hace que los factores de producción se asignen de tal forma que se iguala la cantidad de trabajo a la que cada sector está dispuesto a prescindir para incorporar una unidad adicional de capital dado un volumen de producción. Utiliza los mismos criterios que la teoría neoclásica del consumidor y consecuentemente enmascara los mismos fallos y problemas fundamentales, ¿esto qué quiere decir? Sencillamente que la economía ortodoxa no tiene en cuenta los mecanismos del poder institucional y su incidencia sobre el funcionamiento del mercado y por lo tanto nunca existirá ni eficiencia ni eficacia porque no es real, describe la realidad, solo es un ideal imaginario de bonita estética matemática.

## Grupos de presión, 'lobbies' y grupos de poder

Desde tiempos remotos se ejercen presiones sobre los legisladores para favorecer los intereses de un determinado grupo. A los grupos de presión se les conoce también como *lobbies*, que en su significado original significa "un amplio pasillo junto a la sala de reuniones de un organismo legislativo o deliberante abierto al público", debido a que nació en los pasillos y antesalas del parlamento (unos dicen que Londres y otros que Washington) donde los empresarios y comerciantes esperaban a los políticos para presionar y obtener ciertos favores.

Podemos diferenciar cinco características para identificar a un grupo de este tipo, la primera que es un grupo organizado, la segunda que expresa conscientemente intereses particulares y parciales, la tercera que ejerce presión sobre las instituciones y agentes del poder público para obtener sus fines, la cuarta que no busca ejercer por sí mismo el poder público y la quinta que no asume la responsabilidad de las decisiones adoptadas bajo su influencia.

Se le considera el quinto poder, después del cuarto poder que son los medios de comunicación. El *lobbying* es la actividad comunicativa orientada hacia los poderes gubernamentales, tanto administrativos como legislativos y judiciales, realizado por un individuo o grupo de individuos en representación de un grupo de interés, con la función precisa de crear una situación favorable determinada o intervenir sobre una ya existente, para conseguir su desarrollo o su desaparición. Esta situación puede ser una actitud colectiva, un dossier económico, financiero o industrial o un proyecto legislativo. En definitiva, el propósito final de un grupo de presión es el de conseguir modificar la legislación o las instituciones en un sentido determinado o mantenerlas en el beneficio propio.

Los *lobbies* son entonces agencias, despachos de abogados o gabinetes de comunicación dedicados profesionalmente a ejercer la actividad del *lobbying* en representación de un grupo de interés o de personas. Son los grupos de presión que trabajan para los grupos de interés. Se trata de un oficio mixto que se fundamenta en dos premisas, conocer bien la legislación (tener un buen dominio jurídico y del proceso legislativo) y la capacidad de convencer a funcionarios y electos por medio de argumentos convincentes. Un buen *lobbista* es ante todo un buen jurista con gran capacidad de comunicación y persuasión, con una amplia de red de contactos a todos los niveles. Por lo tanto el *lobby* es la representación de los grupos de presión frente al congreso o institución análoga.

El grupo de presión o *pressure group* es un término general que puede aplicarse a todos los grupos que actúan sobre la opinión y los poderes públicos. No es exclusivamente un grupo de interés empresarial o un sindicato sectorial, existen por ejemplos asociaciones no profesionales o asociaciones sin ánimo de lucro que también ejercen su presión política. No conquistan el poder, sino que actúan sobre el poder para conseguir sus intereses permaneciendo fuera de él; pagan a los *lobbies* para que ejerzan la presión necesaria sobre el poder legislativo para alcanzar su meta. Existen tres formas de presión. En primer lugar la persuasión, que se materializa a través de negociaciones, legislación, informes técnicos o propaganda, con el objeto de convencer al legislador que persigue el bien común; en segundo lugar la intimidación, que se lleva a cabo en una situación de desventaja en la fuerza de negociación y conlleva implícita la amenaza ante la negativa ante propuestas, y en último lugar la corrupción, que se realiza fuera de la escena pública y fuera del ordenamiento jurídico y conlleva compensaciones económicas de tipo personal.

En cierta medida, los *lobbies* ayudan a legislar, pues exponen y argumentan sus puntos de vista a los legisladores y consiguen así que el proceso legislativo sea a su vez un proceso comunicativo. En el fondo lo que hacen es hacer coincidir un interés privado legislativo de consecuencias económicas calculadas con el interés público.

Los medios de comunicación social ayudan a esta tarea, tanto la prensa sectorial como la generalista sirven de ayuda en el proceso de formación de la opinión de los legisladores. La televisión, internet y la radio influyen en este proceso. El legislador no puede permanecer impasible ante esta información y entra en un debate interno subjetivo que aun en contra de su voluntad no puede evitar sufrir, decantándose a favor de la postura hacia la que va encaminado todo el torrente de información que ha filtrado su mente.

Los grupos de poder están configurados por las élites política, económica y los medios de comunicación, y se materializan en reuniones para consensuar los temas políticos y económicos del mundo. Las decisiones que se toman en estas reuniones son decisivas para el rumbo del mundo, y son las que configuran el orden mundial desde hace medio siglo. Estos grupos conforman verdaderos centros de poder y son instituciones de movimiento globalizador.

Se puede decir que un grupo de poder está por encima de la ley. Estos grupos, a través de su influencia establecen lo que posteriormente es aprobado en los organismos democráticos. La legislación económica, social y laboral que aprueban los diferentes gobiernos parlamentarios, y que afecta a millones de individuos, ya ha alcanzado consenso previamente en estos grupos de poder muchos años atrás, y se corresponde con una línea global de visión mundialista.

El objetivo fundamental de un grupo de poder consiste en un acercamiento progresivo de las soberanías nacionales y su traspaso a instituciones de carácter oligárquico y trasnacional. Promueven el pensamiento económico único, monedas únicas, tratados internacionales, lenguaje común y, por supuesto, la globalización.

Para introducir estas ideas es indispensable que los miembros del grupo sean de origen muy diverso. El grupo elige a personalidades internacionales que ya están o que luego llegarán a las más altas cumbres del poder en sus respectivos países. Entre sus selectos miembros se hallan banqueros, grandes financieros, príncipes, gobernantes... Se considera que un tercio pertenece a la política y el resto al de las finanzas, los medios de comunicación y la industria.[90]

En las reuniones de un grupo de poder se elabora la agenda geopolítica mundial a corto, medio y largo plazo. El contenido de sus conclusiones es comunicado a otros organismos situados en una escala inferior. El G8, la Organización Mundial del Comercio, el Fondo Monetario Internacional, el Banco Mundial y la OTAN acatan sus mandatos y los hacen cumplir en los distintos países de influencia del área occidental. El adjetivo que mejor define a un grupo de poder es corporativismo. Está compuesto por una corporación de miembros en forma de círculos concéntricos. Generalmente se compone de miembros permanentes y variables; los miembros permanentes están en proporción a la influencia de las áreas geopolíticas a las que pertenecen, y los variables se cambian en función de la agenda temática. El tándem ideal de los miembros invitados (variables) suele ser una pareja formada por un político de alto rango y un empresario o un banquero y un intelectual. Estos son elegidos por los miembros permanentes y suele ser poco más de un centenar de individuos. Las deliberaciones de los miembros se basan en el principio de consenso; no existen votaciones ni acuerdos, si se alcanza por unanimidad se materializará en política nacional o internacional más adelante.

---

[90] "Sus conceptos son globalización, derechos humanos, alianza atlántica, solidaridad, paz mundial, seguridad internacional. Nociones que leemos a diario en la prensa y a las que, sin darnos cuenta, ya estamos completamente habituados". Extraído de *El Club Bilderberg*, (Martin, C. Editorial Arcopress. Barcelona 2005.)

Debemos recordar que los grupos de poder son entidades no gubernamentales, aunque la mayoría de los miembros que la componen son poderosos, ricos e influyentes y tienen cargos oficiales. El G8 trata de establecer las reglas de juego económicas, desde el punto de vista del Estado, pues son estos ocho Estados-Naciones los más poderosos del mundo. El Foro Económico Mundial reúne a la gente más rica del mundo; aquí se dictan las reglas de los negocios internacionales. Entre estos grupos de poder se encuentran las entidades de pensadores (*thinks tanks* y fundaciones), ONG, estudios jurídicos, federaciones sindicales, la maquinaria de las relaciones públicas y medios de comunicación, partidos políticos, servicios de inteligencia adscritos a compañías particulares y *lobbies* en representación de los grupos de presión. Estos últimos poseen un poder abrumador en materia legislativa, tal es el caso de la europea ERT, pues sus proposiciones e indicaciones se transforman en leyes comunitarias que son aprobadas por los órganos de gobierno europeos teniendo una repercusión económica determinante.

## Los actores principales

Sus opiniones, sugerencias y, en ocasiones amenazas, son analizados a diario en las instituciones comunitarias antes de adoptar cualquier medida. Algunos de los más poderosos reconocen que llegan a conseguir hasta el 80 % de sus objetivos. No se ha concedido a ese fenómeno la atención que merece, por lo menos en Europa. Se trata de equipos especializados en presión política y financiados por las multinacionales y sindicatos sectoriales que inciden para influir sobre las decisiones de los gobiernos.

Todo el mundo tiene su *lobby* o grupo de presión: China, Taiwán, los sindicatos, los indios, las mutuas sanitarias, las empresas petroleras, las de defensa, las farmacéuticas, las de transporte ferroviario... En total, en el área metropolitana de Washington hay 30.000 compañías especializadas en influir sobre el poder político, esencialmente el Congreso. O sea, 56 *lobbies* para cada legislador.[91]

La fuerza y efectividad de los grupos de presión dependen de la importancia del grupo más que la forma jurídica que este adopte. La efectividad depende del sistema político en que se inserte y de los recursos que controle, de la facilidad de acceso a las autoridades competentes para adoptar la decisión política. Los recursos económicos constituyen una manera de facilitar la influencia directa o indirecta, ya que permiten adquirir y orientar los medios de comunicación entregar información orientada o influir en la opinión pública. La fuerza es creciente a medida que controle un bien escaso, ya que esto sitúa al grupo en una posición negociadora más fuerte. En los regímenes democráticos el número de las personas que conforman el grupo de presión y el apoyo de la opinión pública constituyen un elemento importante de su fuerza negociadora, ya que el poder político se sustentan en la decisión ciudadana, que se expresa normalmente a través del sufragio[92].

## Estados Unidos

Cada año los *lobbies* de Washington gastan billones de dólares intentando comprar influencia. Corporaciones, grupos de intereses especiales, uniones, grupos de intereses particulares como la NRA (Asociación Nacional del Rifle). En Estados Unidos el *lobbying* está protegido por la primera enmienda de la constitución, la cual consagra el derecho de petición al gobierno.

En ningún otro país son tan acusadas las actividades de presión de los grupos de interés. De una lista elaborada por Lobby Watch, que recoge los cien grupos de presión más importantes, por ejemplo podemos ver entre los diez primeros a la Asociación Estadounidense de Médicos y la Asociación Estadounidense de Hospitales, las cuales han invertido muchísimo dinero para impedir una reforma del sistema de salud, algo que a los ojos de los Europeos es algo extrañísimo, teniendo

---

[91] Leído en diversos blogs, webs y periódicos.
[92] Leído en diversos blogs, webs y periódicos.

en cuenta que se trata del país más rico del mundo. Los miles de millones de dólares invertidos en las últimas décadas hablan por sí solos.

*El lobby tecnológico.* La industria tecnológica se ha convertido en los últimos quince años en una de las grandes inversoras en *lobbying* y solo en 2010 repartió cerca de 120 millones de dólares. Con el poder de los gigantes tecnológicos de Google, Apple, Amazon y Microsoft detrás de ello, el *lobby* de los ordenadores e internet tiene un gran peso en el entorno. Peso significa dinero; en 2010 solo Microsoft se gastó unos 6,9 millones de dólares en esfuerzos lobistas federales. Las prioridades de los *lobbies* tecnológicos incluyen intentar bajar los tipos impositivos a las grandes corporaciones y aprobar la legislación de la seguridad en la red.

*La industria minera.* El *lobby* minero, particularmente la industria del carbón, ha tenido en sus manos a los políticos americanos durante mucho tiempo. A finales del siglo XIX y principios del XX fue el responsable de algunos de las más dramáticas revueltas laborales. Más recientemente está intentando vender a los políticos y a los contribuyentes la idea de *carbón limpio*, el cual supuestamente reduce las emisiones de carbón y otros contaminantes. Los defensores del medio ambiente son escépticos, pero teniendo en cuenta que se han gastado en *lobby* en los tres últimos años cerca de 100 millones de dólares, podemos estar seguros de que sus propuestas han llegado a los oídos del legislador. El *lobby* minero ha intentado regular las leyes del trabajo, la seguridad de los trabajadores y las regulaciones medioambientales.

*La industria de defensa.* Desde 1998 el gasto militar ha ido incrementándose año a año, particularmente después de los hechos ocurridos el 11S. El pentágono, los contratantes militares, los *lobbies* y los diversos comités han desarrollado una impermeable y dinámica interlocución de burocracia e influencia de favores, que mueve millones de dólares cada año con empresas privadas.

*La industria agroalimentaria.* Los *lobbies* agroalimentarios representan una diversa colección de grupos de interés, incluyendo las grandes manufactureras de alimentación como Kraft y Unilever, las grandes compañías de agricultura como Monsanto, las tabacaleras como Philip Morris, biocombustibles como UNICA y todo un registro de compañías como International Paper y Weyerhauser. Estas compañías gastaron más de 150 millones de dólares cada año, financiando campañas y presionando sobre la legislación a través del congreso

*Industria petrolífera.* La industria petrolífera es uña y carne con el legislador y nadie puede ir en contra de ello. George Bush hijo en su gabinete presidencial tenía fuertes vínculos con diferentes compañías, así el vicepresidente Cheney era director ejecutivo de Halliburton y Condoleeza Rice era directora de Chevron. Además los *lobbies* petrolíferos son uno de los que más gastan en *lobbying*, 150 millones solo en 2010.

Después del desastre ecológico provocado por BP, los *lobbies* del petróleo y el gas se centraron en los medios de comunicación americanos para mejorar su imagen. Recientemente la industria petrolífera ha sido descubierta como el mayor promotor de las campañas del Tea Party, cuyos defensores abogan por una menor intervención gubernamental y menor regulación, junto con una negación general del cambio climático, todos los cuales consideran la industria petrolífera idónea.

*El lobby financiero.* Los *lobbies* financieros y bancarios en Estados Unidos están trabajando todo el tiempo intentando mantener libre el mercado tan libre como puedan. Son de lejos los que más gastan en *lobbying*, destinando cientos de millones de dólares cada año en campañas y partidos políticos. Solo Goldman Sachs donó 2,6 millones de dólares a varios políticos y cuerpos gubernativos. Como retorno, a las instituciones financieras se les ha dado libertad total para hacer lo que quisieran, y eso ha provocado en gran parte la gran burbuja que explotó en 2008 y que nos ha llevado a la gran recesión actual. Con el estallido de la crisis los *lobbies* bancarios presionaron en 2008 para efectuar los rescates financieros, algo insólito en Estados Unidos hasta ese momento, y para hacer lo que habían estado intentado erradicar (el intervencionismo del Estado) nombraron rápidamente secretario del

Tesoro americano a Henry Paulson, que era el presidente de Goldman Sachs. El desenlace todos lo conocemos.

*La industria farmacéutica (Big Pharma).* Junto con los *lobbies* financieros, la industria farmacéutica y la de productos de la salud han sido históricamente unos de las más grandes y poderosos *lobbies* en Washington. Las compañías farmacéuticas tienen más poder e influencia en America que ningún otro gobierno en el mundo. Pfizer Inc., uno de los mayores contribuidores políticos de la industria farmacéutica, gastó más de 25 millones de dólares en 2009 para lograr que la reforma sanitaria de la Administración de Obama no la tocara demasiado, es más, dejaron atadas unas increíbles ganancias en la venta de fármacos porque aproximadamente 32 millones de estadounidenses van a ser asegurados para ello.

**Europa**

Gran parte del poder institucional de los diferentes gobiernos de Europa, apoyados en sus soberanías nacionales, se han trasladado a Bruselas, con tal amplitud que casi el 80% de las leyes nacionales proceden de la Comisión Europea, por esta razón es tan importante el *lobbying.*

*UNICE (Unión de Confederaciones Industriales y Empresariales de Europa).* Es la confederación de empresarios europeos y por lo tanto la voz oficial de este sector en las instituciones europeas. Disfruta de acceso a los distintos niveles de decisión de la UE como son la Comisión, el Consejo y el Parlamento, con presencia en todas las comisiones sobre legislación empresarial.

Está compuesta por 33 patronales de 25 países europeos, y forma parte del llamado Dialogo Social junto con la Confederación de Sindicatos de Europa. Más de 60 grupos de trabajo analizan con minuciosidad todas las propuestas, regulaciones, directivas y artículos que emergen de Bruselas para que sean la base de la toma de decisiones de la UE, siguiendo las indicaciones de los documentos que contienen sus posturas. Cuenta con al menos siete grupos de trabajo dedicados al *lobby* para que la UE se mantenga fiel a las prioridades de la industria en sus políticas sobre la Organización Mundial del

Comercio (OMC).[93] La presión que ejerce UNICE es coordinada con la ERT y la AmCham (Comité de la UE de la Cámara de Comercio Americana).

*ERT o European Round Table of Industrials (Mesa Redonda Europea de Industriales).* La ERT es el *lobby* empresarial más influyente de Europa. Las empresas que pertenecen a él , 45 grandes corporaciones, mueven tal cantidad de dinero que los representantes políticos tratan a este *lobby* como un ente político de primera magnitud. Algunas de estas empresas mueven recursos económicos que superan los presupuestos de muchos países de Asia, Oceanía o África, adquiriendo la dimensión económica de países europeos como Hungría o Irlanda. Por lo tanto no es de extrañar que los directivos de estas entidades trasnacionales se codeen con los ministros de Economía y los comisarios políticos en tal profundidad que sus propuestas se convierten en decisiones del órgano comunitario con gran repercusión en la economía de todo un país. Tal es el caso de la propuesta de un mercado único europeo, la consolidación de redes transeuropeas, y los más conocidos Tratados de Maastricht de 1991, que sentaron las bases de la actual UE.

Uno de los objetivos primordiales de este *lobby* es la ampliación de los mercados ya que necesitan aumentar la cifra de ventas, con el menor número de trabas burocráticas y tasas fiscales posible; esto se traduce en conseguir "las mejores condiciones de competencia", exactamente para que esta no exista porque si no se convierte en un problema.

*CAG o Competitiveness Avisory Group (Grupo Asesor de Competitividad).* Los *lobbies* como la ERT, UNICE y otros se institucionalizan en los foros economico-políticos como es el caso del Grupo Asesor de Competitividad o CAG. Aquí trabajan conjuntamente la clase política y la clase empresarial para decidir qué rumbo debe seguir cada sector económico y cómo regularlo. Posee estatus oficial en la UE, tanto es así que está formado por los sindicalistas, políticos y

[93] http://archive.corporateeurope.org

académicos encargados de realizar informes bianuales sobre líneas estratégicas en Europa.

*CES o Confederación Europea de Sindicatos.* Está compuesto por unas 80 confederaciones sindicales de los distintos países de todo Europa y de 14 organizaciones sectoriales. A través del CAG, al que pertenece, tiene relación directa con la Comisión Europea y presiona a las diferentes instituciones europeas junto con UNICE o la Confederación del Sector Público, a la hora de legislar los términos laborales de los grupos sectoriales a los que representan. Los sindicatos son uno de los grupos de poder que más influencia tienen y siempre han resultado decisivos en el ejercicio del poder público. En el último medio siglo han tenido un papel determinante en la generación de políticas de carácter empresarial/social y han desarrollado una fuerte connivencia con los distintos organismos e instituciones de la UE, beneficiando a los grupos sectoriales que representan en Bruselas.

*CEFIC o Consejo Europeo de la Industria Química.* Representa el 30 % de la producción química mundial y está compuesto por empresas del sector, grupos de asesoramiento y asociaciones. Su presión es fortalecida por otros *lobbies* como la ERT, en la que 11 de sus 45 corporaciones pertenecen a CEFIC, EuropaBio y la Asociación de Productores Petroquímicos de Europa. Este *lobby* ha bloqueado gran parte de las medidas contra el medio ambiente y todas aquellas que van en contra de sus intereses, ya que sus informes van dirigidos directamente a la OMC, la Cámara Internacional de Comercio, la OCDE y otras a través de su Consejo Internacional de Asociaciones Químicas y sus grupos de *asesoramiento*.

# El poder en la teoría económica

La economía pura carece de sentido y relevancia pública si se la separa del ejercicio del poder. Esta es la tesis que siempre defendió Galbraith y que tantas enemistades, rubor y alboroto causó entre los economistas ortodoxos de cátedra y que aún hoy tanto detestan los neoliberales y el *establishment* de la profesión. Galbraith tenía razón[94].

Se enseña a los ciudadanos desde las universidades y los *thinks tanks* neoliberales que en las democracias todo el poder reside en el pueblo, y que en un sistema de libre empresa la autoridad descansa en el consumidor soberano, que opera a través del impersonal mecanismo del mercado incontrolado, ocultando así el poder de la organización.[95] La gran paradoja es que la búsqueda de la mayor liberalización de los mercados ha llevado a una concentración de poder inaudita de los grupos de presión; sin duda los mercados están regidos por oligopolios cuando no por monopolios, solo hay que echar la vista cinco años atrás para recordar el récord de fusiones y adquisiciones que se llevaron a cabo y el récord que se batía una y otra vez en las cantidades pagadas en los canjes de acciones, cuando todas ellas competían por aumentar su tamaño y reducir costes por las economías de escala. He aquí una contradicción en economía: si las empresas buscan aumentar tamaño para aumentar poder y reducir costes por las economías de escala, ¿cómo se puede defender que los mercados se rigen por la competencia perfecta?, la teoría va en contra de la naturaleza económica de los agentes del mercado. Además la situación actual de crisis económica mundial parece que no va a ayudar a desconcentrar el número de oferentes, más bien podemos intuir nuevas adquisiciones y fusiones, como está pasando en el sector financiero.

---

[94] El economista norteamericano explicaba que la tecnoestructura de las empresas es el verdadero poder y no los accionistas. Esto ha quedado de manifiesto en la actual crisis, donde los propios consejos de administración se ponen sus sueldo astronómicos, y un accionariado diluido y atomizado nada tiene que hacer. Hasta tal punto llegó el esperpento que en la inyección masiva de liquidez que hizo el gobierno de Bush a la gran banca estadounidense, tuvieron que revisar las condiciones de las ayudas para que estas (varios cientos de millones de dólares) no se quedaran en *bonus* y remuneraciones de los consejos de administración. Hace poco se ha aplicado una medida parecida en España, en referencia a los salarios de los consejeros delegados de las entidades financieras con ayudas del Estado.

[95] Estefanía, J., *La mano invisible*. Editorial Aguilar. Madrid 2006.

*De la competencia perfecta al oligopolio*

La creación y destrucción de las empresas, siguiendo el patrón shumpeteriano de la destrucción creativa en el que nuevas empresas con innovaciones hacen desaparecer a otras ya establecidas que van perdiendo eficiencia y rentabilidad hasta quedar obsoletas, el auge y declive de los grandes patrimonios y la incertidumbre de los mercados, han hecho que la política de la competencia y todo lo relacionado con la regulación económica adquiera tanta importancia en economía. Competencia y fiscalidad son los dos asuntos económicos de más carga política, quitar las restricciones a la competencia y suprimir monopolios y/u oligopolios, disminuye y elimina poder. Por lo tanto mantener ciertos privilegios es vital.

Existen tres maneras de mantener los privilegios[96]:

- Opacidad: mientras no se conocen los privilegios no hay problema, podemos saber cuánto pagamos por nuestros impuestos pero no el sobreprecio de energía, fármacos, telecomunicaciones o alimentos, por poner un ejemplo de bienes y servicios cuya competencia está restringida.

- Convencer al ciudadano de que los privilegios son algo común.

- Asegurar que son por el interés común de todos y no de nadie en particular.

El dogma occidental del neoliberalismo económico presenta como problema el impedimento de que no se puede liberalizar la economía o mercado y este tiene un culpable; el Estado. Después presenta el problema de la libertad como un asunto entre dos partes, el individuo y el Estado, y el Estado se comporta de forma malvada e ineficiente y es el culpable de la falta de competencia y por consiguiente nos esclaviza al subdesarrollo.

Pero la realidad es que siempre existe un tercero interesado en impedir la competencia, el principal aprovechado de la falta de competencia no es el Estado, sino otro individuo o grupo de ellos que

---

[96] Fernández Ordoñez, M. Á., *La competencia*. Editorial Alianza. Madrid 2000.

utilizan al Estado como un mero instrumento a su favor; son los que se aprovechan del monopolio los que principalmente mueven los hilos para conseguir establecer restricciones a la competencia o, si ya disfrutaban de ellas, convencer a los políticos para que no se las quiten, utilizando al Estado como instrumento puro para lograr sus intereses[97].

La única herramienta que nos puede salvaguardar como individuos de este ejercicio de poder es el establecimiento de organismos reguladores transparentes, cuya misión es proteger a los diferentes agentes en un juego de competencia dentro de un marco normativo racional basado en normas y no en políticas discrecionales cuyo desenlace conocemos de antemano.

Uno de los problemas fundamentales de la economía ortodoxa es que elimina de sus supuestos la existencia de poder o ejercicio de este, y con ello el contenido político. Según el canon neoclásico la oferta, personificada en una empresa que iguala su coste marginal al precio, está subordinada a lo que disponga el ciudadano, está al servicio de lo que dicte el mercado y no tiene ninguna clase de poder para ejercer sobre él salvo en la medida que aporte un beneficio al consumidor o al interés general de toda la economía, y además de sucumbir al poder incuestionable del consumidor no puede modificar el eficiente sagrado funcionamiento del mercado ni el del Estado, que se encuentra a las órdenes del ciudadano.

La teoría económica ortodoxa nos dice que la deficiencia del uso de los recursos por parte de los oferentes se halla reflejada en las elecciones de los consumidores; en este caso todos nosotros estaríamos en la locura puesto que en ese caso nuestras elecciones serían siempre dañinas para nosotros mismos.

Al eludir el poder de sus supuestos, y no contemplar en la disciplina económica el peso político, la teoría neoclásica destruye su relación con el mundo real (Galbraith). Con la eliminación del poder surgen dos problemas, uno microeconómico y otro macroeconómico. El primero hace referencia a la formación de los mercados económicos; la teoría económica supone que los mercados se rigen por la competencia

---

[97] Estefanía, J., *La mano invisible*. Editorial Aguilar. Madrid 2006.

perfecta o en un caso más indeseado por la competencia imperfecta, pero la realidad es que el mercado está regido por oligopolios más comúnmente que por competencia perfecta. Desde un punto de vista económico *el poder introduce la imperfección en el mercado*. El problema macroeconómico procede del hecho de que la ortodoxia culpa de las causas del desempleo, la inflación y la recesión al mal uso de los recursos por parte de los agentes del mercado, a una distorsión de la disposición de los *inputs*, puesto que el mercado distribuye mediante la mano invisible los recursos de la forma más eficientemente posible; sin embargo es curioso que las empresas que más crecen y ganan y las que sobreviven, sean aquellas que pueden ejercer poder e influir sobre el legislador, tal es el caso de las eléctricas, constructoras, automovilísticas, petrolíferas, de infraestructuras, financieras, tecnológicas, de productos químicos, tabacaleras, farmacéuticas, armamentísticas, las reguladoras del propio mercados como las multinacionales de auditoría, banca de inversión y agencias de *rating*, los trabajadores de los diversos sindicatos que viven en el ventajismo, las miles de asociaciones *sin* ánimo de lucro que echan del mercado a empresas que no disfrutan de los favores y la subvención, las empresas cuyos socios o consejos directivos son asiduos de los llamados *think tanks*, las inversoras sicavs, las corporaciones civiles de defensa *cultural*, los grupos inversores de ocio y diversas asociaciones, los cuales mantienen posiciones de fortaleza en el tiempo, en el otro lado tenemos al resto de empresas (pymes, autónomos y freelances) y colectivos que pelean empresarialmente en el límite de la supervivencia económico-financiera y cuya vida siempre es más corta.

Lo que queda claro entonces es que hay dos niveles o grupos de empresas que funcionan a diferentes ritmos, por un lado las que crecen de forma continuada, tienen beneficios más o menos estables, poder de mercado y es casi imposible que desaparezcan, y por otro lado las que viven en la supervivencia y son contagiadas ante cualquier pequeño virus que infecte el mercado. Grandes y pequeñas, poder de presión y subordinación al mercado.

Galbraith fue el primero que planteó que existen dos sistemas que conviven, el sistema de planeación (oligopolio o monopolio) y el sistema de competencia (las empresas que carecen de poder). Las primeras pueden influir en el precio de lo que ofrecen y en la cantidad de recursos a disponer y las segundas no. Existe por lo tanto una convivencia de dos mercados; un grupo de empresas (las pymes fundamentalmente) que sigue las indicaciones del mercado y esto es esencial para ellas, donde los costes y precios están dados y se sigue la legislatura, y otro grupo que influye en la legislación y sobre los precios. En el primero el poder está en el mercado, en el segundo el poder está en las propias corporaciones que a través del mecanismo que he explicado trasladan al mercado. Por esta razón el poder tiene una relación directa con la desigualdad relativa de los recursos.

En palabras del heterodoxo economista americano:

> "La ciencia económica que acepte el supuesto del poder no es neutral. Es un aliado influyente y sumamente valioso de aquellos cuyo ejercicio del poder depende de la quiescencia pública. Si el Estado es el comité ejecutivo de la gran corporación y del sistema de planeación, ello se debe en parte a que la economía neoclásica es su instrumento para neutralizar la sospecha de que así ocurre en efecto. He hablado de la emancipación del Estado del interés económico. Para el economista no puede haber dudas acerca de dónde comienza esta tarea. *Comienza con la emancipación del pensamiento económico*" (la cursiva es mía).[98]

El mecanismo real de distribución de recursos ni es eficaz ni es eficiente, al menos como lo plantea la teoría económica; la competencia no es perfecta y existe un gran mercado de oligopolio. La ciencia económica le da a esto un nombre: fallos de mercado. La esperpéntica causa de que el mercado no sea ni eficiente ni eficaz pertenece por completo al fallo de mercado de agentes torpes e inútiles que no saben leer los indicadores del mercado y utilizan mal los recursos escasos, porque el mercado es perfecto, o como decía Keynes

---

[98] Alocución presidencial de J. K. Galbraith a la Asociación Económica Norteamericana. Canadá 1972.

con cierta sorna, "el mercado es tan perfecto que ni siquiera necesita que los hombres lo sean. Se trata de un problema de ineficiencia causado por el incumplimiento de alguna de las condiciones de la economía competitiva, a saber, (1) competencia perfecta, (2) rivalidad y exclusión de bienes y servicios, (3) información perfecta, (4) mercados completos, (5) preferencias y deseos del consumidor cuantificables mediante probabilidades esperadas y (6) la absoluta soberanía del consumidor.

La economía ortodoxa considera (1) la soberanía del consumidor, (2) la soberanía última del ciudadano y (3) la elevación al máximo de los beneficios con la subordinación resultante de la empresa al mercado, como los tres elementos básicos sobre los que descansa el funcionamiento del mercado. Esto no es del todo incierto, pero hay dos problemas, el primero es que es una situación particular y no general como ya vimos en otro capítulo, y la otra que elimina por completo el papel fundamental del poder en el sistema.

Se nos explica El Problema como un simple fallo de la mecánica sagrada del mercado, como una excepción que confirma la regla, y no como un problema intrínseco *o tal vez como una acción deliberada.* Abramos los ojos, por favor, no se trata de un fallo espontáneo sino de una consecuencia de una primera acción previa; no es un fallo de mercado, sino la consecuencia de un mecanismo de poder que comienza en estadios y esferas distintas y precedentes, aparentemente desconocidas. Esta ineficiencia e ineficacia no corresponden al mal funcionamiento del mercado y sus elementos, sino al interés privado que establece las reglas de funcionamiento del sistema de mercado *real.*

Lo cómico es que la teoría económica, para tratar de dar una explicación al mayor problema material de la humanidad, la distribución de la riqueza, ha elaborado una teoría de distribución de recursos basada en un mercado perfecto de ficción donde la pobreza y las situaciones de desigualdad, o a la inversa, la generación de riqueza y las situación favorable, lo explican con un simple fallo de mercado y, sin embargo, omiten el poder de las esferas de la generación y ejecución de las normas que rigen ese mercado tan perfecto. Como el mercado nunca va a ser perfecto y unos grupos se benefician y otros no, han elaborado la estratagema de que el Estado, que es la única herramienta útil del individuo, perturba el buen funcionamiento y es el causante de esas desigualdades, llamando a esto externalidades. Por último, han escogido una palabra maravillosa para edulcorar su perfecta teoría, la libertad; confrontan el problema entre dos actores, el individuo que busca la libertad y el estado que se la quita y le esclaviza, escondiendo el tercer actor, el que provoca esta distorsión y ruido, el que maneja los hilos en la sombra, los grupos de presión.

*A modo de síntesis:*

| Factor | Explicación ortodoxa | Realidad |
|---|---|---|
| Funcionamiento de mercado | Mano invisible | Normas alteradas |
| Oferta | Competencia perfecta | Oligopolio |
| Normas económicas | Proceso democrático | Proceso plutocrático |
| Determinante de la ventaja competitiva | Utilización eficiente y eficaz de los recursos | Utilización del poder |
| Actuación del Estado | Externalidad negativa | Mecanismo redistributivo |
| Desigualdad de los recursos | Fallo de mercado | Regla de mercado |
| Soberanía económica | Consumidor | Grupos de presión |
| Fuerzas de mercado | Equilibrio | Desequilibrio |
| Información | Perfecta | Privilegiada. Imperfecta. |
| Poder | No existe | Existe en todos los niveles |
| Imperfección del mercado | Mal uso de los recursos por parte de los agentes | Poderes fácticos |

# CREAR, OFRECER, DEPENDER

## La empresa

En la primera década del siglo XIX el economista francés Jean-Baptiste Say publicó *Traité d'Économie Politique*, donde afirmaba que no puede haber oferta sin demanda, es decir, que la oferta crea su propia demanda. Para Say un producto terminado ofrecía un mercado de posibilidades a otros productos relacionados, el simple hecho de crear un producto y ponerlo en el mercado creaba su propia demanda. Interesante. Se conoce como ley de Say.

La proposición de Say hay que entenderla en el marco de su discusión con Malthus. Recordemos las tres proposiciones que Malthus hizo en 1798, primero que los medios de subsistencia limitan la población, segundo que la población aumenta si estos medios lo permiten siendo el aumento de estos aritmético y el de aquella geométrico, y tercero que tal asimetría perdurará en el tiempo y el incremento demográfico será limitado. Say propuso que la producción total de una sociedad, nación o sistema económico implica que crea su propia demanda y esta es suficiente para comprar todos los bienes, dando por hecho que una recesión o un fallo de mercado no venían dados por el lado de la demanda. La experiencia de los dos últimos siglos da la razón a Malthus.

La intuición desarrollada por Say fue expuesta al mismo tiempo que en Escocia James Mill publicaba su famoso tratado *Commerce Defended*. Ambos defendían que el valor de la producción se iguala al poder de compra y se basaban en los tres postulados que Adam Smith había establecido en *The Wealth of Nations* décadas antes; en primer lugar que es el ahorro más que el consumo el que promueve la acumulación del capital y el que propicia el crecimiento, en segundo lugar que los ingresos se gastan y/o se invierten en su totalidad y por último que la función del dinero es la de medio de cambio. Say quiso darle una vuelta de tuerca y afirmó que los productos se pagan con otros productos y que es la producción y no el consumo la que crea la riqueza.

Los economistas clásicos pensaban que el mecanismo de la competencia era por sí solo suficiente para mantener el pleno empleo de los recursos dando por hecho que la infrautilización de estos solo se daba en periodos de tiempo transitorios. El único de los clásicos que estaba en contra de esto era Malthus, pero Malthus no desarrolló una proposición del todo coherente y tuvo que esperar a que Keynes lo rescatara en el siglo XX. La retrospectiva histórica de la que disfrutamos dos siglos después nos permite saber que lo que afirmaban Say, Mill y Ricardo era erróneo, sin embargo la ley de Say encerraba una gran intuición que ahora rescato por lo siguiente: la empresa es una organización social que transforma factores de producción en producción y cuyo objetivo es venderlos en el mercado, para poder transformar los factores de producción en producto debe materializar de forma planificada una idea en un hecho real que genere dinero y para ello necesita un cliente, su demanda, para lo que desarrolla estrategias, tácticas y políticas encaminadas a que la demanda adquiera su producto, en otras palabras, intenta generar su propia demanda.

Una definición muy popular y aceptada es la que define a la empresa como un grupo social en el que a través de la administración de sus recursos, del capital y del trabajo, se producen bienes o servicios cuyo objetivo es satisfacer las necesidades de un individuo o comunidad. De acuerdo con esta concepción popular el derecho internacional considera a la empresa como al conjunto de capital, administración y trabajo dedicados a satisfacer una necesidad del mercado.

Todas estas concepciones encierran una misma idea, que la empresa intenta satisfacer la necesidad de un consumidor, o de forma agregada, la demanda del mercado. Sin embargo, para que el mercado absorba su oferta necesita que este sepa lo que ofrece. La ley de Say proponía que la oferta crea su demanda, su proposición pretendía responder a otra realidad y se situaba en otro contexto, pero nuestro momento histórico nos abre las puertas a una reflexión más profunda de un pensamiento común, el que nos plantea que tal vez el mercado nos provee de necesidades que previamente no teníamos y que accedemos a adquirir.

## La creación de necesidades

El rápido aumento en la productividad de los trabajadores que fabrican y trasladan las cosas superó la pesadilla de la lucha de clases en el siglo XIX y en la actualidad se necesita un rápido aumento de la productividad de los que trabajan en servicios para prevenir el peligro de un nuevo conflicto social. Pero los sectores empresariales maduran y los procesos de producción se estandarizan hasta que el coste se acerca al precio de venta. Entonces, ¿cómo consigue la oferta económica mantener el ritmo de transacciones necesario para sobrevivir y ganar algo? Lo consigue por medio de la creación de nuevas necesidades en el consumidor.

La empresa contemporánea se encuentra en la necesidad de tener que desarrollar productos y servicios nuevos con la mayor celeridad posible. Los ciclos económicos se han reducido espectacularmente en las dos últimas décadas, gracias en parte a que han mejorado mucho las nuevas tecnologías de diseño, sus componentes son más flexibles y baratos, y permiten efectuar variaciones fácil y rápidamente sobre un tema. Los competidores rápidos acuden al mercado con líneas de producto que ofrecen mayor variedad, incorporan nuevas características y tecnologías y reflejan las últimas tendencias de diseño, pero ¿cómo absorbe todo esto el mercado? Una de las leyes sagradas del marketing dicta que si una empresa no es líder en su categoría de productos/servicios tiene que crear una nueva. En efecto, si otras empresas han saturado un mercado existe la necesidad de buscar otras alternativas, otros productos, otro mercado.

El secreto reside en la creación de nuevas categorías de necesidades en el consumidor que antes no existían o existían en potencia. En algunas ocasiones se trata de descubrir las necesidades insatisfechas del consumidor que hasta ese momento no estaban descubiertas, pero otras veces se trata simplemente de crear literalmente nuevas necesidades que ni siquiera existían antes en el individuo. Steve Jobs se opuso a realizar estudios de mercado cuando iban a sacar al mercado el innovador y mítico Mac en los años 80 con el intuitivo argumento de que no podían saber lo que querían los potenciales compradores si no se les había enseñado antes el producto, debían enseñar a las personas lo que querían comprar pero estas no podían saberlo hasta que Apple no les fabricara el producto y la consiguiente necesidad de adquirirlo. Jobs tenía razón.

Existen fundamentalmente dos formas de crear nuevas necesidades en el consumidor, rompiendo limitaciones de un sector y manejando nueva información. La primera está más orientada al descubrimiento de necesidades existentes pero ocultas, la segunda a la creación de necesidades inexistentes a priori. Debemos tener presente que el objetivo primero de la empresa es el crecimiento antes que el beneficio y el problema que se le plantea es dónde debe buscar para encontrar ese crecimiento y después de eso cómo hacerlo. En este escenario entra en juego la ruptura de limitaciones previas, cuando una empresa consigue romper una limitación libera un enorme valor que hasta entonces estaba atrapado[99]. El resultado puede consistir en el crecimiento por liberación de esta limitación.

La ruptura de limitaciones se convierte de esta forma en un principio organizativo utilizado por las empresas para lograr su

---

[99] *Romper las limitaciones*, de G. Stalk Jr. , David K. Pecaut y Benjamin Burnett, en un artículo publicado por Ediciones Deusto.

objetivo de crecimiento. Proporciona un modo operativo de buscar oportunidades que permitan el crecimiento de la empresa mediante la ampliación de su actividad, despertando necesidades insatisfechas reprimidas en el deseo inconsciente del consumidor. Las empresas dedican gran parte de sus recursos a reorientar su sistema comercial y a desafiar las pautas que rigen su sector, en este sentido se está produciendo un cambio sustancial en la utilización, fuerza y poder de la información. Este cambio no tiene tanto que ver con un gran cambio tecnológico, que ya se ha dado, sino más bien con un nuevo comportamiento de los individuos y empresas como agentes económicos.

*Las herramientas. Marketing.*

Para vender su producto las empresas utilizan el marketing o mercadotecnia. Se trata de una disciplina relativamente joven puesto que ronda el medio siglo de existencia. Antes las relaciones de intercambio se daban en el mercado entre el oferente y el demandante en un proceso socioeconómico que se alejaba de la empresa. En los convulsos años 20, con el auge del capitalismo moderno, se comenzaron a identificar los procesos de ventas como una función importante de la empresa que debía sistematizarse. Más tarde, en la década de los 50 comenzaron a ponerse en práctica los estudios de mercado en Estados Unidos, y en las décadas posteriores se comenzaron a utilizar de forma analítica las bases de datos a escala masiva del conjunto de agentes del mercado con el objetivo de estimular la demanda y aumentar la cifra de ventas. Los expertos en marketing se enfadan cuando confundimos las ventas con la disciplina, pero la verdad es que los departamentos de marketing nacieron con el objetivo de engordar la cuenta de resultados y solo subsidiariamente el de comprender a los clientes y su valor, así que estamos excusados. Esta disciplina nació para ayudar a los vendedores de las empresas a través de publicidad, folletos informativos, manuales, tarjetas de visita, obsequios de fidelización y otros elementos que permitieran vender sus productos. Una vez que se desarrollaron estos mecanismos intuitivos se comenzaron a implantar sistemas de control que cuantificaban de forma sistemática los resultados en números, aportando datos de mercado para calcular cuotas de mercados y potenciales de recorrido de manera que podían lanzar campañas de venta de forma más científica, y previsiones de ventas de forma que podían controlar a los vendedores y la fuerza de ventas.

La planificación estratégica surgió en las grandes multinacionales anglosajonas en su intento de llevar a la acción del día a día todos estos análisis. De esta forma, las empresas podían identificar oportunidades en mercados donde existían potenciales clientes que valoraran sus productos y actuar sobre tales mercados con mayor fuerza; esto es lo que se dio a conocer como cuotas de mercado. La evolución de los mercados y la globalización han hecho que las empresas desarrollen mucho más estas nociones y acciones sobre ventas y en la actualidad se habla de la orientación al cliente, la segmentación de mercados y el posicionamiento. En definitiva, la empresa estudia nuestro comportamiento, lo interpreta y sobre ello toma decisiones que nos acercan a su propuesta y terminamos consumiendo su producto. En los últimos años se ha refinado tanto esto que se trata de un proceso psicológico, social y cultural aparte de económico. El marketing ha sido denominado como el proceso social y administrativo por el que los grupos e individuos satisfacen sus necesidades al crear e intercambiar bienes y servicios. Se trata de un conjunto de herramientas y procesos de los que las organizaciones se proveen para instalarse en nuestras mentes, para ser la opción elegida, para fidelizarnos como les gusta nombrarlo, en definitiva, para ser percibidas en el mercado y afectar a nuestras elecciones y decisiones.

En otras palabras, es el proceso que relaciona a la empresa con el consumidor, a la oferta con la demanda. Las herramientas del marketing son denominadas como marketing mix y son las acciones mediante las que se implantan y ejecutan las estrategias de marketing de la empresa en el mercado para intentar alcanzar los objetivos previamente ideados y planificados. Tradicionalmente las herramientas están compuestas por las conocidas 4P; Precio, Producto, Plaza (distribución) y Promoción (comunicación), pero a estas hay que añadir otras cuatro denominadas 4C impuestas por el marketing 2.0.; Contenido, Contexto, Conexión y Comunidad.

El proceso clásico de marketing[100] comienza con un estudio de mercado, después se define el mercado objetivo (target), se establece la estrategia, se aplica (marketing mix) y lleva un control posterior. Si nos damos cuenta, aquí no aparece en ningún momento la acción del consumidor que crea una demanda y luego se satisface, el consumidor está lejos, al final, reubiquemos en nuestro contexto la ley de Say.

Desde que existen cosas a intercambiar existe la necesidad de comunicar la existencia de las mismas. El primer gran difusor de esta comunicación fue la imprenta de Gutenberg, que junto a la aparición de las ciudades modernas permitió difundir los mensajes publicitarios a una gran masa de gente. La época de la posmodernidad que nos toca vivir ha visto cómo se han profesionalizado los medios de comunicación y el ejercicio de la publicidad con el objetivo de crear demanda en nuestras mentes hacia los productos publicitados. Mediante esa comunicación se posicionan en nuestro cerebro a través de lo que se denomina marca, y nunca mejor denominado, crean un mensaje sobre una serie de análisis de orden psicológico, sociológico, estadístico, antropológico y por supuesto económico para posicionarse en nuestra mente. Los efectos de la publicidad y la mercadotecnia son de tipo económico y también psicológico al afectar a nuestras decisiones y percepciones de los productos, de hecho el neuromarketing, que combina las técnicas de la comunicación y la neurología, se ha instalado como una nueva disciplina económica que estudia cómo el cerebro humano tomas las decisiones económicas de tal modo que las empresas puedan estudiar mejor el cerebro del consumidor y actuar de forma más eficaz.

Cuando un director de empresa habla del valor de las relaciones con su cliente, en realidad a lo que se refiere es a la información exclusiva que tiene de su cliente y la que este tiene de la empresa y su producto, y es que todo el conjunto de acciones que hemos descrito como

---

[100] Las tendencias actuales están marcadas por el marketing social, marketing relacional, marketing holístico y el neuromarketing.

marketing y publicidad posibilitan a su empresa que permanezcamos como clientes más tiempo, que en ese tiempo realicemos un número mayor de transacciones y que además influyamos en otros consumidores a través de nuestra opinión para que consuman sus productos.

Los nuevos medios como internet están permitiendo nuevas formas de interactividad con los usuarios y generando en especial lo que se conoce como "suscripción a contenido por demanda". Esto facilita que los individuos se agrupen en grupos objetivos de manera voluntaria y pueda comunicárseles información que están dispuestos a consumir. RSS (Really Simple Sindication) está recreando la publicidad de maneras novedosas y más inteligentes. Los podcasts (una forma de RSS en audio) sirven para que los usuarios descarguen automáticamente contenido de estaciones radiales según sus preferencias personales. Esto permite a las empresas enviar publicidad a las personas que quieren y no a un público general, por ejemplo cuando una persona se suscribe a un contenido RSS puede estar dando permiso a la empresa remitente de adjuntar publicidad relativa al tema de su interés. Los blogs son también herramientas que dan liderazgo de opinión a las marcas que los utilizan y al mismo tiempo una gran fuente de enlaces y contenido focalizado. Las redes sociales proporcionan también un público objetivo focalizado, que ofrece una predisposición positiva así como una fácil y rápida propagación. El consumidor pasa de ser pasivo a participativo.[101]

*Educación, cultura y antropología urbana.*

El tamaño de mercado de un producto tiene una relación directa con el número de consumidores que deben existir para su oferta, debiendo reunir estos consumidores tres exigencias: necesidad, renta y acceso al producto. Las empresas crean y distribuyen contenido para los potenciales clientes con la finalidad de atraerlas hacia ellas y mantenerlos conectados con la empresa. En el continuo refinamiento de las estrategias de marketing y venta se han superado los contenidos

---

[101] Wikipedia.

promocionales por contenidos relevantes para los potenciales clientes de forma que estos queden conectados de forma más convincente. Todo esto es lo que se ha venido denominando marketing de contenidos, entendidos estos como cualquier clase de publicación desde un *newsletter online* o una publicación corporativa en papel, hasta publicaciones sociales a través de posts y actualizaciones en redes sociales y culturales de la red o contenidos multimedia audio y vídeo como YouTube. Esta forma de captación de nuevos clientes está directamente relacionada con lo que se conoce como propuestas de valor, en un entorno tan globalizado y en muchos sectores tan competitivo, las empresas se han dado cuenta de que deben esforzarse en dirigirse a grupos objetivo dándoles información relevante y de esa forma intentar mantener una conexión con estos.

Ya no es necesario comercializar con artículos físicos como se hacía antes. La evolución de los negocios y la disponibilidad de cada vez más individuos con renta discrecional e información han hecho que a lo largo del último siglo los procesos de oferta de las empresas hayan ido mutando, los amplios estudios de mercado encargados por las multinacionales y la experiencia de las tres últimas décadas les han hecho comprender que no deben invertir todos sus esfuerzos en la producción de sus productos/servicios, sino en su comercialización. Esto es lo que conocemos como el desarrollo de las marcas, o la imagen de las empresas; las empresas luchan por un puesto en la mente del individuo, en la mente de cada consumidor, no luchan solo por mejorar sus productos, sino por instalarse en algún lugar de su cabeza. Las marcas no son más que la información, ya sea real o imaginaria, intelectual o emocional, que los consumidores tenemos en nuestra mente acerca de un producto o de la empresa que lo produce. De hecho, las herramientas empleadas para crear las marcas como el marketing que estamos viendo, son de suyo información o maneras de proporcionar información. La información define relaciones, define las relaciones existentes entre los agentes económicos del mercado. Mantener relaciones comerciales significa que dos agentes económicos han establecido ciertos canales de comunicación basados en el conocimiento personal, normas compartidas, comprensión mutua o sincronización de los sistemas de producción[102]. Esta relación entre oferente-demandante, definida por la información, es la que determina el poder relativo de negociación de los participantes. Gracias al manejo de la información, las empresas han logrado invadir los espacios públicos con su oferta económica, dando lugar a un fenómeno peligroso, han privatizado muchos de los lugares públicos de los que disfrutamos los individuos. Se trate de medios de información, medios de educación, medios de asistencia sanitaria y hasta la administración pública, todos ellos necesitan de financiación para sus proyectos a través de *sponsors* o convenios entre empresa-medio. Esto es especialmente significativo en países en los que existe una economía de mercado abierta donde el papel del Estado es menor, como en el caso de Estados Unidos. Allí los hospitales y universidades han encontrado en la publicidad de las empresas una fuente de ingresos segura. En esta tesitura nos encontramos ante dos fenómenos de la sociedad posmoderna que todavía no se tienen demasiado en cuenta pero que van a tener efectos de dependencia significativos, por un lado la sustitución de los espacios públicos por espacios privados de empresas, y por otro la entrada de las empresas en el sistema educativo de base.

Con respecto a la privatización de los espacios públicos, lo que hacen las empresas es sencillamente comprarlos; compran los espacios públicos para llenarlos de marca. Compran espacios en medios de comunicación (canales televisivos propios, prensa escrita, radio…), en eventos (conciertos, torneos de deportes, presentaciones de celebridades…), colegios, universidades, lugares de ocio… y los llenan de marca, hasta tal punto que llegan a trascenderlos, sustituyendo el medio al que compran por la propia marca de la empresa. No podemos llegar a imaginarnos los millones de mensajes que recibimos en cada momento ni hasta qué punto podemos tener instalados en nuestra mente algunos de los productos de estas empresas.

En los países democráticos desarrollados, las escuelas y universidades son los lugares públicos y de responsabilidad colectiva por excelencia, pues simbolizan los espacios donde el individuo puede

---

[102] P. B. Evans y T. S. Wurster, *Strategy and the economics of information.* 1997.

experimentar una auténtica vida pública. Derivado de la necesidad de financiación de entes privados, como es el caso de los centros docentes, y de mano de la invasión del espacio público, las empresas han logrado introducirse en el difícil campo de la educación, pero no a través de sus productos, sino en su lugar de creación; los colegios y las universidades. Las conversaciones que tienen los niños a partir de una edad muy temprana en el patio del colegio o a la salida de este giran en torno al consumo, puesto que hablan de lo que tienen ellos y de lo que tienen los demás, de las marcas que son mejores y de lo que hay que tener y dónde comprarlo. En este sentido, las empresas saben de la importancia de todo esto y hacen esfuerzos para introducirse en estos lugares puesto que muchas de las afinidades y manías hacia ciertos productos y marcas se forman durante esta etapa educativa e influyen en el resto de la vida del consumidor.

Se han producido tres consecuencias importantes relacionadas con la dependencia que tenemos respecto a la oferta económica. La primera es que el sistema educativo es una valiosa fuente de estudio del individuo como consumidor, la segunda es la formación de consumidores y la tercera es que se modifican el sistema educativo y la opinión del estudiante.

Los espacios de convivencia que albergan los colegios y las universidades, las bibliotecas, los comedores, los campus... encierran muchos recursos que pueden aprovechar las empresas; todos estos espacios son grupos focalizados a la espera de ser estudiados, por eso lograr el acceso a estos espacios significa, más que vender un producto, la oportunidad de apropiarse de las tendencia de sus estudiantes. Tal es el caso de Apple, que está encontrando en la educación su fuente de ingresos futuros a través de la oferta de dispositivos electrónicos que ofrecen contenido educativo multimedia, un estudiante que en el colegio utilice un iPad es muy probable que se convierta en cliente de la compañía para las siguientes décadas, y no solo él, sus compañeros y familiares seguramente lo harán y seguramente adquirirán y utilizarán el resto de productos Apple, de esta manera los estudiantes *aprenden* a comportarse como consumidores.

El individuo joven, el adolescente, bombardeado por millones de mensajes e inundado por imágenes de marca, dispuesto a introducirse en el molde creado por los medios, es el símbolo más fuerte de la globalización. Algunos estudios sociológicos han demostrado que, dado que el individuo joven absorbe mejor la cultura que sus padres, muchas veces se convierte en el comprador más asiduo de la familia, incluso en lo relacionado con los artículos más básicos del hogar. Aunque el individuo adulto puede mantener sus tradiciones y costumbres, el adolescente puede abandonarlas casi instantáneamente. Además los padres intentan adaptar sus compras a las preferencias de sus hijos siempre que pueden. Las grandes corporaciones dedican gran parte de sus investigaciones de mercado a crear imágenes trascendentes, buscan posicionar las propias empresas en la mente del individuo a través de símbolos, en muchos casos arquetípicos, en lo que se ha convertido un auténtico estudio antropológico de los consumidores. Investigan sobre las relaciones afectivas que provocan determinadas reacciones sobre el individuo, en lo que son estudios minuciosos al más puro estilo jungiano.

En la crisis mundial de principios de los 90 también se dio lo que se ha denominado la crisis de las marcas, acontecimiento que tambaleó los cimientos estratégicos de la mayoría de las grandes compañías, dando lugar a una nueva visión de las estrategias de la oferta económica enfocadas al consumidor. Las identidades sexuales, la lucha racial, los derechos igualitarios en el mundo laboral o cualquier otra clase de lucha por parte de los individuos que se oponían al sistema capitalista, en lugar de ser enfrentados fueron utilizados y remplazados por contenidos de marca y marketing sectorial. El demandado deseo de las masas de una sociedad multicultural ha sido absorbido por las empresas, haciendo de esta estrategia empresarial y de adaptación y configurando así las imágenes de la cultura en la que vivimos.

Las empresas han adoptado este modelo por dos motivos; porque las empresas de artículos de consumo saben que solo sobreviven si crean imperios basados en identidades de marca y porque el creciente sector demográfico juvenil es la clave del éxito en el mercado, y la identidad de marca de nuestro tiempo, desde hace un par de décadas a aquí, es la identidad de la sociedad multicultural, hay que explotar el deseo subyacente de una sociedad igualitaria y amoldarlo a la propia oferta económica.

Los cientos de millones de dólares de la industria de la cultura, uno de los mayores productos de exportación de Estados Unidos y Europa, necesitan un suministro ininterrumpido y siempre diferente de estilos callejeros, rutinas sociales o de lo que ahora se denominan *trending topics*.

*Neurología y comportamiento biológico.*
Con el objetivo de captar clientes y renovar de forma constante el consumo una y otra vez, los departamentos de marketing utilizan todo tipo de técnicas de investigación que les ayudan a conocer qué está en la mente de sus consumidores, en nuestra mente. Entre las técnicas tradicionales se encuentran las encuestas, las entrevistas personales y los *focus groups*. Al estar estos métodos tradicionales basados en las declaraciones verbales de los entrevistados se corre el riesgo de obtener respuestas falsas ante temas sensibles como por ejemplo el sexo, la política, la educación o las expectativas porque estos pueden responder de acuerdo al estereotipo o estándar adecuado pero no de acuerdo con su propio juicio, incluso aunque conscientemente quieran decir la verdad pueden no contestar verdaderamente según su voluntad, ya que se estima que el 95 % de las emociones, aprendizaje de hábitos y recuerdos emana de un nivel inconsciente.

Para intentar acceder al inconsciente de los consumidores algunas consultoras especializadas en marketing americanas están desarrollando aplicaciones de técnicas de las neurociencias, es lo que se comienza a conocer como neuromarketing. Las técnicas más conocidas que aplican de la neurología son las electroencefalografías (EEG) y las resonancias magnéticas funcionales (fMRI), mediante estas técnicas se pueden leer, por ejemplo, las respuestas del cerebro ante los estímulos que puede provocar un determinado anuncio en uno de nosotros mientras lo vemos, se puede estudiar en tiempo real la actividad cerebral. También combinan estas técnicas con otras mediciones biométricas como la respuesta galvánica de la piel, el seguimiento ocular, la medición del ritmo cardiaco y las los movimientos faciales[103].

En cualquier caso, las aplicaciones y desarrollos del neuromarketing están todavía en sus inicios y solo lo están llevando a cabo muy pocas empresas, casi todas ellas norteamericanas, debido su alto coste. Pero tal y como evoluciona todo, la rapidez con que se mejoran y estandarizan los procesos y se reducen sus costes, no podemos infravalorar el potencial de esta metodología a corto plazo.

*La hipersegementación y las redes sociales.*

Segmentar un mercado significa dividir la potencial demanda en grupos de individuos/agentes homogéneos con ciertas características y necesidades y que responden de forma similar ante ciertos estímulos provocados por la oferta mediante estrategias de marketing. Por ejemplo, se puede realizar una segmentación geográfica, demográfica y psicográfica y conseguir un perfil de consumidor que reside en el centro de las ciudades, entre 30 y 35 años, con un hijo, casado, con carrera universitaria, para el que los hábitos de compra de determinado productos son muy similares.

Pero lo  hábitos de los agentes de mercado han cambiado radicalmente y con ello los estudios de mercado y la experiencia de consumir del individuo. La red ha tenido parte de culpa en esto.

El procedimiento habitual de segmentación se dirige a grupos homogéneos de individuos, sin embargo la segmentación a nivel de individuo está comenzando a producirse gracias a la reducción de costes que permite internet, cuando el alto precio de este tipo de marketing lo hacía parecer ciencia ficción hace tan solo una década.

Los medios sociales de internet son el fenómeno sociológico más importante del presente siglo y también lo son en un orden económico dentro de las transformaciones económicas de la globalización. Facebook superó los mil millones de usuarios activos en 2012, Twitter cuenta con más de 300 millones, MySpace con más de 50 millones y la

---

[103] Otras técnicas biométricas más conocidas son el ritmo cardiaco, la presión sanguínea, la respiración o la sudoración.

red de profesionales Linkedin se sitúa por encima de los 100 millones, por citar solo los sitios más importantes y sin entrar a preguntarnos, por ejemplo, cuántos usuarios utilizan Google o YouTube.

Fundamentalmente, los medios sociales posibilitan a las empresas tres líneas de actuación: la hipersegementación de la publicidad a nivel de individuo, la compra social con referenciación cruzada entre conocidos y la búsqueda social haciendo uso de la información que dejamos en nuestras búsquedas y rastro en la red. Esto permite estudiar nuestro perfil psicológico con información objetiva a tiempo real y enviarnos publicidad personal con mensajes personalizados a cada uno de nosotros -una persona un anuncio personal-. Si un amigo ha hecho una compra nos puede llegar una recomendación automática, por lo que le damos la validez de una fuente de confianza y a lo mejor realizamos una compra parecida o la marca puede seguir sencillamente nuestro rastro. Por ejemplo, si un día hiciste un búsqueda para comprar un billete de avión a China, cuando entres en la red te aparecerán anuncios de diferentes compañías con destino a China para las fechas que buscaste, o si buscaste determinado libro tendrás una selección relacionada del catálogo de alguna librería, y así sucesivamente. Lo más sorprendente de todo es que te ofrecen productos que de no ser por esa hipersegmentación no conocerías y que además te interesan dando la sensación de que te llegan a conocer en gustos, deseos y necesidades mejor que tus amigos.

La red no solo permite a las empresas persuadir al consumidor e influirle para que decida realizar cierta compra, sino que les permite estudiar y comprender a los consumidores. En este sentido, las redes sociales son un estudio de mercado dinámico que no deja de moverse y cambiar. Por ejemplo, las agencias de medios pueden agregar decenas de redes sociales y crear perfiles de usuarios específicos para cada empresa anunciante, basados en su comportamiento en la red además de sus variables demográficas, geográficas o interacciones con otros perfiles, de forma que luego muestra sus anuncios de forma personalizada.

Las empresas han dado un paso más en relación a los anuncios en televisión, prensa o radio que se muestran menos eficaces que la publicidad segmentada. Por medio de los diferentes medios sociales pueden obtener de forma gratuita el conocimiento necesario sobre nuestros gustos, preferencias, aficiones, fobias e ilusiones, ya que cada miembro lo publica por iniciativa propia.

## La destrucción creadora

A principios del siglo pasado el economista Thorstein Veblen planteó que la evolución de las sociedades y las organizaciones llevaba implícita la modificación de las preferencias individuales de los individuos en la medida que la sociedad adquiría y desarrollaba nuevos conocimientos, ideas y conceptos. Siguiendo el planteamiento de Veblen, los individuos, las organizaciones y la sociedad en su conjunto están sometidos a un constante cambio indeterminado causado por la interacción múltiple de todos ellos, un cambio no determinista en un contexto de incertidumbre.

El tiempo mecanicista de las teorías neoclásicas no contemplaba que los mismos resultados o condiciones en tiempos históricos distintos dan lugar a resultados diferentes, de ahí que el gran economista Alfred Marshall afirmara en la misma época la necesidad de establecer un tiempo real diferente de ese tiempo mecanicista que defiende todavía hoy el *mainstream*.

Estos planteamientos ofrecían luz sobre dos ideas-fuerza que posteriormente se desarrollarían en el extrarradio de la ortodoxia y la docencia: que el tiempo histórico hace de la ciencia económica una ciencia cambiante porque las condiciones y los resultados cambian y que las interacciones entre agentes del sistema económico son recíprocas y por lo tanto el conjunto de individuos e instituciones cambia y se adapta cual animal en la naturaleza salvaje. Estas ideas-fuerza que el último siglo de historia ha confirmado son lo que posteriormente conocemos como economía institucionalista. Rompieron con el mantra sagrado del equilibrio general de la teoría neoclásica establecido por Leon Walras, que establece que en el largo plazo se alcanza un equilibrio estable y único, los agentes se comportan con racionalidad y la interdependencia de los diferentes mercados se mantiene en equilibrio siendo el resultado global de un agregados igual a la suma aritmética de las partes.

Tomando el testigo de Veblen y Marshall apareció una figura clave en el pensamiento y desarrollo de la ciencia económica, Joseph Schumpeter. Este economista de origen austriaco dio un paso más mejorando la economía institucionalista de Veblen y Marshall, al desarrollar el concepto de evolución. La economía está en constante evolución porque las empresas, en su necesidad de mejorar sus resultados, introducen cambios para lograrlo, de forma que crean nuevos hábitos y rutinas en los distintos agentes del mercado, y dan lugar a nuevas trayectorias de evolución.

Contrario a Friedman y la Escuela de Chicago, que consideraban la evolución y el tiempo algo estático y la interrelación e interdependencia entre agentes y entorno algo inexistente, Schumpeter describió que la empresa capitalista nunca deja de moverse. El crecimiento de la empresa viene por la acumulación de capital y la búsqueda de utilidades, el impulso fundamental que alimenta dicho crecimiento proviene de los nuevos bienes consumibles, los nuevos métodos de producción, los nuevos mercados y las nuevas formas de organización de los individuos que crea la empresa moderna. Se produce un constante proceso de cambio donde las viejas industrias sin cesar son reducidas en su alcance, e incluso algunas desaparecen y dan paso a otras nuevas. Este proceso es cuantitativo pero también cualitativo, ya que las estructuras organizativas cambian. Esta creación de nuevas empresas y desaparición de las viejas es lo que Schumpeter definió como *destrucción creativa o creadora*: en la creación de algo nuevo se destruye parte de lo existente, se trata por lo tanto de una competencia muy distinta de la propuesta en la corriente principal.

Por lo tanto la principal función de las empresas no es hacer el mejor uso posible de los recursos para distribuirlos en el mercado en forma de producción, sino tratar de encontrar lo que en su momento está oculto en el mercado o no se aplica, y provocar un cambio de rutinas y hábitos en los consumidores y en los diferentes agentes del mercado, poniendo de relieve que la oferta y la demanda son interdependientes, una crea a la otra y viceversa.

El proceso de destrucción creadora se compone de cuatro etapas: invención (técnica), innovación (socio-económica), difusión y sustitución por otro proceso destructor. En su imprescindible libro *Capitalismo, socialismo y democracia*[104], Schumpeter nos descubrió que el quid del funcionamiento del sistema capitalista no está en la forma en que este administra las estructuras institucionales que nutren su dinámica sino en la dinámica misma de creación y destrucción. El tiempo hace que las innovaciones pierdan su vigencia, caduquen y hagan desvanecer el valor aportado a la producción como parte de este círculo virtuoso de actividad económica.

Siguiendo este enfoque, el sistema capitalista está formado por una suerte de energía vital en constante proceso de evolución, la cual se desprende de las organizaciones. Pero estas no tienen una importancia tan grande en el equilibrio del sistema dado que está en constante cambio, un cambio que no es permanente, sino que se da a trompicones, como el cambio que estamos sufriendo en nuestros días, la línea divisoria de la que hablaba Drucker y que mencionaba al inicio del libro y cuyos efectos pueden venir en meses, años, décadas o siglos. Estos cambios se materializan primero en las empresas, por lo que son consideradas la fuente primaria de destrucción creadora, luego se desencadena una alteración de todo el sistema y por último el conjunto de agentes comienza a adaptarse a los cambios materializados para sobrevivir.

Las empresas alteran los mecanismos de oferta de los productos, combinan nuevamente los recursos existentes y preparan una nueva función de la producción, cumpliendo de tal modo un acto creativo y en cierto modo revolucionario. Esta función innovadora y no los cambios en los gustos o en la calidad y cantidad de los recursos productivos empleados, constituye el auténtico factor dinámico de la economía.

---

[104] Schumpeter, J., *Capitalismo, socialismo y democracia*. Ediciones Folio. Barcelona 1996.

La demanda de mercado puede proceder de empresas, del Estado o de nosotros los consumidores finales, pero lo importante es que si la demanda no se efectúa, todo este proceso desde la invención a la sustitución no puede darse y la innovación no llegará, por lo tanto debemos tener en cuenta que la demanda crea la oferta pero que la oferta crea la demanda a su vez.

## Obsolescencia programada

El problema de la empresa en las últimas décadas es que tiene grandes dificultades para experimentar crecimientos puros, entendidos estos como genuinos del negocio y dejando a un lado las fiebres y burbujas. Hay una sobreoferta de bienes y servicios y un número finito de consumidores. Además, en el mundo occidental los individuos e instituciones estamos ya en posesión de todos los elementos de ocio y negocio necesarios para el normal funcionamiento de la vida privada y social dentro de un marco de dignidad y bienestar, cuando las economías desarrolladas maduran los consumidores bajamos nuestra tasa de nuevas compras porque tenemos muchas de nuestras necesidades cubiertas, aunque las empresas se encuentren en la necesidad de aumentar su tasa en ventas. Por mucho que se refinen y mejoren los productos ya existentes, no parece suficiente para absorber esa sobreoferta.

En fechas recientes unos de los historiadores económicos de referencia mundial, Robert Gordon, publicó un interesantísimo y arriesgado artículo[105] donde se preguntaba si el crecimiento económico había tocado techo. Según su tesis, la mayoría de los grandes avances tecnológicos tuvieron lugar durante las tres décadas de la Revolución Industrial de finales del siglo XIX (que él denomina Segunda

---

[105] Gordon, Robert J., *Is US economic growth over? Faltering Innovation contronts Six headwinds*, NBER Working Papers. Cambridge 2012. Aunque habla de Estados Unidos, el análisis es extensible a todas las economías desarrolladas, sobre todo Europa y Japón. La tesis que defiende en este artículo ha sido defendida por el autor desde tiempo atrás.

Revolución Industrial) y han permitido un crecimiento sostenido que ha durado casi un siglo. No obstante, argumenta que el crecimiento impulsado por esta revolución está agotado porque los avances posteriores de la microelectrónica (Tercera Revolución Industrial) se produjeron en los años 70 y 80 y en la actualidad no aportan un cambio de prosperidad y crecimiento de una forma significativa en el sentido de salto de profundidad cualitativa que dieron las anteriores revoluciones. Tendremos que esperar unas décadas para tener perspectiva y poder juzgar esta tesis. Dicho esto, lo que sí es cierto es que desde hace tres décadas, desde los primeros años 80 con el consenso de Washington y el comienzo desregulación total, el crecimiento de los países desarrollados ha sido posible en gran medida gracias al incremento paralelo de la deuda; los datos estadísticos oficiales procedentes de las economías desarrolladas facilitados por el Eurostat no ofrecen dudas, muestran que si quitamos el crecimiento improductivo que se ha producido por el aumento de la deuda (aumento del PIB por medio de la burbuja valorativa de bienes no productivos y no un aumento de riqueza real; crece en el pasivo la deuda y la contrapartida es un activo que vale muy poco o nada), dicho crecimiento se acerca a cero, estaríamos ante el efecto de la ilusión monetaria, es decir, se ha producido un crecimiento ficticio.

Según Gordon hemos experimentado tres revoluciones industriales, la primera que va de 1750 a1830 y en la que inventan la máquina de vapor y el tren; la segunda que va de 1870 a 1900, donde se inventan y/o aplican por vez primera la electricidad, el agua corriente, el motor de combustión, las comunicaciones, el entretenimiento (teléfono, cine, fotografía, radio), la química aplicada y los desarrollos del petróleo, y la tercera, que va desde 1960 hasta nuestros días, donde hemos inventado y aplicado la microelectrónica, las telecomunicaciones (ordenador personal, internet, telefonía móvil) y el entretenimiento en toda su extensión.

El razonamiento clave es que los cambios drásticos que supusieron los desarrollos de la segunda revolución industrial, como eran el paso de la vida rural a la urbana, el acceso al agua corriente, la eliminación de la fuerza bruta humana para trabajar, el desarrollo de medicamentos, el control de la temperatura en las habitaciones y un largo etcétera de las mayores e inimaginables mejoras en las condiciones de vida previas, son cambios que se han producido y que no se van a seguir produciendo.

Uno de los más importantes artificios que ha desarrollado la oferta de la gran industria es la obsolescencia programada o planificada, consistente en programar el fin de la vida útil del producto que se vende, de forma que tras ese periodo se tenga que volver a comprar de nuevo. Esta programación se lleva a cabo por las propias empresas en su fase de diseño y consiguen que el producto adquirido quede totalmente inservible. Esto asegura el ritmo de crecimiento y ventas de las empresas a través de los escasos clientes en lo que se puede considerar un mecanismo artificial.

El mecanismo de la obsolescencia programada se desarrolló en los años 20 y 30 del siglo pasado, cuando la producción en masa y el nacimiento de las nuevas clases medias sociales comenzaron a formar nuevos modelos de producción, distribución y venta en las empresas. El concepto de *obsolescencia programada o planificada* nació a principios de los años 30 en la depresiva economía estadounidense cuando el promotor inmobiliario Bernard London publicó un libro titulado *Poner fin a la gran depresión mediante la obsolescencia programada*, en el que proponía su aplicación como medida para superar el Crack del 29, consistente en definir periodos de vida para cada tipo de producto y una vez transcurrido dicho periodo que el Estado absorbiera los productos obsoletos.

La idea de la obsolescencia programada se implantó en la realidad porque diferentes empresas hicieron *lobby* en los años 20. Es el caso de los fabricantes de bombillas: existe en Livermore (California) una bombilla en la estación de bomberos que lleva funcionando de forma ininterrumpida desde el año 1901, ¿cómo puede ser que hace más de un siglo se fabricaran productos tan duraderos con aquella tecnología y que ahora no duren más de mil horas?, porque en 1924 los fabricantes de bombillas estadounidenses crearon un cártel llamado Phoebus cuya misión era que los usuarios compraran con regularidad su producto y de esa forma controlar la producción a nivel mundial.

¿Cuántas veces hemos cambiado de móvil los últimos diez años?, ¿cuánto nos duró el primero y cuánto los últimos?, ¿cuánto dura un ordenador portátil sin dar problemas?, ¿antes comprábamos ordenadores portátiles?, ¿cada cuánto compramos uno ahora?, ¿cuánto dura la calidad inicial de la ropa que compramos?, ¿cada cuánto adquirimos calzado nuevo, pantalones nuevos, camisa nueva, gafas nuevas?, ¿cuánto tiempo dura nuestro coche sin averías?, ¿qué vida útil tiene cualquier producto de carácter electrónico que poseemos?, ¿y de los que simplemente utilizan solo una corriente eléctrica como los electrodomésticos, cuánto duró aquel mítico primer frigorífico de nuestros padres? Y así, cientos de ejemplos.

Este hábito consumista se desarrolló en aquellos años 20 y 30 y se potenció en los años 50 de la posguerra mundial con el estilo de vida americano, hasta hoy. Dicha evolución en nuestros hábitos y decisiones personales ha sido provocada por la oferta económica, desde las grandes multinacionales, que idearon un sistema que limitaba la vida de los productos que fabricaban obligándonos a realizar compras con creciente y controlada frecuencia para sostener sus ritmos de crecimiento. Esta es una de las grandes paradojas del sistema económico posmoderno: que las empresas ofrecen productos de corta vida y calidad que fallan de manera programada para mantener de manera artificial el funcionamiento del propio sistema con la falsa idea de crecimiento y prosperidad, la cantidad de residuos desechados a diario y la obligación de consumir perjudican seriamente al medio ambiente[106] y a los individuos.

En los años 50 se introdujo el concepto de *deseo en el consumidor de poseer*, se evolucionó la primitiva obsolescencia introduciendo el papel de la publicidad y el marketing como herramientas para incrementar las ventas, tal como hemos descrito antes. En nuestra vida cotidiana deseamos poseer cosas, ya sean físicas o intangibles, vivir la experiencia de estrenar, de renovar, de cambiar aquellas cosas que poseemos por otras nuevas, incluso buscamos una justificación moral para decidir realizar una compra de algo que no necesitamos.

---

[106] Se calcula que la basura creada al día es de siete millones de toneladas al día (siete millones de habitantes por un kilo de basura diaria de media).

La pregunta es ¿tiene continuidad el funcionamiento del sistema económico moderno si construimos bienes y servicios eternos? La respuesta es no. La obsolescencia programada nos obliga a consumir, pero también permite mantener nuestros empleos y nivel de vida, cualquiera que sea la actividad a la que se dedique la empresa para la que trabajamos directa o indirectamente estamos afectados por este hecho. Incluso los entes públicos y funcionarios están relacionados a partir de los impuestos directos e indirectos al consumo y a la renta obtenida en la empresa privada de este ciclo. Por lo tanto, el hecho de descubrir que se crean necesidades en nosotros como consumidores en un proceso oferta-demanda antes de satisfacer los deseos en un proceso demanda-oferta (algo que nos provoca un deseo insatisfecho por productos deficientes que necesitan ser vueltos a consumir), no debe nublarnos la vista y cubrirnos de ingenuidad al pensar que la oferta es la culpable de todo porque, derivado de esta, el proceso se retroalimenta en un círculo cerrado que hoy por hoy es imposible romper. Las dos únicas soluciones[107] que se han propuesto son el sistema comunista y cooperativista (en la antigua Unión Soviética se producían los electrodomésticos y productos al consumo más duraderos del planeta, el desenlace final de dicho sistema todos lo conocemos) y el decrecimiento económico, este último más novedoso pero no menos utópico, propone una reducción paulatina de la producción y el consumo para alcanzar un nuevo equilibrio socio-económico y medioambiental. El problema es que la respuesta de sus partidarios a la evidente pregunta de qué hacer con el excedente de mano de obra y capital que resultaría de dicha proposición es sencillamente *desarrollar el conocimiento y la amistad*. Lástima que la ingenuidad no funcione en el mundo real.

Al igual ocurre con el planeta Tierra en la teoría de Gaia de James Lovelock, los recursos productivos de las diferentes economías irán

---

[107] En los últimos meses se está poniendo en alza el *consumo colaborativo*, que consiste en compartir recursos entre varias personas para ahorrar, como por ejemplo compartir el coche en un viaje. Son medidas innovadoras que funcionan muy bien para un nicho de demandantes muy concreto, pero se trata de medidas pasajeras que parchean situaciones y que en ningún caso se pueden tomar como rumbo y solución de las economías.

buscando mercados en los que seguir creciendo y desarrollándose, y el sistema global en su conjunto tenderá a autorregularse, no en el sentido de falta de regulación, sino en el sentido de que los recursos productivos se moverán de las economías con menor crecimiento a las que están en pleno proceso de prosperar y crecer. Lo vemos dentro de Europa, donde los países que siguen experimentando crecimiento absorben recursos humanos y capital de aquellos que están en economías estancadas (España, Grecia o Portugal hacia Alemania, Inglaterra o Suiza). Más significativamente lo estamos experimentado en el ámbito internacional: los países de economías desarrolladas maduras están buscando crecimiento en el desarrollo económico de los países emergentes (Europa hacia América del Sur o Asia).

En cualquier caso, el PIB es una medida de la riqueza que se deja por el camino muchas cosas importantes y sobrevalora otras. Además, su tasa de crecimiento no solo viene determinada por los avances tecnológicos sino que también hay que tener en cuenta los problemas demográficos, la devolución de las deudas, el retroceso cultural, el poder asimétrico de las instituciones o las deslocalizaciones de recursos tan difíciles de redireccionar y remover como la mano de obra o las inversiones extranjeras netas.

El crecimiento tomará una forma y un rumbo donde la destrucción creadora, y subsidiariamente la obsolescencia programada, seguirán siendo elementos fundamentales de ese cambio bipolar que es el crecimiento/muerte, el bienestar/pérdida y la seguridad/incertidumbre.

## Efecto Dependencia

Los modelos económicos son representaciones abstractas de la realidad que tratan de explicar ciertos fenómenos. Al no poder describir correctamente la multiforme realidad se acude a modelos matemáticos con la ilusión de describir el comportamiento de los agentes que interactúan en ella. Imponen unos supuestos, establecen después unas condiciones y más tarde crean unos eventos, de manera que al final la realidad que pretende ser descrita se encajona con calzador en el modelo creado previamente con los parámetros descritos, supuestos-condiciones-eventos.

Se parte de la idea de que existe un conjunto de oportunidades entre las cuales podemos elegir; la teoría nos dice que existe un conjunto de bienes y servicios que compramos y que hemos elegido de entre una serie de productos diferentes contenidos en una cesta que los contiene.

La respuesta que nos proporciona la microeconomía ortodoxa a la pregunta de cuáles son las causas que nos llevan a decidir consumir ciertas cantidades de un determinado producto y por qué elegimos ciertas alternativas y no otras viene desarrollada por medio de los conceptos *efecto renta* y *efecto sustitución*. Ante cambios en el precio de cada bien ofertado se produce una modificación en nuestra conducta de consumo que nos lleva a consumir más o menos unidades de ese bien. Esto es lo que en el lenguaje económico académico se denomina elasticidad: un bien elástico es aquel en el que las variaciones de su precio influyen de forma significativa en su demanda (elasticidad-precio). Según los fundamentos económicos clásicos el cambio de criterio en la elección de una alternativa por nuestra parte se puede descomponer en dos fases. La primera parte del cambio se produce debido a la variación del precio de un bien; supongamos que se reduce y esa variación provoca que liberemos o reduzcamos renta que podemos dedicar a comprar más o menos unidades de ese bien, a esto es a lo que se denomina efecto renta. La segunda fase se produce debido a que el bien cuyo precio ha variado es ahora más barato en relación con otras alternativas y nos desplazamos hacia el bien de menor precio demandando más unidades de este, algo que se denomina efecto sustitución. En otra palabras, nuestro criterio de elección viene determinado por las variaciones en la percepción debido al efecto renta y por las variaciones en la percepción debido al efecto sustitución. Está empíricamente demostrado que estos dos efectos existen y se pueden cuantificar. No obstante, el efecto sustitución tiene un impacto casi despreciable sobre nuestro criterio de elección de consumo salvo para productos básicos de primera necesidad.

Como se ha ido exponiendo a lo largo del libro, el desarrollo del sistema económico, la implantación de las diferentes instituciones modernas, los cambios demográficos, la estructura social, la transmisión de la cultura, la instauración del sistema de bienestar como mecanismo de paz, las estructuras de poder que crean legislación, los Estados como método organizativo, la figura del crédito como potenciador económico y las grandes empresas símbolo del capitalismo contemporáneo han provocado en nosotros una creciente dependencia del medio en el que vivimos. Hablando de los principios de elección ya vimos como Galbraith hablaba del principio de dependencia o efecto dependencia, aunque fueron Marx y posteriormente Freud los que desarrollaron el concepto psicológico de alienación del medio. Esta alienación psicológica tiene un correlato económico real y es evidente la necesidad de incluir esta fuerza determinante en esa relación de criterio y variaciones en las alternativas que he descrito, de forma que nuestro criterio de elección no solo depende de nuestra renta disponible y las alternativas que nos ofrecen ante los diversos bienes y servicios que demandamos, sino que también incide de forma significativa en nuestras decisiones de consumo la dependencia que tenemos del entorno económico y social y de sus creaciones.

El *mainstream* nos explica que para una renta dada y unos precios relativos de las alternativas disponibles, si baja el precio de una de las alternativas entonces dispondremos de una renta relativa mayor y si queremos más cantidad de un determinado bien tendremos que renunciar a parte de otro sustituyéndolo. A esto debemos añadir que ahora no tenemos la obligación de sustituir un bien por otro puesto que podemos endeudarnos hasta cierto límite (con una tarjeta de crédito, por ejemplo) para conseguirlo y mantener el mismo nivel de unidades del otro bien; *el efecto dependencia provoca que consumamos más unidades de un bien de las que consumiríamos sin la ausencia de tal efecto.*

Esto tiene otra repercusión mayor si cabe, en realidad nos endeudamos más de lo que nos endeudaríamos si no existiese la fuerza del efecto dependencia, porque obliga a gastar más de lo que gastaríamos en su ausencia. En una situación previa en la que no existe el efecto dependencia no nos endeudaríamos, ya que consumiríamos hasta que nos permitiese nuestra restricción presupuestaria de ingresos personales. Esto es lo que sucedía hasta la segunda mitad del siglo pasado, tras la segunda posguerra mundial la instauración de los Estados de bienestar, el desarrollo de los mecanismos de crédito de uso popular, la obsolescencia programada, la destrucción creadora del sistema, la persuasión oferente y los sistemas de establecimiento de las reglas de mercado descubrieron esta fuerza de consecuencias significativas en nuestro proceso de decisión.

En el fondo el efecto dependencia es una extensión del efecto renta. Nosotros, como consecuencia de la dependencia que tenemos del medio económico y social, logramos aumentar nuestro nivel de ingresos a través del endeudamiento y provocamos un efecto renta, aumentando de esta forma nuestro umbral de posibilidades de consumo dirigidas a aquellos bienes y servicios de los comenzamos a depender y que han quedado deliberadamente afectados para nosotros, asegurando el mantenimiento del funcionamiento del sistema.

Las fuerzas que mueven el mercado -poder económico, poder político y poder social- son responsables de que nuestras elecciones transcurran dentro de una corriente de deseos en cierto modo preestablecida. Dicha corriente de deseos es empujada por la enorme capacidad de inducción y afectación de esas fuerzas y encuadrada entre unos límites de actuación, determinados por la fuerza de retroalimentación del sistema entre deseos y corriente. La corriente atrae hacia sí nuestros deseos, se comporta como la fuerza de la gravedad que acaba atrayendo, integrando y arrastrando a casi todos sus elementos periféricos (todos aquellos que puede afectar en su campo de fuerza) obligándolos a comportarse como ella dicta. Es muy difícil vivir de manera sostenida fuera de los límites de esta tendencia, de esta fuerza, si no entramos en ella quedamos fuera. Esta es la desesperanza que nos asuela, sabemos que no nos queda más remedio que vivir dentro de estos límites porque es mejor estar dentro que fuera y nos vemos *condenados* a vivir a *ese ritmo de vida*. Por lo tanto, una de las características fundamentales del sistema económico que conocemos en nuestra época es la determinación de esa especie de tendencia-fuerza que arrastra los deseos individuales y su capacidad para satisfacerlos. Me acuerdo de las palabras que Herbert Marcuse cita en su libro *El hombre unidimensional*:

"¿Qué tribunal puede reivindicar legítimamente la autoridad de decidir? En última instancia, la pregunta sobre cuáles son las necesidades verdaderas o falsas solo puede ser resuelto por los mismo individuos, pero solo en última instancia, esto es, siempre y cuando tenga libertad para dar su propia respuesta. Mientras se le mantenga en la incapacidad de ser autónomos y manipulados su respuesta a esta pregunta no puede considerarse propia de ellos".

Como decía en el segundo capítul,o la ciencia económica es básicamente el estudio de las decisiones humanas, elecciones y decisiones que nos llevan a la determinación de las acciones, y con la determinación siempre surge la pregunta de la libertad: ¿nuestras decisiones vienen determinadas o por el contrario nacen de nuestra libre elección?

Se llama libre al individuo dotado de libre albedrío, entendiéndolo como la facultad de elección, considerada por la tradición occidental la facultad más relevante en el ser humano. En su acepción negativa la libertad[108] significa la negación de dependencia respecto a algo y en la positiva como el poder de hacer algo por uno mismo, es decir, la voluntad.

El efecto dependencia ha hecho que a lo largo de los años diversifiquemos toda la fuerza de nuestros ingresos entre distintos bienes y servicios que en su ausencia no consumiríamos, de forma que cuando tenemos que proveernos de los bienes que consideramos básicos, esos ingresos se debilitan disminuyendo la percepción de riqueza relativa, por eso nos aferramos al inmovilismo y la simplicidad, para escapar psicológicamente de toda esa presión económica y social, hemos tomado consciencia de que la libertad que hemos conseguido

---

[108] La ética filosófica señala que la libertad es inherente al individuo y se conoce también como libre determinación, autonomía o soberanía individual.

con el progreso socioeconómico, la hemos perdido en otro grado por medio de una mayor incertidumbre y desconexión del tempo y medio natural.

# EVOLUCIONAR

La crisis económica y financiera que estamos viviendo desde hace ya unos años ha provocado que veamos un mundo diferente al conocido antes de su llegada, las ideas económicas parecen obsoletas y la visión individual de cada uno de nosotros parece confundida y alterada. Existe una especie de contradicción entre lo que nos han enseñado y lo que vemos en la realidad.

El individualismo feliz propugnado por la doctrina ortodoxa del *laissez-faire* se fraguó en un nivel intelectual en las diversas corrientes de pensamiento que estuvieron reinando la filosofía europea durante muchas décadas, antes de su aplicación, a través de Hobbes, Locke, Rousseau y Hume, a las ideas del racionalismo moderno donde el individuo era el centro del mundo. La maduración de estas ideas a lo largo de todo ese tiempo logró unir individualismo y socialismo en una suerte de visión darwiniana. Smith, Ricardo y Malthus jamás utilizaron el concepto de *laissez-faire* (Smith solo lo nombra una vez y con otro significado), fueron por lo tanto la educación y los intereses cruzados los que permitieron absorber a lo largo de este tiempo y el pensamiento filosófico occidental este concepto.

Solo en un periodo de tiempo de cuatro décadas funcionó la política económica sin el mantra de la mano invisible y el fundamentalismo de mercado (obviando las políticas de planificación central de los Estados comunistas cuyo fundamentalismo de Estado practicaba la corrupción salvaje, la ausencia de derechos individuales y provocó la ruina económica de la que todavía no se han recuperado), la época en que se aplicaron las ideas de Keynes, que ayudó a instaurar el Banco Mundial y el Fondo Monetario Internacional después de la crisis de finales de los años 20, funcionaron hasta los años 70, cuando el fenómeno de la estanflación (inflación + desempleo) puso en entredicho algunos de los principios en los que se basaba su sistema (principalmente que suponía que no había libre movimiento de capitales entre países y que los tipos de cambio eran fijos, cosa que entonces ya no ocurría). Entonces resurgieron de nuevo las ideas neoclásicas del *laissez-faire* por medio de la llamada economía positiva cuyo portador, Milton Friedman, simboliza como ya hemos dicho el arquetipo de pensador liberal. Fue la época de las desregulaciones y privatizaciones de Ronald Reagan en Estados Unidos y Margaret Thatcher en Reino Unido. Posteriormente, a finales de los años 80, se reforzó esta visión a través del llamado Consenso de Washington, que buscaba acelerar la globalización por medio de desregulaciones y fuertemente influenciada por los grupos de presión de las grandes corporaciones.

## La economía positiva no es tan positiva

En el año 1953 el economista Milton Friedman publica un trabajo bajo el nombre *The methodology of positive economics*[109], en el que explicaba la manera en que los economistas elaboran teorías, identificando la problemática de aplicar el método hipotético deductivo, heredero de los desarrollos de la lógica formal y el discurso científico acumulado en los siglos anteriores, a la ciencia económica. La tesis de este autor es que la teoría económica debe ser juzgada por su capacidad predictiva (y por su coherencia), independientemente del realismo de sus supuestos. De esta forma la teoría económica se concibe solo como un instrumento analítico (instrumentalismo).

---

[109] Friedman, M., *The Methodology of Positive Economics, Essays in Positive Economics*. University of Chicago Press. Chicago 1953.

La propuesta de Friedman es básicamente metodológica, la metodología de los economistas en su elaboración de teorías que predigan resultados, y el trabajo despierta un amplio debate entre los economistas.

Hace una distinción entre *economía positiva* y *economía normativa*; la economía positiva trata la ciencia económica como un cuerpo sistemático de conocimiento, la economía normativa trata la ciencia económica como un conjunto de criterios sobre lo que debería ser. Según él la economía positiva es capaz de ofrecer predicciones ajustadas ante cambios en las circunstancias y la función de una teoría debe ser juzgada por la precisión, fin y conformidad con la experiencia de las predicciones realizadas. Es decir, la economía positiva puede ser una ciencia objetiva a la altura de las ciencias físicas o puras, aunque reconoce que la equiparación entre con estas es complicada por las dificultades metodológicas de la ciencia económica. Estas dificultades metodológicas se resumen en los siguientes dos planteamientos.

1°) "En los contextos habituales de aplicación de las teorías económicas, no es posible decidir si se satisfacen sus condiciones de aplicación, antes e independientemente de la aplicación de las mismas. Esto significa que la aplicabilidad y adecuación de una teoría es decidida simultáneamente por medio del examen de sus predicciones".

2°) "Si como parece razonable es admisible modificar las condiciones de aplicación de una teoría (por ejemplo restringiendo su dominio o aplicabilidad), entonces debe aceptarse que también pueda ser "cambiada o manipulada" su clase de predicciones consideradas relevantes ya que éstas no son indispensables de sus suposiciones de dominio".

Friedman justifica que la economía adopta dicho marco de razonamiento mediante la postura filosófica del Instrumentalismo que, como ya hemos señalado, postula que el fin último de la teoría es brindar una respuesta útil a los fenómenos sociales. Sostiene que los elementos vitales para el desarrollo de una teoría económica son la utilización de razonamientos lógicamente coherentes y la abstracción, afirmando que "los cánones de la lógica formal pueden mostrar por sí solos si un lenguaje es completo y consistente, es decir si las proposiciones en el lenguaje son ciertas o equivocadas".

*Tesis de la irrelevancia de los supuestos.*

En las ciencias naturales de carácter empírico, la física por ejemplo, primero se verifica si las condiciones iniciales planteadas (los axiomas o hipótesis) se parecen lo suficiente a las características que se encuentran en la realidad en un tiempo y espacio determinados, para comprobar si las hipótesis coinciden con la realidad. En economía esto no es posible porque tal verificación solo se puede hacer después de comprobar las hipótesis y no antes. En este contexto postula el primero de sus enunciados y a través del método matemático-deductivo enuncia la *Tesis de la irrelevancia de los supuestos*, en la que afirma que los economistas deben someter a prueba empírica sus teorías independientemente de verificar el realismo de sus supuestos. Bajo este prisma, una teoría económica será aceptada en la comunidad de economistas si presenta una considerable capacidad predictiva con la realidad, aunque sus supuestos sean irreales.

Para Friedman el fin último de una teoría es que permita interpretar la realidad y resolver las dudas sobre la misma, convirtiendo la teoría en un instrumento que permita al economista explicar la conducta de los agentes económicos, de aquí el nombre instrumentalismo, y por eso establece un conjunto de reglas que aún hoy siguen vigentes en su mayoría. En otras palabras, una teoría bajo la forma de "bajo la condición x, el resultado y", no existe ningún problema en que la condición x sea falsa siempre que el resultado y concuerde con la realidad, además no hace falta contrastar todas las hipótesis, si no las que nos convengan. Por lo tanto la realidad o irrealidad de los supuestos no indican que una teoría sea explicativa de algo.

A lo largo de las seis últimas décadas, desde que se publicó su trabajo, ha existido un debate vacío sobre el realismo o irrealismo de los supuestos, pero el análisis de este debate se ha dado siempre bajo el marco metodológico planteado por el autor, postulando que una teoría económica que pretenda acercarse a la realidad a través de planteamientos menos abstractos, surgirá de argumentos erróneos desde un punto de vista metodológico.

Como nos enseñó Karl Popper, las teorías son solo conjeturas, no son ni verdaderas ni falsas, simplemente tienen pertinencia y son aplicables en el contexto concreto del que emergen. Nada más. Lo irreverente de las teorías de Friedman es que le da exactamente igual si los supuestos sobre los que se basan sus explicaciones son verdaderos o falsos, si existen o no, y por lo tanto dejan de tener conexión con el mundo real en ese preciso momento. La relación entre los resultados y la realidad es obra de un Dios o simplemente de la mano invisible de este. Estos planteamientos son elegantes pero están totalmente alejados de la realidad, no solo son falsos sino que han resultado peligrosos y perjudiciales para la salud económica global.

## Los mercados eficientes no han sido eficientes

*¿Quién es Sr. Mercado y por qué nos manda?*
Como ya apuntaba en el primer capítulo los Estados descubrieron en las guerras mundiales que podían sacar mucho dinero de sus ciudadanos y que se podían endeudar. Podían hacer una cosa y la otra hasta límites antes inimaginables. Además, producían crecimientos constantes en sus economías y los mercados de crédito y la imposición fiscal creciente ayudaban. El problema es que los Estados occidentales se han endeudado durante tanto tiempo que llegó un día en el que comenzaron a financiarse mediante instituciones privadas, ya fueran bancos, fondos de inversión o fondos soberanos. ¿Cuál es el problema?, que estas instituciones privadas han pasado a tener el poder de financiación sobre los propios Estados. Cuando oímos *mercados,* sustituyámoslo por *bancos o fondos de inversión.*

A menudo escuchamos que "los mercados nos controlan". Pues bien, los mercados son los financiadores de esas deudas nacionales y esos financiadores tienen nombre y apellido: los *bancos*, que manejan la mayoría de las divisas internacionales; los *fondos de inversión*, que tienen inversiones en todos los mercados financieros del mundo (manejan cifras cercanas a los 20 billones de dólares); los *fondos de pensiones,* que manejan unos 14 billones de dólares, los *fondos soberanos* de países como China, Rusia, Noruega o la Liga Árabe, que tiene ingentes excesos de liquidez debido a la posesión de recursos naturales estratégicos, y por último los *Hedge Funds* o fondos de alto riesgo, que aunque manejan un volumen de dinero menor son los más temidos por sus prácticas dudosas, agresivas y la opacidad de su información (los fondos soberanos y los fondos de pensiones generalmente son conservadores). También habría que añadir a las grandes aseguradoras y reaseguradoras (también a través de los fondos de inversión) por las sumas de dinero astronómicas que mueven por todo el planeta a diario y la connivencia de los grupos de inversión nombrados.

Para que nos hagamos una idea de las cantidades que acabo de nombrar, solo la gestora de fondos de inversión más grande del mundo, Blackrock, maneja una cantidad de dinero equivalente a dos veces el producto interior bruto de España, que es el duodécimo país en tamaño de PIB, y lo que produce la quinta potencia mundial (Francia) en un año. El total de dinero manejado por todos los fondos de inversión es superior al dinero producido por la economía *ordinaria* de toda la Unión Europea o Estados Unidos (primera y segunda a escala mundial en cuanto a PIB). Imaginemos ahora una mala calificación de las agencias de *rating*, intereses cruzados, seguros contra la caída de cotizaciones de un país… Tienen poder sobre casi cualquier cosa.

*La 'irracionalidad' de los mercados.*
La evolución de los últimos 30 años, desde el resurgir del *laissez-faire* de finales de los años 70 y la economía positiva y todas sus consecuencias políticas nos han llevado a la supremacía de los mercados financieros en el papel que comportan en la economía real. El influjo de las finanzas internacionales sobre la economía real es lo que se ha denominado *capitalismo neoliberal* o *nuevo capitalismo* y su funcionamiento encontró una justificación teórica en la conocida *hipótesis de eficiencia informativa de los mercados financieros*. Esta

hipótesis es análoga a la teoría de elecciones racionales descrita en capítulos anteriores pero en el mundo de las finanzas internacionales, supone que un mercado mundial totalmente integrado y carente de regulación asigna de la manera más eficiente posible los recursos (acciones, obligaciones, deudas, divisas, planes de pensiones, cuentas a crédito, depósitos, derivados) a los distintos agentes (individuos, hogares, empresas, gobiernos, instituciones financieras, bancos centrales, fondos de inversión), de forma que se llega a un equilibrio óptimo para todos los participantes de la economía. Para mal de todos nosotros, la experiencia de estos años nos ha mostrado que los mercados *autorregulados* o *desregulados* no solo no son eficientes en la asignación de recursos, sino que son totalmente ineficientes y tienden a desequilibrios tan pronunciadamente elevados como sorprendentes y peligrosos para el bienestar económico y social de naciones enteras.

La línea argumental se basa en el fondo en la teoría de elección racional; la competencia financiera produce unos precios justos los cuales son los mejores indicadores para la óptima asignación de los recursos financieros en los productos más rentables dejando de lado los proyectos menos rentables. El problema fundamental ha sido trasladar literalmente la ley de la oferta y la demanda de los bienes y servicios de consumo ordinario a los productos financieros. En los bienes y servicios de la economía ordinara (por llamarla de alguna forma) cuando los precios de un determinado producto comienzan a subir la demanda comienza a bajar, de manera que llega un punto en que la oferta comienza a bajar los precios y se llega de nuevo a un equilibrio de oferta/demanda. Esto es lo que se denomina *feedback* negativo, la contrafuerza que reequilibra el precio hacia un nuevo equilibrio, es lo que ocurre en la economía *ordinaria*. Sin embargo, en los mercados financieros cuando el precio de una acción o producto financiero sube (oferta) la demanda de títulos sube (demanda) y así hasta que llega un techo final que es una burbuja y entonces cae de golpe. La economía financiera produce por lo tanto *feedbacks* positivos y en consecuencia no solo no se autorregula hacia situaciones de equilibrio como en la economía *ordinaria*, sino que lleva a la ineficiencia, los desequilibrios y las burbujas (especulativas) que provocan en la economía real recesiones. Se alimenta y retroalimenta hasta situaciones caóticas que nada tienen que ver con los principios de eficiencia, equidad y optimización de economía, por el contrario supone una fuente constante de desequilibrios e incertidumbre.

La hipótesis de los mercados eficientes dictamina que los mercados son los mejores jueces de los Estados. Nada más lejos de la realidad. La integración financiera mundial ha supuesto la mayor centralización de propiedad capitalista y el mayor logro de poder a escala mundial, además los emisores de juicio que son las agencias de calificación, cuando evalúan una entidad o estado cobran sus honorarios de la entidad emisora de productos financieros y no del comprador que en principio la necesita como se hacía antes de esta evolución de los últimos 30 años, de esa concentración de capital y poder financiero, con lo cual las calificaciones van dirigidas a estos fondos *de control* y cuyas notas están totalmente viciadas y supeditadas a los emolumentos recibidos. Las notas financieras y los diferenciales de interés de deuda pública de los Estados poco tienen de racional y de real.

Esta misma concentración de capital es la que está entretejida entre las aseguradoras y reaseguradoras que apuestan contra la bajada de activos o quiebra de Estados enteros, que necesitan de esas notas de las agencias de *rating* que también están entretejidas en ese conglomerado cuyos flujos de dinero proceden de los fondos de inversión que indirectamente han pagado la calificación, el seguro y la financiación inicial.

## Muchas matemáticas pero poco juicio

*Irrealidad e incoherencia.*

El *mainstream* defiende y enseña que la economía se considera ciencia desde el momento en que logró formalizarse, es decir, el momento en el que se desarrolló un cuerpo matemático que expresaba mediante ecuaciones realidades como el comercio o la producción, al estilo de las ciencias físicas. Tal es el caso de una de las teorías centrales de la economía estándar, el principio de equilibrio general, al que se ha prestado siempre especial interés porque se pudo desarrollar matemáticamente. Esta forma de proceder ha hecho que la manera de pensar de los economistas ortodoxos sea el principio de que como las matemáticas son rigurosas los desarrollos en economía solo son rigurosos si llevan un respaldo matemático en forma de ecuación y que esa rigurosidad matemática evita fallos en la comprensión de los fenómenos y si resultados. Esta es la idea que rige al mundo académico de los economistas.

Uno de los problemas que han traído estos desarrollos matemáticos como garante de ciencia es que las propias matemáticas se han convertido en un fin en sí mismo, importando poco si los resultados que ofrecen tienen algo que ver con la realidad o no. Este es el caso del desarrollo del principio de equilibrio general, se elaboraron sofisticadas ecuaciones matemáticas hasta dejar de lado la realidad socioeconómica más simple.

Esta manera de pensar, por un lado los principios de la física y por otro el desarrollo de las matemáticas, se ve reflejada en los programas de estudio de cualquier facultad de económicas o empresariales de Occidente: se dedica la mayoría de los créditos a estudiar asignaturas de matemáticas, con gran nivel de dificultad, y da la sensación de que sin matemática no hay economía. Esto ha hecho que miles de estudiantes procedentes de las ramas sociales de estudio en el instituto se sientan defraudados y abandonen en el primer año los estudios de economía. En mi caso fue al contrario, por diversas circunstancias estudié el Bachillerato de ciencias puras con física y las matemáticas de esta rama (con amplio estudio de cálculo y álgebra) y en la carrera me sentí bastante cómodo porque casi todo eran matemáticas avanzadas. En una clase de 50 personas podía haber una persona que viniese de ciencias puras, los otros 49 procedían de ciencias sociales.

En un nivel más alto, el de doctorado e investigación, es sabido que solo se puede presentar un *paper* si hay un desarrollo matemático extenso detrás, aunque no ofrezca ninguna novedad o tenga poco que ver con la realidad. En caso contrario es desestimado casi automáticamente.

Las matemáticas son necesarias, son absolutamente necesarias, pero no garantizan que una afirmación sea rigurosa y coherente. Un desarrollo matemático no puede expresar una verdad por el mero hecho de que será matemático, puede no tener nada que ver con la realidad pero dar un resultado, no se le pueden dar propiedades intrínsecas que no puede tener.

Tampoco pueden garantizar que los supuestos en los que se basan sean los correctos, un desarrollo matemático se basa en una serie de hipótesis, pero luego hay que testear que esas hipótesis son las correctas, es decir, que se corresponden con la realidad, si no se realiza este segundo movimiento entramos en el terreno de la imaginación. La economía aceptada nunca hace este segundo movimiento, es más, se vanagloria de ello, como hemos visto en la economía positiva de Friedman. Esto es lo que ha pasado con todos y cada uno de los modelos explicativos de economía que se enseñan, divulgan y aplican por los diferentes gobiernos del mundo.

Todo esto nos lleva a un lugar paradójico, cuando impones unas hipótesis de partida irreales que ayudan a un resultado matemático deseado, no solo contribuyes a no explicar nada de la realidad, simplemente obtienes la afirmación de que los supuestos iniciales son correctos. Los supuestos en los que se basa el modelo permanecen en una nube lejana y no son discutidos. Nunca se discuten. Jamás se *piden explicaciones*. No se contrastan con la realidad.

El desarrollo de modelos económicos persigue detectar tendencias en el comportamiento de los agentes para predecir patrones y ver qué consecuencias tienen estos patrones. El uso de las matemáticas en los modelos facilita aproximarse a la realidad y por ello se realizan simplificaciones. ¿Problema?, que cuando se realizan simplificaciones hay que saber qué consecuencias tienen en el modelo en la correlación entre resultados del modelo y realidad; cuando eliminas parámetros para aproximarte a la realidad puedes obtener unas predicciones bastante acertadas pero si te alejas demasiado de la realidad en el intento de acercarte a ella puedes construir otra realidad y actuar como un niño autista. Esto produce un problema mayor, el intento de evitar un problema cuantitativo lleva a un problema cualitativo, es decir, un resultado cuantitativamente más acertado puede dejar de lado los elementos fundamentales de lo que se está estudiando y se desarrolla una explicación de una realidad distinta, una realidad imaginada. Desaparece la verdadera naturaleza de lo que estamos estudiando.

Lo gracioso de todo esto es que el modelo matemático te puede dar una solución extremadamente exacta... aunque de una realidad paralela, una solución milimétrica de un problema que no existe.

Otro de los problemas de este proceder es la incoherencia que se puede dar en los modelos con matemáticas avanzadas. Este es el caso de la ley de la demanda y oferta en los mercados financieros que hemos descrito anteriormente, cuando suben los precios de las acciones la demanda aumenta y viceversa ya que el precio es el mejor indicador de lo que vale la compañía y refleja toda la información y las expectativas de todos los agentes del mercado. Sin embargo en la economía ordinaria o *real* esta ley funciona de manera inversa, los aumentos de precio en la oferta producen una disminución de la cantidad demandada. Por lo tanto los modelos pueden ser coherentes matemáticamente pero mostrar afirmaciones opuestas, de manera que no pueden explicar por sí mismos la incoherencia real entre los resultados reales. Por este motivo vemos que en las últimas décadas se han desarrollados cientos y cientos de modelos aislados que explican pequeñas porciones de la realidad de manera muy aislada pero que no pueden ofrecer explicaciones coherentes a hechos que ocurren dentro de la interconectada realidad, aunque sean sencillos.

Los académicos y funcionarios no suelen reconocer algo muy obvio: los modelos matemáticos son limitados y no pueden *matematizarlo* todo. Esto ocurre en las ciencias sociales pero también en las naturales como la propia física, que no tiene manera de dar con una teoría final que ofrezca una explicación de todo, desde la realidad subatómica de los bosones y quarks a las realidades macrocósmicas de un astro o galaxias enteras.

Los avances econométricos y el desarrollo de avanzados modelos económicos han contribuido los últimos cien años a conocer mucho mejor los sucesos de la realidad económica. Por ejemplo, ahora podemos saber con bastante precisión cuánto aumentará la deuda de un país, o su productividad, el porcentaje de desempleo, el nivel de riqueza y un largo etcétera de magnitudes medibles, también hemos aprendido a saber las causas de una burbuja especulativa, una depresión o por qué se han dado tasas de inflación y desempleo elevadas, ahora bien, no podemos saber con precisión cuándo se van a dar estos fenómenos de forma determinista. A posteriori sí, a priori no. No de forma determinista y newtoniana, sí de forma tendencial y conceptual. En otras palabras, podemos calcular con precisión la trayectoria que va a tener un misil recién desarrollado pero no la trayectoria que va a tener un niño recién nacido. La naturaleza de la realidad es del tipo *niño* y no del tipo *misil*, los avances tecnológicos son invenciones artificiales del ser humano con trayectorias rectas y resultados precisos que se pueden medir en condiciones concretas con las restricciones que se quieran, pero la naturaleza humana no es lineal ni cerrada y el conjunto de ella y sus interacciones en y con ella todavía menos, por ello los modelos aislados y las ecuaciones continuas ofrecen aproximaciones muy generales y bajo condiciones muy estrictas, pero nunca pueden dar resultados deterministas, mecánicos y precisos.

*Límites y realidad.*

El formalismo matemático es necesario y es eficaz para muchas de las relaciones y patrones que existen en la realidad. Se trata de un instrumento de utilidad limitada, limitada porque las matemáticas y los modelos no pueden hacer nada con los supuestos irreales de los que se parte y tampoco pueden ofrecer por sí mismas la conexión con la realidad. El determinismo que pretende la economía ordinaria no se puede dar nunca, existe un determinismo del tipo "los precios se disparan hasta que la carencia de oferta los hace bajar o bien hasta que estalla la burbuja especulativa" pero nunca pueden predecir de forma determinista cuándo va a estallar la crisis, de qué forma y magnitud. Los estamos experimentando en la crisis actual. Ninguna teoría puede predecir esto, por la sencilla razón de que existen multitud de parámetros y datos de la compleja naturaleza social, cultural o psicológica que no se pueden obtener y que muy posiblemente jamás se podrán obtener. Lo más cercano a este reconocimiento de no linealidad y determinismo son los *animal spirits* de Keynes, pero este es un reconocimiento puramente conceptual, una idea, y no cuantitativo y medible.

A posteriori se pueden sacar conclusiones bastante precisas de un suceso, pero si nos damos cuenta para entender con precisión las causas de un problema no utilizamos solo un modelo matemático, es más, en primera instancia generalmente no los utilizamos, por el contrario echamos mano de la hemeroteca (historia), las reacciones sociales (sociología), los datos económicos (economía), los efectos en los diferentes agentes (psicología) o las consecuencias políticas (gobierno), es decir, empleamos diferentes perspectivas para entender en un todo un acontecimiento que nos lleva hasta las causas concretas.

Recuerda bastante al tipo de ciencia que ofrece la psicología, que predice patrones o conductas de una forma tendencial o arquetípica, pero nunca determinista. El experto sabe que el paciente tiene riesgo de esto o de aquello y cuáles son las causas, pero no sabe cuándo estallará o se desatará este o aquel complejo emocional. En economía sucede algo parecido.

En resumidas cuentas, si los desarrollos matemáticos y los modelos econométricos no van acompañados de un cuerpo conceptual en constante revisión, tendremos solo datos numéricos que tal vez ni tan siquiera dicen nada de la realidad porque además están expresados en un lenguaje extraño. La economía como ciencia necesita de una investigación que lleve incorporada (a) una discusión conceptual, (2) utilice como herramientas auxiliares el desarrollo de modelos matemáticos y (3) testee/falsee los resultados de sus desarrollos contra datos empíricos de la realidad. Esto tan sencillo no se hace y sin las tres juntas jamás podrá designarse como una ciencia. La economía es una ciencia humana, no una ciencia natural.

# La dificultad de los modelos en economía

Un buen modelo es aquel que ofrece un alto grado de predictibilidad por medio de la determinación de regularidades empíricas entre variables cuantitativas. Un siglo de tradición de construcción de modelos en formas matemáticas liderado por los economistas ortodoxos ha hecho que los economistas sean entrenados completamente para entender lo que los modelos explican, es decir, explicar los modelos a través de la realidad y no la realidad a través de los modelos. En otras palabras, la realidad ha sido modificada y retocada para encajar en los refinados modelos matemáticos, y no al revés, dándose la paradoja de que lo que se explica es la realidad del modelo y no la realidad, algo que lleva a confundir realidad con modelo. Si tomamos como ejemplo la teoría de juegos (modelos basados en juegos), estos son creados para describir las estrategias en el proceso de toma de decisiones incorporando la racionalidad limitada, el comportamiento mutable, la dependencia de los caminos elegidos y la influencia interactiva entre agentes en el tiempo; todo esto no es considerado en los modelos estáticos. Con la ayuda de la tecnología informática en la que se pueden realizar simulaciones que posibilitan el poder mostrar la complejidad de procesos evolutivos que llevan a soluciones evolutivas estacionarias, la existencia de *softwares* potentes y costes reducidos permiten descubrir posibles comportamientos aparentemente caóticos que pueden originarse tras la modelización e implementación de un determinado programa o modelo mediante el empleo de la metodología basada en el análisis de sistemas que es la modelización y simulación. Estos modelos intentan mostrar cómo aparecen configuraciones o patrones de comportamiento a nivel agregado, con ciertas características particulares.

Uno de los problemas críticos es que el modelo inicial puede ser fabricado para dar los resultados esperados, es decir, las soluciones particulares a las que se quiere llegar. Algunos autores van más lejos y dicen que los modelos comienzan con la eliminación de la sociedad, las relaciones que en ella se dan y el momento histórico al que corresponden. La estructura de la sociedad está abierta al tiempo histórico; para poder explicar esta sociedad cambiante es necesario que las investigaciones sean intensivas (causales y substantivas) y extensivas (positivas y empíricas). Como dice Keynes, "el objeto de un modelo es segregar los factores semipermanentes o relativamente constantes de los que son transitorios o fluctuantes, de forma que se pueda desarrollar una forma de pensar lógica que permita entender los casos particulares que se dan en una secuencia de tiempo", y la que a mi juicio es la más importante de todas sus reflexiones, "la economía es esencialmente una ciencia moral y no una ciencia natural, es decir, implica introspección y juicios de valor."

El proceso de aprovisionamiento socioeconómico es cultural, histórico, tecnológico, abierto y en él la economía es interdisciplinaria y pluralista. La disciplina ortodoxa solo se puede aplicar a las actividades de mercado, el problema es que la sociedad está organizada a través de actividades de mercado y actividades que no son de mercado, las cuales adquieren significado en un contexto social. Un proceso de interacción entre un individuo y su medio da como resultado una continua provisión de deseos materiales a satisfacer, de forma que la economía humana toma cuerpo y emerge en instituciones económicas y no económicas. La inclusión de la no-economía es muy interesante, tantp la religión como el gobierno pueden ser importantes para la estructura y funcionamiento de la economía, así como las instituciones monetarias o la disponibilidad de herramientas y máquinas que por sí mismas pueden iluminar el trabajo.

## ¿Economía heterodoxa?

La palabra heterodoxo sirve como un término paraguas para unificar las diferentes tradiciones y proyectos bajo los que se engloban. Existe grupo de economistas que no se ha preocupado demasiado por los modelos matemáticos, en su lugar ellos se han centrado en la descripción de la realidad y el rigor cuantitativo ha sido sacrificado por el rigor en el estudio de la realidad, la ontología de la materia[110].

Se puede decir que estos proyectos comparten tres puntos básicos[111]:

1) Un conjunto recurrente y abstracto de tradiciones sobre temas concretos.

2) Una multiplicidad de intentos dentro de cada tradición de teorizar sobre sus temas específicos y dar forma a políticas sobre su postura o también determinar una tradición específica de las principales unidades de análisis u otros principios metodológicos basados en ellos. Los resultados son a menudo presentados como teorías que constituyen posturas relevantes alternativas a la corriente principal.

3) Un reconocimiento posterior de que es imposible generar grandes acuerdos dentro de algunas tradiciones heterodoxas sobre teorías específicas alternativas y políticas o posturas metodológicas específicas. Un resultado típico es reconocer una posición conjunta como oposición a la corriente principal, es decir, a la neoclásica ortodoxa.

Más allá de su rechazo a la ortodoxia no existe un elemento unificador que esboce cuáles son las características de la economía heterodoxa y se enfrentan a una dicotomía paradójica que no es otra que si deben establecer unas bases de economía heterodoxa o no, ya que si lo hacen dejarían de ser heterodoxos por aquello de adoptar un dogma (ortodoxia) y si no lo hacen pueden morir diluidos en vagas ideas puesto que necesitan unas bases rigurosas y una metodología desarrollada.

El significado de la palabra heterodoxo es definido en los diccionarios como "aquello que no está de acuerdo con las doctrinas y opiniones establecidas o aquellas generalmente reconocidas como

---

[110] Estos proyectos o tradiciones incluyen el poskeynesianos, institucionalistas, marxistas, austriacos, economistas sociales, evolucionistas, neuroeconomistas o economistas de la complejidad entre otros.

[111] Lawson, T., *The nature of heterodox economics*. Cambridge Journal of Economics. Cambridge 2005.

ortodoxas". En este sentido, algunos autores señalan que más que como una *contradoctrina*, la economía heterodoxa debe ser tomada como un conjunto de presuposiciones y postulados reconocidos en menor grado.

Sin embargo, la teoría neoclásica con su trinidad sagrada de racionalidad ilimitada, autonomía individual y equilibrio tampoco escapa al problema de la interpretación económica unificada de la realidad que toca a las vertientes heterodoxas. La interpretación de la teoría económica ortodoxa se ha convertido en un gran problema debido a que los propios economistas trabajan fuera de los axiomas de la teoría establecida porque saben que no concuerdan con la realidad, pero como esta ha tomado el cuerpo de dogma han establecido toda una suerte de refinados modelos que intentan solventar la falta de coherencia entre teoría y realidad dando como resultado una falta de consenso en el propósito e interpretación de la teoría. Los economistas nos preguntamos, ¿quién lidera esta ciencia?

Muchos economistas, profesores, alumnos y visitantes del Cambridge de los 60 y 70 eran conscientes de las limitaciones de la disciplina ordinaria, surgieron posiciones intelectuales marxistas, keynesianas, sraffianas y kaleckianas. Todos ellos intuyeron que tenían un compromiso con la creación de un nuevo análisis económico en todo su conjunto, desde la ontología y teoría hasta las aplicaciones en política. Los seminarios que comenzaron a finales de los 60 crearon una *gestalt* intelectual que propició el despegue no ortodoxo de las ideas y su discusión pública.

Herederos del trabajo desarrollado por el poskeynesianismo en la época de entreguerras por Michał Kalecki en Polonia, Roy Harrod y Joan Robinson en Inglaterra, Paul Davidson, Sidney Weintraub y Hyman Minsky en Estados Unidos, Frederick Von Hayek en Austria y el trabajo desarrollado por el posmarxismo ricardiano de economistas como el italiano Piero Sraffa, todos ellos discípulos de Keynes en una u otra medida, y componentes en uno u otro grado del Círculo de Cambridge que les permitía discutir con diferentes posturas y filosofías, los economistas heterodoxos configuraron un grupo heterogéneo de economistas que comenzaron su andadura en la Conference of Socialist Economists en el año 1970 en Inglaterra.

Esta conferencia, que comenzó con 75 economistas con el propósito de desarrollar una disciplina contraria a la ortodoxa del neoliberalismo estadounidense, fue ampliándose hasta que en 1975 se dividió por la falta de acuerdo entre sus integrantes a la hora de validar la teoría marxista, que tenía grandes defectos en su adaptación a la realidad, en heterodoxos *poskeynesianos* y heterodoxos *marxistas*. No existían publicaciones de economía heterodoxa, ni revistas, ni *papers*, ni conferencias hasta la CSE ya dividida. La primera publicación vino de la mano de la *Thames Papers in Political Economy* en Londres en 1974, cuyo propósito no era otro que el de crear una discusión pública sobre asuntos económicos fundamentales y ampliar a una mayor audiencia de economistas planteamientos sobre cuestiones controvertidas que afectaban a la propia teoría económica. Estas publicaciones y los primeros economistas heterodoxos tenían su base en una universidad politécnica y no una de economía, ya que los *papers* y publicaciones no ortodoxos eran desprestigiados y carecían de la aprobación del mundo académico neoclásico/ortodoxo. Publicar sobre asuntos de política económica o cuestiones controvertidas de la propia disciplina se consideraba poco menos que una herejía. Por el contrario, las diversas y amplias perspectivas de este grupo de economistas comenzaron a crear un grupo ácrata de alta fricción intelectual que devino en las publicaciones *British Review of Economic Issues, Cambridge Journal of Economics, Contributions to Political Economy, New Left Review* y *Journal of Post Keynesian Economics.*

Más allá de configurar un grupo homogéneo o una colección de posturas o argumentos, el grupo de economistas que había surgido se configuraba bajo el prisma de la inquietud intelectual y apertura interdisciplinaria que gozaba de una amplia variedad de aproximaciones a los mismos temas de interés, bajo una actitud abierta entre ellos y que escuchaba y bebía de la realidad. Estas revistas y foros de discusión no contemplaban una posición por encima de las otras, por ejemplo en las posiciones marxistas, lo respetaban igual que las demás, pero eran muy críticos con la adopción literal, rutinaria y pseudocientífica que practicaban muchos de sus seguidores. En palabras del editor fundador de *Thames Papers in Political Economy,* el griego Thanos Skouras, recordando años después su trabajo en la revista: "La política de mi editorial no estaba a favor del trabajo de los no-marxistas sobre los marxistas, de lo que discrepaba era de la reproducción de perogrulladas, los rutinarios e inconclusos testeos econométricos, la cuantificación pseudocientífica, la doctrinaria investigación de mirarse en el ombligo, los argumentos banales y los razonamientos pedantes y poco rigurosos. Desafortunadamente muchos trabajos marxistas compartían algunas de estas características con el trabajo neoclásico".

No existía una red de trabajo como tal ni ellos se identificaban como grupo bajo ningún nombre, pero trascendían a las clásicas escuelas o tradiciones no ortodoxas del institucionalismo, evolucionismo, socialismo, behaviourismo o la escuela austriaca. Entonces comenzaban a asomar la cabeza en Cambridge en los distintos eventos organizados unos jovencísimos G. Hodgson y T. Lawson y S. Dow, que hoy son nombres de referencia mundial. Estos eventos celebrados entre 1979 y 1985 en Cambridge, derivaron en el último año en su reconocimiento como la British Heterodox Economists at Cambridge, convirtiéndose en una agenda de investigación de economía heterodoxa que partía de las aportaciones a Keynes, Kalecki, Robinson y Sraffa. Estaban incluidas todas las aproximaciones heterodoxas de Gran Bretaña a excepción de la marxista, que se integraría en publicaciones y organizaciones independientes. La postura marxista y la neoclásica sufrían del mismo pecado, eran incapaces de abrirse a otros puntos de vista y a convivir con otras posturas, en definitiva el poder de auto revisión y crítica necesarios para que la propia disciplina no se quede obsoleta.

Desde entonces las publicaciones han aumentado en seguidores y trabajos de investigación, a pesar de haber tenido dificultades de financiación en su difícil y largo trayecto, cuentan en la actualidad con varias revistas y foros de discusión con miles de seguidores y participantes, en concreto la Word Economic Association, de la que recibo sus *issues* y *newsletter* cuenta con casi 11.000 miembros. Internet y la labor investigadora abierta y desinhibida han ayudado a ello, y cuenta con seminarios, estudios de grado, posgrados, *papers*, investigaciones y libros de una talla intelectual y científica sin precedentes.

*El proceso social en los modelos económicos.*

La diferencia entre los economistas ortodoxos y heterodoxos procede de la diferente manera de ver el sistema capitalista socioeconómico, los segundos describen la economía como una parte de un orden social que evoluciona, al agente económico hay que contextualizarlo dentro de un marco social y cultural; un cambio socioeconómico es direccionado por cambios que son a la vez técnicos y culturales y el proceso social está constantemente abierto.

La sociedad nunca permanece estable debido a las acciones e interacciones de sus agentes sociales. Aunque está siempre controlado por el agente social dominante de su tiempo, un cambio histórico en las estructuras socioeconómicas es casi siempre impredecible. Los mercados capitalistas están formados y gobernados por el agente social, el cual está dotado de poder social, político y económico. Los intereses de los diversos agentes son protegidos en el proceso social de interacción comercial, los recursos están disponibles bajo el criterio del agente social dominante, el consumo depende de aquellos que realizan las decisiones de producción y esta depende de las expectativas de beneficios, de esta forma el proceso de ofrecer (y provisionar) bienes y servicios, se configura más como un proceso social que como una decisión racional y aislada del proceso de toma de decisiones[112]. Este es un aspecto que los economistas neoclásicos no han descrito correctamente, puesto que su teoría descansa exclusivamente sobre el comportamiento aislado y optimizador del individuo, dados unos recursos escasos, sin tener en cuenta las instituciones que participan en el proceso social.

Muchos economistas heterodoxos reconocen que, dado el marco de la disciplina económica aceptada, el concepto de proceso social es una guía útil para el desarrollo de la economía heterodoxa;

---

[112] Tae-Hee Jo. *Social provisioning process and socio-economic modeling*, Journal of heterodox economists. Buffalo 2011.

institucionalistas, poskeynesianos, marxistas, economistas sociales, evolucionistas o economistas ecológicos, entre otros, han hecho considerables contribuciones al avance de la economía heterodoxa con el punto de vista del proceso social. Por economistas heterodoxos entendemos todos aquellos que hacen referencia a las teorías sociales y a la comunidad de economistas que producen tales teorías, en esencia son pluralistas más que monistas, sociales más que individualistas, abiertos más que cerrados, procedimentales más que buscadores de equilibrio, dirigidos al valor más que neutrales ante el valor, dinámicos-evolucionarios-históricos más que estáticos-optimizadores-ideales. Hablamos de realismo crítico, no-equilibrio, modelos históricos, agentes emocionales y sostenibilidad.

Los trabajos de investigación, discusiones, wikiespacios y nueva literatura sobre proceso social permiten a las nuevas corrientes de pensamiento económico evolucionar, promover y comunicar ideas fuera de los valores y métodos de la tradición neoclásica que tantas limitaciones ofrece a la hora de describir la naturaleza profunda del ser humano y la sociedad, como herramienta o método para describir los fundamentos de la evolución socioeconómica y la ontología de la economía, puesto que no debemos olvidar que todas las actividades económicas están ocurriendo en un contexto social; valores culturales, relaciones de clase y poder, normas, ideologías y sistemas ecológicos.

El trabajo de los economistas heterodoxos ha sido el de encontrar y ofrecer un marco teórico y práctico con un fuerte énfasis en el realismo de los análisis, la provisión y el uso de evidencias empíricas así como la formulación de políticas económicas que evolucionan. La raíz de sus desarrollos se inician en autores como Marx, Kalecki, Keynes y muchos otros que se han dejado fuera de la disciplina convencional, pretenden bajo un prisma crítico, abierto y de auto revisión constante dar respuesta y aportar explicaciones a los problemas económicos más importantes de la sociedad y no necesariamente como contraposición a la doctrina convencional sino en muchas ocasiones como complemento de aquella; el desempleo, inflación, organización de la producción, distribución del producto social, conflictos de clases, desarrollo e inestabilidad del mundo económico, subdesarrollo del tercer mundo y toda una serie de preocupaciones y realidades que tocan no solo a lo estrictamente económico sino aquello a lo que están inextricablemente unidas.

## El giro ontológico

La ontología es el estudio (y teoría) de la estructura básica de la naturaleza; comprende el estudio del ser o la existencia, una preocupación por la naturaleza y la estructura del material constitutivo de la realidad.

Todos nosotros tenemos posturas ontológicas y la aceptación de algunos métodos de análisis lleva consigo ciertas preconcepciones ontológicas. Todos los métodos son válidos para unos temas y no lo son para otros. La demanda de Tony Lawson[113] es que las explicaciones sobre la economía moderna de los métodos matemáticos son impuestas en situaciones en las cuales son en gran medida inapropiadas. Los métodos matemáticos son inapropiados para el análisis social que últimamente respalda la oposición heterodoxa, la esencia de la oposición heterodoxa es ontológica en su naturaleza. Pero por esta misma razón Lawson argumenta que los heterodoxos no han tenido tanto reconocimiento y repercusión como la corriente principal debido a que sus planteamientos ontológicos pocas veces han sido suficientemente claros.

Para la aplicación de sus métodos, los economistas requieren de la existencia de sistemas cerrados, que son aquellos en los que los eventos ocurren con regularidad. Se trata de sistemas deterministas o estocásticos donde una forma de deductivismo confía en sistemas cerrados. En la actualidad este deductivismo es algo más específico, es una versión de deductivismo que deposita las relaciones funcionales

---

[113] Tony Lawson es hoy en día una figura líder entre los economistas que se oponen al mainstream, su idea pionera de aplicar a la economía los preceptos del enfoque filosófico *realismo crítico* y la necesidad de dar un giro a la ontología de la economía ha revolucionado la esfera académica y científica.

presuponiendo que de secuencias causales se dan en una situación de aislamiento o clausura, estos son sistemas cerrados los que los eventos correlacionados son considerados para soportar la historia causal de los eventos restantes. Por lo tanto estos modelos necesitan la identificación de eventos regulares, y este tipo de regularidades son difíciles de encontrar en muchas ocasiones en los sucesos reales.

La realidad social, esto es, el domino de todos los fenómenos cuya existencia depende en parte de nosotros, se halla vincualada a la acción del agente humano transformador, el cual debe ser intrínsecamente dinámico y procedimental. Un ejemplo de agente transformador humano es el lenguaje; su existencia es una condición para nuestra manera de comunicarnos y a través de estos actos de comunicación el sistema lingüístico está siendo constantemente reproducido y transformado. Por lo tanto, el lenguaje es un sistema intrínsecamente dinámico cuyo modo de ser es un proceso de transformación. Todo esto es válido para todos los aspectos de la realidad social, incluidos muchos de nuestros aspectos, como nuestras identidades personales y sociales.

El realismo crítico[114] es orgánico y está altamente interconectado, siendo lo fundamental en este aspecto las relaciones sociales internas. Las relaciones son internas cuando alguien hace o puede hacer lo que hace solo en virtud de su relación con otra persona sobre la que se posiciona, como por ejemplo el profesor y el alumno o el jefe y el empleado. Uno no puede ser entendido sin su relación con el otro; el profesor lo es porque hay un alumno al que enseña. La idea que transmite Lawson es que en el realismo crítico, las posiciones sociales están significativamente relacionadas de manera interna.

El ámbito social también está estructurado, en el sentido de que las acciones sociales no solo comportan las prácticas y rutinas de los individuos en un nivel ontológico sino que también incluyen estructuras y procesos subyacentes que provocan tendencias y poderes emergentes. El material de la esfera social emerge de la interacción

---

[114] Las investigaciones económicas se enmarcan en los principios filosóficos impulsados por el realismo crítico, que es la rama económica de los principios filosóficos procedentes del realismo trascendental.

humana y se incluye y tiene que incluir valor y significado y ser polivalente.

Los métodos matemático-deductivos no explican los asuntos del ámbito social, el problema de la postura de la corriente principal es que las precondiciones ontológicas de sus métodos formalistas no solo no son omnipresentes, sino que raramente ocurren.

El reclamo de Lawson es la sistematización de una alternativa ontológica de las preconcepciones implícitas de las distintas tradiciones heterodoxas que en última instancia expliquen su larga oposición a la corriente principal. Existe un claro énfasis en los presupuestos que defiende cada subcorriente de las diferentes tradiciones heterodoxas, pero no hay un claro vector ontológico unificado que sea subyacente en todas ellas. Así por ejemplo los poskeynesianos hacen énfasis fundamental sobre la incertidumbre, y los institucionalistas en los métodos evolutivos y la tecnología como fuerza dinámica.

En otras palabras, los énfasis dominantes de los caminos heterodoxos separados son manifestaciones de categorías de realidad social que están en conflicto con la asunción de que la vida social está compuesta de unidades asiladas. Lawson reclama que se lleve a cabo una unificación interna sobre una ontología social esquematizada.

El problema de las corrientes heterodoxas es que una vez reconocen las limitaciones de la corriente principal para describir los procesos sociales a través de la explicación de ciertas categorías que reclaman, se adormecen, por esta razón la corriente ortodoxa no ha tenido ningún problema en encontrar en los sistemas cerrados sustitutos a los planteamientos de aquellos.

*La naturaleza de la economía como ciencia.*

El conjunto de proyectos actualmente recogidos de forma unida y sistematizados como economistas heterodoxos es, en primera instancia, una orientación en ontología.

Si los acuerdos ontológicos identifican a los poskeynesianos, institucionalistas y otros como heterodoxos es por su particular orientación sustantiva, sus preocupaciones y énfasis, no las respuestas o principios lo que distingue las tradiciones heterodoxas del resto.

Una aproximación alternativa evidente es la identificación de las diferentes ciencias, no de acuerdo con los métodos que ellas emplean, sino de acuerdo a la naturaleza del material o principios que le preocupan. De esta manera los físicos estudian ciertos principios físicos, los biólogos estudian procesos de la vida, y así.

Las características de la ontología social ofrecen una concepción sobre las propiedades de todos los fenómenos sociales; sistema abierto, estructurado, intrínsecamente dinámico de una manera dependiente de transformación social y muy relacionado internamente a través de relaciones sociales. Según Lawson no hay razón para suponer que exista una esfera económica o un subdominio del ámbito social desprovista de tales propiedades, en sus propias palabras: *"Los materiales y principios de la realidad social son los mismos a través de la economía, sociología, política, antropología, geografía humana y otras disciplinas preocupadas por el estudio de la vida social. Dicho esto pienso que debemos aceptar que no hay bases legítimas para distinguir una ciencia separada sobre economía. Sin embargo la economía es vista en el mejor de los casos como una unidad de trabajo dentro de una ciencia social individual/aislada"*.

# El peligro del determinismo; del individualismo neoliberal al colectivismo marxista

Elegir de forma individual, la elección en sí, lleva implícita un marco conceptual de las cosas que nos rodea, que uno de nosotros reciba información requiere un paradigma o marco cognitivo que nos permita procesar y darle sentido a esa información, la adquisición de ese aparato conceptual y cognitivo implica procesos de socialización y educación que a su vez implican una acción recíproca con otros[115]. Es

---

[115] Hodgson, Geoffrey. M. *Instituciones e individuos: interacción y evolución.* Imprenta 2008.

decir, que los procesos de adquisición de conocimiento son tanto individuales como sociales y la comprensión de nuestro mundo la logramos tanto pensando individualmente como interactuando con otros individuos e instituciones. Por lo tanto en el individualismo darwinista de las tesis neoliberales desaparece por completo el fenómeno social y se explica todo exclusivamente a través del individuo, pero un individualismo tan marcado hace necesariamente referencias a las relaciones sociales, a los otros, y la única forma en la que toma sentido es en el contexto social, si no el individualismo no se entiende ("soy individual porque hay un grupo"). Siempre hay que tener en cuenta el dúo individuo-estructura, si se elimina uno de los dos, pierde todo sentido.

En el caso del colectivismo marxista ocurre lo contrario, que la estructura lo es todo y el individuo desaparece. Individualismo y colectivismo radicales son dos caras de la misma moneda, esto es lo que ocurre también con las tesis de Marx y la sociología estructuralista, donde la acción individual se diluye entre las relaciones materiales y las estructuras sociales y económicas y se olvida por completo de la diversidad individual, la cultura, la psicología personal o la reflexión e imaginación artísticas. De la misma forma en que el feroz individualismo neoliberal no explica nada sobre las relaciones sociales en los distintos procesos individuales el dogmático colectivismo marxista/estructuralista no explica nada sobre cómo se moldea el individuo y renuncia a las explicaciones psicológicas en detrimento de *la estructura*. Esto supone no solo perder al individuo de vista, sino también a todas las relaciones de poder y la influencia de las estructuras sociales sobre el individuo, de modo que solo trayendo al individuo toma sentido la estructura, ya que las explicaciones sobre esta carecen totalmente de psicología.

Y hablando de psicología, como las preferencias individuales se dan por sentadas, la psicología dejó de importar para la economía en la comprensión del individuo y los agentes económicos en sus procesos de decisión.

El problema de estos dos *dogmas* es el problema de reduccionismo, que como hemos visto pretende explicar algo complejo reduciéndolo todo a partes simples y elementales, a un tipo de unidad básica a partir de la cual explicar todo. Como apunta Hodgson, "explicarlo todo en términos de unidad más baja (…) implicaría la disolución de todas las ciencias a excepción de la física subatómica. (…). La razón por la cual tenemos distintas ciencias es que la reducción a una explicación está, en general, fuera del alcance y por ello se requieren múltiples niveles de explicación, lo cual es apropiado y muy poderoso. Las ambiciones reduccionistas son, en el mejor de los casos, muy optimistas y en el peor, dogmáticas y distractoras"[116].

Ni unos ni otros pueden explicar el tema central de toda ciencia social y en concreto de la economía: la motivación humana. La economía es la ciencia de las elecciones y por lo tanto debe incorporar aquello a lo que han renunciado tantos y tantos economistas, la psicología, para ello tanto unos como otros dan por sentadas unas preferencias individuales o unos roles sociales preestablecidos de manera exógena, de forma que renuncian a la esencia de esta ciencia.

## El problema de los microfundamentos y la emergencia de la complejidad

No hace falta ser muy inteligente para darse cuenta de que la realidad es compleja, tampoco para ver que las relaciones de sus partes también lo son. Por último parece obvio que se trata de una característica intrínseca y no de algo pasajero, ¿me equivoco? Siguiendo a la economía *académicamente correcta* parece que sí porque no contempla nada de esto. Las teorías ortodoxas y sus aplicaciones en las diferentes políticas de los Estados e instituciones oficiales no contemplan la complejidad como una característica propia de la realidad y los procesos económicos siguen el particular proceder de la economía neoclásica, que consiste en reducir todo a partes simples y luego sumarlas linealmente, reducir la complejidad a eventos simples y

---

[116] Hodgson, Geoffrey. M., *Instituciones e individuos: interacción y evolución.* Imprenta. 2008.

aislados (de ahí el nombre de reduccionismo). La realidad se reduce a hogares, individuos, empresas o instituciones, y estos se comportan de manera estandarizada de acuerdo al *agente representativo*. Luego se suma todo y se deducen los comportamientos macro de todo aquello que transacciona en el globo.

Este agente tipo tiene racionalidad absoluta, conoce sus preferencias inter-temporalmente, no se relaciona con el entorno, y maneja una cantidad de información infinita que computa en segundos de forma totalmente aislada; posteriormente se deriva de esto cómo se comporta la totalidad de una economía. El ejemplo clásico de las clases de macroeconomía que lo ejemplifica es la explicación de la inflación, en la que se deriva el acontecimiento de la inflación de una economía a partir del comportamiento de los individuos que "tratan de tener menos efectivo en sus bolsillos porque su dinero va a valer menos" y acentúan el proceso hacia el fenómeno de la hiperinflación. Es decir, que como dejamos de ir al cajero el índice de precios al consumo de una nación se dispara. Ridículo. Pero así funcionan los microfundamentos[117] en economía; "el todo es igual a la suma de las partes". Se vuelve a oler la querencia de la física newtoniana, que deriva todo de los principios simples. Sin embargo, la física no ha logrado esta tarea y de ahí la incompatibilidad de la física cuántica (microcosmos) y las leyes de la relatividad y de la gravedad (macrocosmos) y que no exista, por el momento, una teoría conjunto que derive todo y lo explique todo. En otras palabras: no se puede explicar todo lo que es complejo mediante lo simple por simple agregación. Ciertas estructuras son cualitativamente diferentes por su complejidad y por lo tanto no se pueden reducir a niveles inferiores, son lo que son de la manera que se presentan y no pueden explicarse con derivaciones de lo simple, solo visionándolas en su conjunto. El todo no se puede explicar a partir de sus partes en lo complejo.

El principio de organización es lo fundamental para comprender ciertos fenómenos complejos, para entender lo colectivo en su conjunto, como pueden ser los pánicos, las modas, o ciertos fenómenos

---

[117] También se le denomina *causalidad ascendente*, es decir, los niveles inferiores explican los niveles superiores.

económicos y sociales. Esta es una de las razones por las que las explicaciones reduccionistas fallan una vez tras otra. La característica fundamental de estos fenómenos es que emergen y lo hacen de forma organizada (aunque sea inconsciente) y lo emergente no está contemplado en la derivación individual, es más, va contra natura[118].

En las universidades rara vez se hace referencia a la complejidad del mecanismo de los procesos y hechos de la realidad, nunca se anima al estudiante a reflexionar sobre la causación de los procesos ni sobre si las explicaciones tienen lógica, en lugar de ello solo se establecen afirmaciones. El proceso de derivación de lo individual en suma igual a lo colectivo no tiene lógica en un sistema complejo como es la sociedad en la que se da la economía. Necesitamos nuevas herramientas de interpretación.

## El avance de las máquinas. Los algoritmos

Las matemáticas contemporáneas están tomando un rol en la sociedad que solo hemos podido imaginar en las novelas de ciencia ficción y en las películas futuristas de los 80. Hablo de las matemáticas financieras, pero también de las matemáticas en general. A lo largo del libro he sido muy crítico con el sueño adolescente de la disciplina económica de querer ser una ciencia natural al estilo de la física y el uso equívoco de los modelos que descansan sobre hipótesis reduccionistas que nos describen un mundo feliz. La disciplina económica las ha utilizado mal porque se ha entregado por completo a ellas, al considerarlas el elixir de la verdad, y se ha alejado de su verdadero cometido y su auténtica

---

[118] En este contexto surgen las explicaciones de la teoría del caos, que nos dice que en determinados sistemas pequeñas variaciones en ciertos parámetros iniciales pueden generar cambios desviaciones muy grandes en los resultados finales, siendo muy difícil realizar predicciones (el ejemplo clásico son las predicciones meteorológicas). Los sistemas lineales convencionales (los que se aplican en economía) pueden decirnos más o menos si están dándose situaciones de inestabilidad o perturbaciones, pero nada puede saber acerca de sus causas y de lo que ocurrirá después como consecuencias de estas. No a priori.

naturaleza. Pero las matemáticas contemporáneas están dando forma al mundo en el que nos movemos a través de una serie de procesos que van más allá del cometido de la ciencia económica. Estoy hablando de los algoritmos, fórmulas matemáticas que aplican las computadoras para que ciertos agentes tomen decisiones en el mundo real. Su aplicación de forma repetitiva las vuelve físicas, las hace moldearse hasta convertirse en instrumentos vivos de la realidad.

En la actualidad hay miles de físicos trabajando en Wall Street, y otros tantos en los principales centros financieros del mundo. Utilizan los procesos de ingeniería física, matemática, informática o aeronáutica y los aplican a las transacciones milmillonarias que se realizan a diario en los mercados secundarios del todo el mundo. Es lo que algunos denominan *comercio logarítmico*, por ejemplo mover paquetes de millones de acciones u otros productos financieros como futuros o pensiones en unos solos segundos es algo que realizan cientos de algoritmos automatizados, que buscan su refugio en miles de sitios en microsegundos. Luego los mismos algoritmos los rescatan y son remezclados para conseguir las mejores rentabilidades, eso siempre que otros algoritmos de otras compañías no los hayan encontrado antes. Esto representa casi las tres cuartas partes de las transacciones y negociaciones de las bolsas, pensiones y mercados secundarios de los mercados financieros de Estados Unidos y Europa, y va en aumento.

Nos encontramos por lo tanto ante un mundo nuevo, un mundo donde la intuición, el instinto y las autoridades de opinión están cediendo paso a aquellas personas capaces de entender, compilar, analizar e interpretar la información de forma científica y sistemática a través del lenguaje de las matemáticas modernas. Esta revolució,n que ya ha tenido lugar de forma más palpable y visible en el mundo de las finanzas, también está teniendo réplica en otros campos como la biología, sociología, política, climatología, marketing, medicina y otras tantas. Esto quiere decir que el lenguaje de los datos, las matemáticas, será importante para aquellas personas o instituciones que quieran participar de forma activa en el mundo y no como meros consumidores pasivos de información sesgada.

Es el caso de las elecciones americanas de 2012 y sus predicciones, donde los *hipopótamos* (personas de referencia en opinión pública) han cedido su puesto de forma penosa a los *quants* (chicos y chicas que con herramientas matemáticas y argumentos razonados consistentes con una base científica), que mediante modelos estadísticos, han predicho con exactitud los resultados de las votaciones en todos los estados menos en uno. Fueron varias páginas webs y blogs los que lo predijeron, siendo la más notoria la del bloguero Net Silver, cuyo blog adquirió el *New York Times* y puso en primera página durante toda la campaña. Por su puesto, fue un éxito, corroborado por los resultados.

Hasta finales de los 90 los fondos de inversión elegían a sus *traders* por su velocidad en la resolución de operaciones, se les encerraba en una habitación y los que más operaciones realizaban en menor tiempo eran contratados. Se trataba de los cerebros más ágiles, de las aptitudes personales, de la autonomía mental de estas personas. Pero esde que el comercio electrónico se impuso la importancia de las habilidades mentales en las decisiones ha dado paso a la velocidad de los algoritmos que corren en máquinas. Se trata de procesos tan veloces que la intervención humana es casi inexistente, procesos automatizados mediante algoritmos matemáticos y computadoras y servidores tan potentes que las milésimas de segundo son cruciales. Las habilidades de resolución y negociación de los *traders* humanos han sido sustituidas por los *bots* de inversión, aplicaciones de *software* sustentadas por desarrollos matemáticos que funcionan de manera automática.

El problema de todo esto es que superan las habilidades personales, y con la combinación de las potentes herramientas informáticas y la gran cantidad de información, la intervención humana es escasa, y si se produce un error por pequeño que sea, como realizan operaciones con tanta frecuencia, de tan gigantesco alcance y de tanta intensidad, pueden producir desastres económicos de dimensiones catastróficas en cuestión de minutos sin que nadie pueda explicarlo. Los ejemplos más conocidos son el caso del fondo de inversión Long Term Capital Management, al que Fischer Black y Myron Scholes asesoraban y que se basaba en el desarrollo matemático de estos, cuya famosa fórmula

Black-Scholes les valió un premio Nobel y otro caso más reciente, el conocido como *flash crash*. En el primer caso, el fondo se diseñó a principios de los 90 de acuerdo a una serie de algoritmos de una ingeniería financiera sin precedentes, empezó ganando mucho dinero, creando en sus primeros años retornos y ganancias cercanas al 40 %, pero en 1998 en menos de cuatro meses se derrumbó y la Reserva Federal tuvo que rescatarlo con un agujero de más de 3.500 millones de dólares y desapareció en el año 2000. En el segundo caso, en un día de mayo de 2010 se evaporaron cientos de millones de dólares del mercado financiero sin que nadie supiera qué pasó con ellos ni dónde se fueron, el 9 % del total del mercado financiero estadounidense desapareció en tan solo cinco minutos sin que a día de hoy nadie se ponga de acuerdo en qué es lo que pasó exactamente. También es notorio el caso de la energética Progress Energy, que perdió en otros cinco miserables minutos el 90 % de su valor sin explicación, se hundió en lo que tarda una persona en ponerse un café. En ninguno de los casos nadie dio la orden, ninguna persona dictó nada, fueron los robots los que ejecutaron órdenes, algoritmos en conflicto unos con otros. Los especialistas veían pantallas con gráficos y números de colores, solo eran espectadores de un acontecimiento que tenía su propia vida.

Las empresas que operan en el mundo electrónico funcionan con algoritmos, y no hablo solo del mercado financiero, sino también del mercado del ocio. Por ejemplo, las conocidas Amazon, Facebook, o Netflix los utilizan, en el caso de esta última es más notorio, porque su función, como he explicado en otro capítulo, es colocarse en la mente de cada uno de nosotros para poder dirigir nuestro deseo, nuestro consumo, nuestra decisión y dinero. Netflix alquila películas y series de televisión en *streaming* por una cuota mensual y tiene millones de usuarios, en su caso el 60 % de las películas que ven estos usuarios proceden de las recomendaciones que hace la empresa gracias a sus algoritmos, es decir, que un trozo de un código es responsable del alquiler de esas películas y series. Volviendo a lo dicho en páginas precedentes, se ha creado una necesidad, un deseo, pero esta vez a través de las matemáticas; esos códigos han conseguido que un número elevado de personas hayan consumido lo que *ellos* han querido.

Es increíble y a la vez da un miedo orwelliano el hecho de que esta eficiencia algorítmica modifique la conducta de millones de personas, de que el destino del bienestar de muchos de nosotros dependa de esos códigos matemáticos que operan de forma autómata. Las matemáticas han pasado de describir cosas a formarlas, a producir realidad.

El 40 % de las transacciones que se realizan en el mercado financiero de Estados Unidos las hacen dos empresas formadas por ingenieros y *hackers*. Estas dos compañías, al igual que otros cientos de mediano y pequeño tamaño, incluso *freelances*, rastrean el mercado con sus *bots* basados en sus propios algoritmos, en busca de oportunidades. Como existen cientos y cientos de empresas que hacen esto, lo más importante en el mundo de los mercados financieros es una cosa por encima de todo: la velocidad. Las milésimas de segundo son importantes para ejecutar operaciones, por eso las grandes firmas tienen sus operadores cerca de las principales bolsas, en el caso americano, en Chicago y Nueva York, lo más cerca posible de los servidores de estas. Parece increíble pero la velocidad de la electricidad, la velocidad de la luz, importa y mucho. Y no se trata de una rareza yanqui porque en Europa el procedimiento es muy parecido. Esta búsqueda de la velocidad por encima de todo tiene un gran problema, que al buscar la velocidad de la ejecución, la búsqueda de la certeza y la precisión quedan en un segundo plano, y esto es lo que puede provocar grandes catástrofes y hundimientos como los descritos. En pocos minutos se puede dar una brutal crisis de liquidez o el hundimiento de una gran industria.

El desarrollo y aplicación de las matemáticas y las telecomunicaciones nos ha permitido hacer grandes avances, pero habrá que tener cuidado de no caer presa, autodestruir el mundo real y ser esclavos de estos nuevos autómatas.

# Estamos ante un cambio de paradigma, ¿para cuándo una revolución científica en economía?

Los economistas ortodoxos han colaborado con el mundo financiero que se está hundiendo, dando legitimidad teórica a lo que los grupos de poder estaban haciendo. Los nuevos economistas heterodoxos solo tendrían que ocupar su lugar, pero no es así, ¿qué sucede?

Thomas Kuhn propuso en su famosa obra *La estructura de las revoluciones científicas*[119] que la evolución histórica de la ciencia se caracteriza por bruscos cambios de un paradigma a otro.

Un paradigma es "la completa constelación de creencias, valores, técnicas y otros, compartidos por los miembros de una comunidad dada", de tal forma que los científicos que pertenecen a una escuela de pensamiento siguen un paradigma concreto, y normalmente elaboran *ciencia normal,* que consiste en "la investigación basada firmemente en una o más realizaciones científicas pasadas, realizaciones que alguna comunidad científica particular reconoce, durante cierto tiempo, como fundamento para su práctica posterior".

Siguiendo a este autor, podemos determinar que las fases que dan hasta la aparición de una nueva visión científica, nueva teoría o simplemente progreso son:

1º) En una ciencia concreta, los científicos están de acuerdo en los problemas que se deben resolver y las formas generales de su solución.

2º) En un determinado momento aparecen una o varias teorías que introducen controversia, de forma que el consenso que reinaba se rompe.

3º) Surge un marco nuevo de pensamiento que ofrece una solución diferente a los problemas que hasta ese momento se habían dejado de lado.

---

[119] Kuhn, T., *La estructura de las revoluciones científicas.* Fondo de Cultura Económica. México DF 1997.

4º) Se produce en los científicos una conversión al nuevo marco, que se transforma en la ciencia normal de la generación siguiente, hasta que el proceso se reinicia.

Imre Lakatos[120], discípulo del gran Karl Popper y estudioso de Khun, nos ofrece una explicación ligeramente distinta, menos radical y más acorde con lo que a mi juicio parece que sucede. Considera que el progreso científico se establece alrededor de lo que denomina *programa de investigación*, un conjunto de teorías interconectadas al que hay que añadir una serie de reglas metodológicas. El programa científico se descompone en un núcleo central y un *cinturón protecto"*.

El núcleo se compone de:

1º) Supuestos, premisas o creencias que se consideran irrefutables, en buena parte debido a su naturaleza metafísica.

2º) Heurística positiva o "conjunto parcialmente articulado de sugerencias o indicaciones sobre cómo cambiar, desarrollar, las variables refutables del programa de investigación".

3º) Heurística negativa o reglas metodológicas que "nos dicen qué senderos de investigación debemos evitar".

El cinturón protector se compone de las posteriores hipótesis auxiliares que suelen ser refutadas y van modificando el programa a medida que son *falsadas*.

¿Obligar a los científicos a seguir una determinada metodología mediante los procedimientos descritos por Kuhn, Lakatos y Popper es contraproducente para el desarrollo de la ciencia, puesto que puede restar flexibilidad al investigador?, ¿es preferible, en cambio, que este acepte diversas metodologías y que en cada momento se rija por la que considere más oportuna? Son justo estas preguntas en modo afirmativo las que componen la tesis que presenta Paul Feyerabend en su libro *Tratado contra el método: Esquema de una teoría anarquista del*

---

[120] Lakatos, I., *The Methodology of Scientific Research Programmes*. Philosophical Papers. Cambridge University Press. Cambridge 1978.

*conocimiento*[121], donde expone que la evolución histórica de la ciencia muestra que ha sido la violación de las reglas metodológicas la fuente más fructífera de descubrimientos relevantes.

El planteamiento *anárquico* de Feyerabend me desconcertó en un primer momento, pero posteriormente me he dado cuenta que puede tener fuertes implicaciones en la búsqueda de un nuevo paradigma científico en economía que explique desde lo complejo el devenir de las economías y sus elementos integrantes, siendo en última instancia nuestro futuro dentro de la civilización el objeto de estudio e interpretación.

Como apunta el economista Giovanni Dosi, hay dos cuestiones básicas en el núcleo de toda la economía como disciplina desde su concepción inicial: en primer lugar los motores y patrones de cambio en el sistema capitalista de producción e innovación y, en segundo lugar, los mecanismos imperfectos de coordinación entre la multitud de agentes (egoístas) que en muchos casos tienen conflictos de intereses.

Desde la Segunda Guerra Mundial ha habido tres temas en torno a los que se ha desarrollado la disciplina económica: los modelos de equilibrio general basados en microfundamentos, los modelos macroeconómicos a corto plazo y las teorías del crecimiento. Básicamente no se han dado progresos y menos fuera de esos tres temas. Las combinación de asunciones de comportamiento maximizador, equilibrio de mercado y preferencias dadas, utilizadas de forma consistente e implacable, han hecho que el abstracto castillo de ideas matemáticas sea más propio de un sueño adolescente que de la realidad más cotidiana. Esto ha sido muy peligroso porque si bien estos modelos suponen construcciones de una belleza teórica alta, se han mostrado pertinentemente frágiles y fuera del contacto con la realidad.

Ante este hecho el nuevo paradigma que está surgiendo en la investigación es el de la *economía como un sistema complejo evolutivo*, y a la comunidad de científicos que están inmersos en ella desde hace aproximadamente dos décadas se les denomina *economistas*

---

[121] Feyerabend, P. K., *Tratado contra el método: Esquema de una teoría anarquista del conocimiento*. Editorial Tecnos. Madrid 2007.

*evolutivos*[122]. Un hito importante en el establecimiento y desarrollo de las ciencias de complejidad[123] como explicación de la realidad fue la creación del Instituto Santa Fe (California) en 1984, siendo fundamental para sus aplicaciones en economía, puesto que desde el primer momento la estableció como una materia de desarrollo prioritario para el instituto. ¿Por qué en California como siempre y no en Europa? Por un lado porque los empresarios que aportaron el dinero para fundar este centro de investigación estaban muy interesados en ver si las modernas ciencias de la complejidad podían proporcionar mejores modelos de decisión, en vista de la mala actuación de los modelos económicos tradicionales para sus actividades financieras, y por otro lado porque apreciaban que la economía poseía muchas de las características propias de sistemas complejos como la interdependencia de los agentes, el autoaprendizaje o la retroalimentación, lo cual se prestaba fácilmente al análisis de complejidad y esto necesitaba de investigadores flexibles, financiación, apertura interdisciplinar, objetivos definidos y relacionados con el mundo real y poca ortodoxia. Finalmente, muchos de los científicos que integraron el instituto desde un comienzo eran economistas (como Brian Arthur o Kenneth Arrow), por lo cual tenían conocimiento directo de los problemas en economía, lo cual también la volvía un área muy propicia para la implementación de las nuevas teorías[124].

---

[122] En la década de los 80 vieron la luz las ciencias de la complejidad, en los 90 comenzaron a estudiarse de forma sistemática y a difundirlas a través de revistas especializadas, todas ellas anglosajonas, y parece que las próximas décadas influirán en la concepción de los economistas sobre la economía como un sistema complejo en el sentido de estas. Diversos físicos y biólogos llevan trabajando sobre esto de forma marginal desde los años 40 siendo en los 70 a través de los citados Prigogine y Lorenz por un lado y a través de la Teoría General de Sistemas de L. Von Bertalanffy por otro, cuando se expresa el caos y la complejidad como la entendemos ahora.

[123] El pionero en unir la complejidad con la economía fue, como no podía ser de otra manera, Herbert Simon, siendo el primero en sistematizarla en siete medidas; cardinalidad, interdependencia, indecibilidad, número de parámetros, dificultad computacional y dificultad del problema.

[124] Perona, E., *Conceptualising complexity in economic analysis; a philosophical, including ontological study.* University of Cambridge. Reino Unido 2004.

La metodología que siguen los programas de investigación de este paradigma alternativo se centra en la dinámica y el cambio de la compleja realidad económica y buscan como requisito imprescindible el realismo, como virtud de los modelos interpretativos a desarrollar y que nunca pueden confundirse con la realidad misma.

A continuación expongo los programas de investigación que están tomando forma y que se están desarrollando en distintos centros[125]:

*Microfundamentos.* Las teorías deben tener en cuenta los microfundamentos para saber qué es lo que hacen los agentes y por qué (y solo para eso). Los microfundamentos se están estudiando en esta dirección.[126]

*Racionalidad limitada en un sentido más amplio.* Se estudian las limitaciones de acceso a la información, de la memoria, las habilidades computacionales, las representaciones imperfectas que los agentes hacen del entorno en el que operan, las limitaciones de ubiquidad en las habilidades de los agentes para dominar el conocimiento físico y social de las tecnologías y las imprecisiones e incoherencias de la percepción de las propias preferencias.

*Heterogeneidad.* Estudian la diversidad de agentes, su comprensión y proceso de aprendizaje imperfectos y la dependencia de los caminos tomados inicialmente que afectan a sus decisiones posteriores. Comprender la heterogeneidad es clave para la representación de los conjuntos dinámicos, persigue evitar los fallos de los modelos macroeconómicos actuales (y la macroeconomía en general).

*Oportunidades de innovación constantes.* Estudian la manera en que los agentes desarrollan la posibilidad siempre presente de innovar, las formas de organización, los patrones de comportamiento y los descubrimientos tecnológicos. Se ha

---

[125] Dosi, G., *Economic coordination and dynamics: some elements of and alternative "evolutionary" paradigm.* Institute for New Economic Thinking. 2011.

[126] Recordemos que esto es muy distinto de la derivación hacia el todo que criticamos anteriormente, cosa bien distinta.

abierto todo un campo de investigación sobre la estructura y dinámica del conocimiento tecnológico y como afecta a los sistemas económicos.

*Interacciones, coordinación y selección.* Estudian la manera en que ciertas empresas y agentes interactúan y se coordinan, los mecanismos de intercambio de información y por qué unos tienen éxito y otros no, la manera en que unos sobreviven o tienen beneficios o tasas de crecimiento más altos que otros.

*Conjunto de regularidades como propiedades emergentes.* Estudian los resultados de los agregados macro como resultados inintencionados del conjunto heterogéneo de agentes que microinteractúan en situaciones fuera de equilibrio. Estudian cuáles son las propiedades que pueden dar lugar a regularidades en el funcionamiento de mercado, ciertas propiedades de procesos de autoorganización sin la connotación de equilibrio.

*Estructuras organizativas.* Estudian las diversas formas organizativas e instituciones como resultados colectivos no intencionados procedentes de las interacciones individuales en las que los agentes buscan sus propios objetivos.

*Dinámica coevolucionaria.* Analiza los diferentes niveles de regularidades que existen entre las estructuras establecidas (altos) y los procesos evolutivos emergentes que previamente no existían (bajos). Como un fenómeno emergente antes de aparecer se corresponde con estructuras invariantes, se eliminan de los modelos tradicionales. Estos programas de investigación intentan introducir esta variable en nuevos modelos como coevolucionaria. Tratan de teorizar e interpretar las formas de novedad que se van a dar.

*Neuroeconomía.* Combina la neurología, la psicología y la economía. Sus aplicaciones ayudan a identificar cuáles son los procesos mentales bajo los cuales evaluamos situaciones y tomamos decisiones.

*Sistemas cognitivos.* Se basan en la conjetura de que operamos en dos grandes sistemas cognitivos diferenciados, el primero de ellos dirigido por la intuición que es rápido, paralelo, no implica esfuerzo, automático, asociativo, de aprendizaje lento y emocional, y el segundo dirigido por la razón, que es lento, de serie, controlado, implica esfuerzo, gobernado por reglas, flexible y neutra[127].

Una cosa llama la atención, casi la totalidad los programas de investigación proceden de países angloparlantes, ¿por qué?, porque en el resto de países en la investigación y educación carecemos de la alta transdisciplinariedad que exigen las ciencias de la complejidad entre las diferentes disciplinas. ¿Os imagináis a físicos, biólogos, matemáticos, economistas o sociólogos trabajando en un mismo proyecto en un país que no sea Estados Unidos, Reino Unido o alguna universidad rebelde de Francia u Oceanía?, me cuesta imaginarlo y con el esperpéntico Plan Bolonia para Europa todavía más, aunque el desarrollo de las redes, los wikiespacios y las iniciativas privadas puede jugar un papel importante.

Dinámica compleja, computación experimental, inteligencia artificial, redes neuronales, juegos dinámicos... la economía evoluciona hacia lo complejo y la actual crisis económica, que entre otras cosas puso en evidencia que sofisticados modelos de precisión cuántica fallaron con estrépito, han impulsado una revisión radical de los cimientos de la teoría económica.

Una gran variedad de programas de investigación que se sitúan entre la economía, la psicología y los estudios cognitivos está completando un *modelo del individuo*[128] que incluye o debería incluir los fundamentos de los sistemas cognitivos basados en categorías que evolucionan y en modelos mentales, decisiones heurísticas, contexto de dependencia y de integración social en los modelos interpretativos y toma de decisiones, preferencias y objetivos que evolucionan y pueden ser inconsistentes en el tiempo.

El tiempo dirá si evolucionamos y despertamos.

---

[127] Kahneman, D. *Maps of bounded rationality: Psychology for behavioural economics*. American Economic Review 93. 2003.
[128] *Model of man.*

# ANEXOS

## Carta abierta de los estudiantes de economía a los profesores y responsables de la enseñanza de esa disciplina[129]

Nosotros, estudiantes de economía en las universidades y grandes escuelas francesas, nos declaramos globalmente descontentos de la enseñanza que ahí recibimos, por las razones siguientes:

### 1) ¡Salgamos de los mundos imaginarios!

La mayor parte de nosotros ha escogido la formación económica con el fin de adquirir una comprensión profunda de los fenómenos económicos a los cuales el ciudadano de hoy en día se encuentra confrontado. Ahora bien, la enseñanza tal como es expuesta -es decir, en la mayor parte de los casos la teoría neoclásica o enfoques derivados- no corresponde generalmente a esa espera. En efecto, si la teoría se separa de manera legítima en un primer momento de las contingencias, raramente efectúa el necesario regreso a los hechos: la parte empírica (historia de los hechos, funcionamiento de las instituciones, estudio de los comportamientos o de la estrategia de los actores...) es casi inexistente. Por lo demás, ese desfase de la enseñanza en relación a las realidades concretas plantea necesariamente un problema de adaptación para los que desean ser útiles a los actores económicos y sociales.

### 2) ¡No al uso descontrolado de las matemáticas!

El uso instrumental de las matemáticas parece necesario. Pero el recurso a la formalización matemática, cuando ya no es un instrumento sino que se convierte en un fin en sí mismo, conduce a una verdadera esquizofrenia en relación al mundo real. En ese sentido, la formalización permite construir fácilmente ejercicios, *hacer trabajar* modelos en los cuales lo importante es encontrar *el buen* resultado (el resultado lógico en relación con las hipótesis de partida) para poder

---

[129] Traducción de la petición francesa original, obtenido de www.paecon.net (Post-Autistic Economics Network).

entregar un buen examen. Esto facilita la calificación y la selección, con una cobertura de cientificidad, pero no responde jamás a las cuestiones que nos planteamos sobre los debates económicos contemporáneos.

3) ¡Por un pluralismo de enfoques en economía!

Muchas veces el curso magistral no deja lugar a la reflexión. Entre todos los enfoques presentes, generalmente se nos presenta solo uno, el cual debe supuestamente explicar todo según un procedimiento puramente axiomático, como si se tratara de LA verdad económica. Nosotros no aceptamos ese dogmatismo. Queremos un pluralismo de explicaciones, adaptado a la complejidad de los objetos y a la incertidumbre que domina la mayor parte de las grandes cuestiones en economía (desempleo, desigualdades, lugar de las finanzas, ventajas y desventajas del libre cambio, etc.)

4) Llamado a los profesores: ¡despiértense antes de que sea demasiado tarde!

Sabemos muy bien que los mismos profesores están sujetos a ciertas restricciones. Pedimos, sin embargo, el apoyo de todos los que comprenden nuestras reivindicaciones y que desean un cambio. Si este no se realiza rápidamente, es grande el riesgo de que los estudiantes que ya han iniciado un movimiento de retirada deserten masivamente de una formación que ya no es interesante, ya que se encuentra cortada de las realidades y de los debates del mundo contemporáneo.

YA NO QUEREMOS HACER COMO QUE ESTUDIAMOS ESA CIENCIA AUTISTA QUE SE NOS INTENTA IMPONER. NO PEDIMOS LO IMPOSIBLE, SINO UNICAMENTE LO QUE EL SENTIDO COMÚN PUEDE SUGERIR A CUALQUIERA. ESPERAMOS PUES SER OÍDOS EN LOS PLAZOS MÁS BREVES.

Esta carta abierta fue lanzada a fines de mayo del 2000 y a principios de julio de este mismo año más de 500 estudiantes de la licenciatura al doctorado la habían firmado, tanto de Francia como de otros países europeos (Escuela Nacional Superior -de Ulm, Cachan y Fontenay-, la Escuela Nacional de Estadística y de Administración Económica, la Escuela de Altos Estudios en Ciencias Sociales, las Universidades de París-X, Nanterre, París-I, París-Tolbiac, Versalles Saint-Quentin, Orleans, Grenoble, Rennes, Clermond-Ferrand, Aix-Marseille, Besançon, Hamburgo, Florencia, Londres, Barcelona...).

## Carta abierta de los estudiantes españoles a los profesores y responsables académicos[130]

*Manifiesto de los Estudiantes de Economía Post-autísticos*
*(Basado en la petición circulada por los estudiantes franceses)*

Nosotros, estudiantes de economía en la Universidad Autónoma de Madrid (UAM), nos declaramos insatisfechos con la enseñanza que recibimos. Esto se debe a las siguientes razones:

1- ¡Queremos escaparnos de mundos imaginarios!
La mayoría de nosotros hemos escogido la carrera de económicas para comprender mejor los fenómenos económicos con los que se enfrentan los ciudadanos. Pero la enseñanza que se nos ofrece (básicamente las teorías neoclásicas y derivados) no responde a estas expectativas. De hecho, aun cuando la teoría se separa de estas restricciones, raramente se acerca a la realidad de los hechos. El punto de vista empírico (datos históricos, funcionamiento de las instituciones, estudio del comportamiento y estrategias de los agentes...) es prácticamente inexistente. Mas aun, el distanciamiento de la realidad en la enseñanza de la economía implica serios problemas para aquellos que se quieren dedicar a la práctica de una economía útil para los actores sociales.

2- Nos oponemos al uso incontrolado de las matemáticas
El uso de las matemáticas como instrumento nos parece claramente necesario para el estudio y la investigación en economía. Pero basarse en la formalización matemática cuando esta deja de ser un instrumento y pasa a ser un fin en sí mismo, lleva a una verdadera esquizofrenia en relación con el mundo real. La formalización hace más fácil construir ejercicios y manipular modelos cuyo único objetivo es el de encontrar *un buen resultado* (esto es, el resultado lógico derivado de la hipótesis inicial) para ser capaces de escribir *un buen artículo publicable en una buena revista*. Este hecho, bajo la justificación de lo científico, facilita

---

[130] http://www.paecon.net/SpanishSection.htm

la concreción y la profundización en la materia, pero nunca responde a la pregunta que planteamos en el contexto de los debates de la economía moderna.

## 3- Reivindicamos el pluralismo en la docencia de la economía

Demasiado a menudo las clases no dejan lugar para la reflexión. Las clases magistrales crean taquígrafos, las que fomentan la crítica crean librepensadores. A pesar de la gran variedad de respuestas existentes a los problemas económicos, generalmente solo se nos presenta una. Esta respuesta pretende explicar todo a través de un proceso básicamente axiomático, como si fuese La Verdad Económica. No aceptamos este dogmatismo. Queremos pluralismo de ideas, adaptándolas a la complejidad de las situaciones y a la incertidumbre que domina a la mayor parte de los problemas económicos (desempleo, desigualdades, mercados financieros, ventajas y desventajas del libre-comercio, globalización, desarrollo económico, etc.)

## 4- Llamamiento a los profesores: despertad antes de que sea demasiado tarde

Nos damos cuenta que nuestros profesores están sujetos a ciertas normas que han de seguir. Sin embargo, hacemos un llamamiento a todos aquellos que comprenden nuestras reivindicaciones y que quieren un cambio en la docencia de la economía. Si no se hace pronto una reforma seria y profunda, el riesgo es que los estudiantes de económicas, que cada vez son menos, abandonarán esta disciplina de forma masiva, no porque hayan perdido el interés, sino porque esta ha roto con la realidad y con las discusiones del mundo actual.

No queremos que se nos imponga por más tiempo esta ciencia autística

No pedimos lo imposible, tan solo que prevalezca el sentido común. Esperamos, por tanto, que se nos escuche pronto.

# Manifiesto de los profesores de economía distribuido en varias universidades en Francia en el año 2000

Al debate lanzado en Francia por los estudiantes de economía en mayo de 2000 se unió posteriormente una serie de conocidos profesores[131] en el mundo académico francés y europeo así como ciertas personalidades del mundo intelectual, un total de 170 economistas que despeñaban labores de docencia (a la par que de investigación) firmaron una carta en apoyo a la iniciativa de los propios estudiantes.

*Manifiesto por un debate en la enseñanza de la economía[132]*

1.      La marginación de toda teoría que no sea neoclásica

2.      La falta de relación entre la economía que se enseña en las aulas y la realidad económica

3.      El uso de las matemáticas como un fin en sí mismo, en lugar de ser un instrumento

4.      Los métodos docentes que excluyen o prohíben el pensamiento crítico

5.      La necesidad de una pluralidad de enfoques que se adapten a la complejidad de la realidad económica estudiada

En las ciencias reales, las explicaciones se basan en los fenómenos actuales. La validez o la relevancia de una teoría sólo puede ser demostrada mediante la confrontación de esta con los hechos. Esto es por lo que nosotros, junto con muchos estudiantes, deploramos la dinámica de una enseñanza de la economía que se basa en teorías, creando y manipulando modelos, sin tener en cuenta su carácter

---

[131] Michel Aglietta (París-X), Jacques Freyssinet (Director del IRES, Instituto de Investigaciones Económicas y Sociales), Michel Beaud (París-VII), Robert Boyer (Cepremap), Benjamin Coriat (París-XIII), Pierre Salama (París-XIII), Jacques Valier (París-X).

[132]      Traducido    del    francés    original,    obtenido    de http://www.paecon.net/SpanishSection.htm

empírico. Este tipo de docencia resalta la construcción del modelo, mientras que ignora las relaciones de este con la realidad económica. Esto es cientificismo. Por otro lado, desde un punto de vista científico, el principal interés es demostrar la eficiencia del modelo cuando se compara con datos empíricos. Esta debería ser la finalidad de un economista. No es un asunto matemático.

Sin embargo, el camino que *nos lleve de vuelta a los hechos* no es obvio. Todas las ciencias se sostienen en *hechos* que han sido recogidos previamente y más tarde conceptualizados. De esta manera surgen distintos paradigmas, cada uno de los cuales constituye diferentes familias de representación y modalidades de interpretación o reconstrucción de la realidad.

Reconocer la existencia y el papel de los paradigmas no debe servir como justificación para elevar murallas entre unos y otros, incuestionables desde fuera. Las ideas se deben confrontar y discutir. Pero no se puede hacer sobre la base de una representación *natural* o inmediata. No podemos, ni debemos, evitar el uso de las herramientas estadísticas y econométricas. Pero la evaluación crítica de un modelo no debe abordarse desde una base exclusivamente cuantitativa. Toda *Ley Económica* o teorema debe ser siempre evaluado por si tiene relevancia y validez en el contexto en el que se aplica, sin importar cuan rigurosa sea desde el punto de vista formal o elevado su ajuste estadístico. También se deben tener en cuenta las instituciones, la historia, las realidades ambientales y geopolíticas, las estrategias de los actores y de los grupos, las dimensiones sociológicas, incluyendo las relaciones de género, así como un mayor número de asuntos epistemológicos. Sin embargo, estas dimensiones de la economía son cruelmente omitidas en la educación de nuestros estudiantes.

La situación se podría mejorar introduciendo cursos especializados. Pero no es tanto un problema de añadir nuevas asignaturas, sino unir las diferentes áreas de conocimiento en un mismo programa educativo.

Esto nos lleva al problema del pluralismo. Pluralismo no es sólo un asunto de ideología, esto es, de diferentes prejuicios o posturas con las que uno está ligado y defiende. Por el contrario la existencia de diferentes teorías se explica también por la propia naturaleza de las hipótesis asumidas; por las cuestiones planteadas; por la elección de un determinado espectro temporal; por las barreras de los problemas estudiados y, no menos importante, por el contexto histórico e institucional.

El pluralismo debe ser parte de la cultura básica del economista. Los investigadores deben ser libres de desarrollar la dirección y la forma de pensar a la que sus convicciones les llevan. En un mundo cada vez más envolvente y complejo es imposible y peligroso evitar las representaciones alternativas.

Esto nos lleva a la cuestión de la teoría neoclásica. El espacio predominante que ocupa es, por supuesto, incompatible con el pluralismo. Pero en este asunto hay un punto aún más importante. El supuesto de un individuo representativo racional en la teoría neoclásica, la confianza en el concepto de equilibrio y la insistencia en que son los precios los que constituyen el principal determinante (si no el único) del comportamiento de los mercados, está en confrontación con nuestra postura. Nuestra concepción de la economía está basada en principios de comportamiento de otro tipo. Estos incluyen especialmente la existencia de subjetividad entre los agentes, la racionalidad limitada de estos, su heterogeneidad y la importancia de los comportamientos económicos no basados en factores de mercado. Las estructuras de poder, incluyendo las organizaciones, y los contextos culturales y sociales no deberían ser a priori excluidas.

El hecho de que en la mayoría de los casos la enseñanza que se oferta esté limitada a las tesis neoclásicas es cuestionable también desde el punto de vista ético. De esta manera los estudiantes tienden a mantener no sólo la falsa creencia de que la teoría neoclásica es la única corriente científica, sino también que *ciencia* es sólo un problema de axiomas y/o de modelización formalizada.

Junto con los estudiantes, denunciamos la unión ingenua y abusiva que habitualmente se hace entre ciencia y el uso de las matemáticas. El debate sobre el estatus científico de las matemáticas no puede estar limitado al uso de las matemáticas. De hecho, limitar el debate a esos términos implica diluir a las personas y, prácticamente, evita que se planteen los problemas reales y los asuntos de gran importancia. Estos incluyen cuestionar el objeto y la naturaleza de la modelización en sí misma y reconsiderar cómo la economía se puede redirigir hacia una exploración de la realidad y alejarse de su objetivo actual basado en la resolución de problemas imaginarios.

Dos puntos fundamentales en la educación universitaria deberían ser la diversidad de la licenciatura y la formación crítica del estudiante. Pero bajo el régimen neoclásico ninguno de los dos es posible, y a menudo el segundo punto es rechazado explícitamente. La insistencia en el formalismo matemático implica que la mayoría de los fenómenos económicos se encuentren fuera de los límites tanto para la investigación como para el currículo en economía. La indefendibilidad de estas restricciones significa que la existencia de pensamiento crítico entre los estudiantes se considera una grave amenaza. En las sociedades libres como la nuestra, esto es inaceptable.

NOSOTROS,           Profesores          de          Economía          de

_____

_____, expresamos nuestro total apoyo a las reivindicaciones de los estudiantes. Estamos especialmente implicados con las iniciativas que se tomen en el ámbito local para ayudar a responder a sus expectativas. También esperamos que este movimiento llegue a todos los estudiantes de economía en las universidades de todo el mundo. Para facilitar esto estamos dispuestos a iniciar un diálogo con los estudiantes y a apoyar la realización de conferencias que permitan abrir un debate público que nos concierne a todos.

# Escrito de los estudiantes de Harvard a Greg Mankiw[133]

El pasado 2 de noviembre los estudiantes de Economía de Harvard se retiraron en protesta para llamar la atención al sesgo que advierten en el curso de introducción a la economía y la falta de objetividad de la materia.

## *Carta abierta a Greg Mankiw*

La siguiente carta fue enviada a Greg Mankiw por los organizadores de la huelga de hoy.

Miércoles 2 de noviembre de 2011

Estimado Profesor Mankiw,

Hoy hacemos huelga de su clase para expresar nuestro descontento con el sesgo de su curso de economía introductoria. Estamos profundamente preocupados por la forma en que el prejuicio afecta a estudiantes, universidad y sociedad.

Como estudiantes de Harvard, nos apuntamos a Economics 10 para abordar una amplia base introductoria a la teoría económica que nos ayudara en nuestras diversas aspiraciones y disciplinas, que abordan de la economía al gobierno, de la ciencia medioambiental a la política y más allá. En su lugar, nos hemos encontrado un curso que aúna una específica -y limitada- visión de la economía que consideramos perpetúa sistemas económicos de desigualdad en nuestra sociedad actual.

Un estudio legítimo de economía debe incluir un debate crítico tanto de los beneficios como de las debilidades de los distintos modelos económicos. Dado que su clase no incluye fuentes originales y que raramente muestra artículos de publicaciones académicas, disponemos

---

[133] Traducción libre de la original, obtenida de http://hpronline.org/harvard/an-open-letter-to-greg-mankiw/.

de muy poco acceso a posturas alternativas de la economía. No hay justificación para presentar las teorías de Adam Smith como más fundamentales o necesarias, que las de, por ejemplo, Keynes.

El empeño en mostrar una perspectiva no sesgada de la economía es especialmente importante para un curso introductorio de 700 alumnos que normalmente supone una base firme para un estudio posterior de la economía. Muchos estudiantes no tienen la opción de abandonar Economics 10. Esta clase se necesita para estudiar ciencia económica y medioambiental y política, mientras que los estudiantes de estudios sociales deben hacer un curso introductorio -y la única otra asignatura elegible es Perspectivas críticas sobre Economía del profesor Steven Margolin, que se da cualquier otro año, pero no este-. Muchos otros estudiantes desean simplemente una comprensión analítica como parte de una educación de calidad en arte liberal. Además, su asignatura hace difícil el aprendizaje de cursos posteriores ya que únicamente ofrece una perspectiva sesgada en lugar de ofrecer unos sólidos cimientos sobre los que otros cursos puedan construirse. No se espera que los estudiantes no acudan a esta clase como método de expresión del descontento.

Los graduados en Harvard juegan importantes roles en las instituciones y en el establecimiento de políticas públicas en todo el mundo. Si Harvard falla en dotar a sus estudiantes de una visión crítica y amplia de la economía, sus acciones pueden dañar al sistema financiero global. Los últimos cinco años de tumulto son suficiente prueba de esto.

Hoy salimos a unirnos a la marcha de Boston en protesta por la corporatización de la educación superior como parte del movimiento *Occupy*. Puesto que Economics 10 contribuye a ella y simboliza la creciente injustica económica en EE UU, abandonamos la clase hoy para protestar por su inadecuado acercamiento de la teoría económica básica y para prestar nuestro apoyo a un movimiento que está cambiando el discurso norteamericano sobre la injusticia económica. Profesor Mankiw, le pedimos que tome nuestras consideraciones y huelga seriamente.

Atentamente, los estudiantes.

# BIBLIOGRAFIA

- Albi et al, *Economía Pública I*. Ariel. Barcelona 2000.
- Acemoglu, Daron y Robinson, James A., *Por qué fracasan los países*. Deusto. Barcelona 2012.
- Arrow, Kenneth, *Social Choice and Individual Values*. Willey. Nueva York 1963.
- Becker, Gary, *The economic approach to human behaviour*. University of Chicago Press. Chicago 1976.
- Bell, Daniel, *Las contradicciones culturales del capitalismo*. Alianza Editorial. Madrid 2004.
- Wilbe, Charles, Artículo publicado en la revista *America*, www.americamagazine.org, 2011.
- Colander David, *The complexity vision and the teaching of economics*. Edward Elgar Publishing Ltd. Northampton 2000.
- Conthe, Manuel, *La fuerza de los relatos*. Artículo del diario *Expansión*. Madrid 2011.
- De la Dehesa, Guillermo, *La primera gran crisis financiera del siglo XXI; Orígenes, detonantes, efectos, respuestas y remedios*. Alianza Editorial. Madrid 2009.
- De la Dehesa, Guillermo, *Comprender la globalización*. Alianza Editorial. Madrid 2004.

- Debreu, Gerard, *Theory of value: an axiomatic analysis of economic equilibrium*. Cowles Foundation for Research Economics at Yale University. 1959.

- Dosi, Giovanni, *Economic coordination and dynamics: some elements of and alternative 'evolutionary' paradigm*. Institute for New Economic Thinking. Nueva York 2011.

- Dosi, Giovanni y Nelson, Richard, *Technical change and industrial dynamics as evolutionary processes*. B. H. Hall and N. Rosenberg, vol. 1. 2010.

- Dosi, Giovanni y Winter, *Sidney, Interpreting economic change: evolution, structures and games*. M. Augier and J. March. 2002.

- Douglas, Mary y Isherwood, Baron, *The world of goods; towards of anthropology and consumption*. Penguin. Harmondsworth 1978.

- Drucker, Peter, *La sociedad Postcapitalista*. Apóstrofe. Barcelona 1993.

- Estefanía, Joaquin, *La mano invisible*. Aguilar. Madrid 2006.

- Feyerabend, Paul, *Tratado contra el método: Esquema de una teoría anarquista del conocimiento*. Tecnos. Madrid 2007.

- Friedman, Milton, *The Methodology of Positive Economics, Essays in Positive Economics*. University of Chicago Press. Chicago 1953.

- Friedman, Milton, *A theory of the consumption function*. Princeton University Press. Princeton 1957.

- Galbraith, John K., *Historia de la economía*. Ariel. Barcelona 1989.

- Galbraith, John K., *La cultura de la satisfacción*. Ariel. Barcelona 1992.

- Galbraith, John K., *La sociedad opulenta*. Ariel. Barcelona 2004.

- Galbraith, John K., *Alocución presidencial de la Asociación Económica Norteamericana*. Canadá 1972.

- Gordon, Robert J., *Is US Economic Growth Over? Faltering Innovation Contronts Six Headwinds*. NBER Working Papers. Cambridge 2012.

- Georgescu-Roegen, Nicholas, *Methods in Economic Science*. Journal of Economic Issues, 317-329. 1979.

- Hanushek, Eric A (ed.), *Handbook of the Economics of Education*, vol.3. North Holland. Ámsterdan 2010.

- Hayek, Friedrich A., *Los fundamentos de la libertad*. Unión Editorial. Madrid 2008.

- Hawking, Stephen y Mlodinow, Leonard, *El gran diseño*. Crítica. Madrid 2010.

- Heidegger, Martin, *Ser y tiempo*. Fondo de Cultura Económica. México 1951.

- Hodgson, Geoffrey M., *The evolution of institutional economics*. Routledge. Londres 2004.

- Hodgson, Geoffrey M., *Optimisation and evolution: Winter's critique of Friedman revisited*. Cambridge Journal of Economics. Cambridge 1994.

- Hodgson, Geoffrey M., *The Ubiquity of Habits and Rules*. Cambridge Journal of Economics, 21(6), pp. 663-84. Cambridge 1997.

- Hodgson, Geoffrey M., *Economics and Institutions: A Manifesto for a Modern Institutional Economics*. Polity Press. Cambridge 1988.

- Jung, Carl G., *Arquetipos e inconsciente colectivo*. Paidós. Barcelona 1998.

- Jung, Carl G., *Civilización en transición*. Trotta. Madrid 2001.

- Kahneman, Daniel, *Maps of bounded rationality: Psychology for Behavioural Economics*. American Economic Review 93. 2003

- Kaku, Michio, *Hiperespacio: una odisea científica a través de universos paralelos, distorsiones del tiempo y la décima dimensión*. Drakontos Bolsillo. Barcelona 2011.

- Keynes, John M., *Teoría general de la ocupación, el interés y el dinero*. Fondo de Cultura Económica. México DF 1983.

- Keynes, John M., *The philosophy of economics: an anthology*. Ed. Daniel M. Hausman. Cambridge University Press. Cambridge 1994.

- Klein, Naomi, *No Logo. El poder de las marcas*. Paidós Ibérica. Barcelona 2002.

- Kuhn, Thomas, *La estructura de las revoluciones científicas*. Fondo de Cultura Económica. México DF 1977.

- Lakatos, Imre, *The Methodology of Scientific Research Programmes*. Philosophical Papers. Cambridge University Press. Cambridge 1978.

- Lavoie, Marc, *La economía postkeynesiana*. Icaria. Barcelona 2005.

- Lawson, Tony, *The Nature of Heterodox Economics*. Cambridge Journal of Economics. Cambridge 2005.

- Lawson, Tony, *Reorienting Economics*. Routledge. Londres y Nueva York 2003.

- Lefebvre, Henri. *Una vuelta por lo imaginario*. En: *La vida cotidiana en el mundo moderno*. Alianza. Madrid 1984.

- Lee, F.S. (ed.), varios autores, *Informational Directory for Heterodox Economists: Journals, Book Series, Websites, and Graduate and Undergraduate Programs*. Department of Economics University of Missouri. Kansas City 2005.

- Lenoir, Frederic, *La metamorfosis de Dios*. Alianza Editorial. Madrid 2005.

- Lévi-Strauss, Claude, *Mito y significado*. Alianza Editorial. Madrid 1977.

- Lucas, Antonio y García, Pablo, *Sociología de las organizaciones*. McGrawHill. México DF 2002.

- Malthus, Thomas, *Principios de Economía política*. Fondo de Cultura Económica. México DF 1946.

- Marcuse, Herbert, *El hombre unidimensional*. Ariel. Barcelona 1994.

- Marshall, Alfred, *Principios de Economía*. Aguilar. Madrid 1946.

- Martin, Cristina, *El club Bilderberg*. Arcopress. Barcelona 2005.

- Marx, Karl, *El capital*. Orbis. Madrid 1984.

- Mill, John S., *On the Definition of Political Economy, and on the Method of Philosophical Investigation in that Science*. London and Westminster Review. Londres 1836

- Mill, John S., *Sobre la libertad.* Alianza Editorial. Madrid 2005.

- Mises, Ludwig V., *La acción humana. Tratado de economía.* Unión Editorial. Madrid 1995.

- Murphy, J. *The Kinds of Order in Society*, Mirowski, P (ed.), *Natural Images in Economic Thought. Markets Read in tooth an Claw*. Cambridge University. Cambridge y Nueva York 1994.

- Newman, W. Russel, *El futuro de la audiencia masiva*. Fondo de Cultura Económica. Chile 2002.

- Niño Becerra, Santiago, *El crash del 2010*. Los libros del lince. Barcelona 2009.

- Noelle-Neumann, Elisabeth, *La espiral del silencio. Opinión pública, nuestra piel social*. Paidós Ibérica. Barcelona 2010.

- Noelle-Neumann, Elisabeth, *La espiral del silencio. La opinión pública y los efectos de los medios de comunicación*, en *Comunicación y Sociedad*. Vol. VI, n. 1 y 2, 1993, pp. 9-28.

- North, Douglass, *A Conceptual Framework for Interpreting Record Human History*. WP 12795. Cambridge 2006.

- Ormerod, Paul, *Por una nueva economía*. Anagrama. Barcelona 1995.

- Perona, Eugenia, *Conceptualising Complexity in Economic Analysis; a Philosophical, including Ontologic Study.* University of Cambridge. Cambridge 2004.

- Polanyi, Karl, *Primitive, Archaic and Modern Economies: Essays of Karl Polanyi.* ed. George Falton. Nueva York Garden City 1968.

- Popper, Karl., *La sociedad abierta y sus enemigos.* Paidós Ibérica. Barcelona 2010.

- Popper, Karl, *La lógica de la investigación científica.* Tecnos. Madrid 1962.

- Pigou, Arthur, *Economics of Welfare.* MacMillan. Londres 1920.

- Qualter, Terence H., *Publicidad y democracia en la sociedad de masas.* Paidós. Barcelona 1994.

- Rey, Juan, *Publicidad y religión. Semejanzas y diferencias entre el discurso publicitario y el discurso católico.* Trípodes. Barcelona 2006.

- Ricardo, David, *Principios de economía política y tributación.* Pirámide. Madrid 2003.

- Robbins, Lionel, *Essay on the Nature and Significance of Economic Science.* Ed. Macmillan. Londres 1932.

- Russel, Bertrand, *La conquista de la felicidad.* Espasa-Calpe. Madrid 1964.

- Samuelson, P., 1947, *Foundations of Economic Analysis.* Harvard University Press. Boston.

- Samuelson, P., 1963, *Problems of Methodology Discussion.* American Economic Review.

- Sauvy, Alfred, *Los 'lobbys' y grupos de presión.* Revista de estudios políticos. Madrid 1956.

- Scitovsky, Tibor, *The joyless economy.* Oxford Paperbacks. Nueva York 2007.

- Segura Romano, Jorge L., *Homo Economicus: Cómo la oferta económica determina y limita la libertad de elección del individuo posmoderno*. Bubok Publishing. Madrid 2008.

- Sennett, Rirchard, *La cultura del nuevo capitalismo*. Anagrama. Barcelona 2006.

- Schumpetter, Joseph, A., *Historia del Análisis Económico*. Ariel. Barcelona 1971.

- Schumpeter, Joseph, A., *Capitalismo, socialismo y democracia*. Ediciones Folio. Barcelona 1996.

- Shiller, Robert J., *Exuberancia irracional*. Turner. Madrid 2008.

- Shiller, Robert J. y Akerlof, George A., *Animal Spirits*. Gestión 2000. Barcelona 2009.

- Stiglitz, Joseph E., *Caída libre: El libre mercado y el hundimiento de la economía mundial.*Punto de lectura. Madrid 2011.

- Simon, Herbert, *A behavioral model of rational choice*. The Quarterly Journal of Economics. Massachusetts 1955.

- Simon, Herbert, *Bounded Rationality*, en Eatwell, Milgate, M., Newman, P. (ed.). The New Palgrave A Dictionary of Economics. Nueva York 1998.

- Smith, Adam. *Investigación sobre la naturaleza y causas de la riqueza de las naciones*. Escocia 1776.

- Smith, Yves, 2011, *Econned: How Unenlightened Self Interest Undermined Democracy and Corrupted Capitalism*. Palgrave Macmillan. Nueva York.

- Tae-Hee Jo. 2011. *Social Provisioning Process and Socio-economic Modeling*. Journal of heterodox economists. Buffalo NY 2011

- Tarnas, Richard, *La pasión de la mente occidental*. Editorial Atalanta. Girona 2008.

- Termes, Rafael, 2004, *Antropología del capitalismo*. Ediciones Rialp, 3ª edición. Madrid 2004.

- Vara Crespo, Oscar, *Raíces intelectuales del pensamiento económico moderno*. Unión Editorial. Madrid 2006.

- Varios autores http://es.wikipedia.org/wiki/Mito, Wikipedia. 2011.

- Veblen, Thorstein, *Teoría de la clase ociosa*. Fondo de Cultura Económica. México DF 1966.

- Vestergaard, Torben y Schroeder, Kim, *The language of advertising*, Oxford, Blackwell. Oxford 1985.

- Von Neuman, John y Morgenstern, Oskar, *Theory of Games and Economic Behavior*. Princeton University Press. Princeton 1944.

- Weber, Max, *La ética protestante y el espíritu del capitalismo*. Alianza Editorial. Madrid 2012.

www.ingramcontent.com/pod-product-compliance
Lightning Source LLC
Chambersburg PA
CBHW050438290526
45786CB00006B/2073